中国社会科学院创新工程学术出版资助项目

仲裁裁决既判力问题研究

傅攀峰 ◎ 著

中国社会科学出版社

图书在版编目(CIP)数据

仲裁裁决既判力问题研究 / 傅攀峰著. —北京：中国社会科学出版社，2020.4
ISBN 978-7-5203-6434-8

Ⅰ.①仲⋯ Ⅱ.①傅⋯ Ⅲ.①仲裁法—案例—中国 Ⅳ.①D925.705

中国版本图书馆CIP数据核字(2020)第071217号

出 版 人	赵剑英
责任编辑	任　明
责任校对	季　静
责任印制	郝美娜

出　　版	中国社会科学出版社
社　　址	北京鼓楼西大街甲158号
邮　　编	100720
网　　址	http://www.csspw.cn
发 行 部	010-84083685
门 市 部	010-84029450
经　　销	新华书店及其他书店

印刷装订	北京君升印刷有限公司
版　　次	2020年4月第1版
印　　次	2020年4月第1次印刷

开　　本	710×1000　1/16
印　　张	12.25
插　　页	2
字　　数	194千字
定　　价	85.00元

凡购买中国社会科学出版社图书，如有质量问题请与本社营销中心联系调换
电话：010-84083683
版权所有　侵权必究

缩略词表

CIETAC 中国国际经济贸易仲裁委员会
ECJ 欧洲法院
IBA 国际律师协会
ICC 国际商会
ICCA 国际商事仲裁委员会
ICDR/AAA 美国仲裁协会国际争端解决中心
ICSID 《解决国家与他国国民间投资争端公约》
ILA 国际法协会
JCAA 日本商事仲裁协会
LCIA 伦敦国际仲裁院
NAFTA 北美自由贸易协定
PCA 常设仲裁院
SCC 斯德哥尔摩商会
SIAC 新加坡国际仲裁中心
UNCITRAL 联合国国际贸易法委员会
WTO 世界贸易组织
《纽约公约》 1958年《关于承认与执行外国仲裁裁决的公约》
《日内瓦公约》 1927年《关于执行外国仲裁裁决的公约》
《示范法》 《联合国国际贸易法委员会国际商事仲裁示范法》

目　录

绪　论 ……………………………………………………………（1）
　一　选题依据 …………………………………………………（1）
　二　研究现状 …………………………………………………（3）
　三　研究方法 …………………………………………………（5）

第一章　仲裁裁决与既判力：历史、法理与比较分析 …………（7）
　第一节　仲裁裁决既判力的历史考证 ………………………（7）
　　一　既判力词源考与观念源流 ……………………………（7）
　　二　仲裁裁决既判力的历史源流：从观念形态走向法律
　　　　形态 …………………………………………………（10）
　第二节　仲裁裁决既判力渊源的理论解读 …………………（14）
　　一　司法权论的解读 ………………………………………（15）
　　二　契约论的解读 …………………………………………（19）
　　三　混合论的解读 …………………………………………（23）
　　四　自治论的解读 …………………………………………（24）
　　五　评论与思考 ……………………………………………（28）
　第三节　仲裁裁决与民事判决：既判力之异同 ……………（31）
　　一　民事判决既判力的基本框架 …………………………（31）
　　二　仲裁裁决与民事判决既判力的一致性 ………………（34）
　　三　仲裁裁决与民事判决既判力的差异性 ………………（35）

第二章 仲裁裁决既判力的范围、效力内涵及其适用标准 …………（40）
第一节 仲裁裁决既判力的范围 ………………………………（40）
  一 主观范围………………………………………………（40）
  二 客观范围………………………………………………（46）
  三 地域范围………………………………………………（52）
第二节 仲裁裁决既判力的效力内涵 …………………………（64）
  一 终局效力………………………………………………（64）
  二 排斥效力………………………………………………（68）
第三节 仲裁裁决既判力的适用标准 …………………………（71）
  一 当事人一致……………………………………………（72）
  二 诉因一致………………………………………………（75）
  三 请求一致………………………………………………（77）

第三章 比较法背景下仲裁裁决既判力 ………………………（80）
第一节 普通法系的视角 ………………………………………（80）
  一 诉因禁反言……………………………………………（81）
  二 争点禁反言……………………………………………（82）
  三 既有救济………………………………………………（85）
  四 禁止程序滥用…………………………………………（85）
第二节 大陆法系的视角 ………………………………………（88）
  一 若干一般问题…………………………………………（89）
  二 "三重因素一致"标准的严格适用……………………（90）
  三 既判力客观范围的适度扩张…………………………（93）
  四 既判力在仲裁中的适用………………………………（95）
第三节 相关国际仲裁法律及规则下的既判力 ………………（97）
  一 《纽约公约》与《华盛顿公约》………………………（97）
  二 UNCITRAL《示范法》………………………………（100）
  三 UNCITRAL《仲裁规则》及若干机构仲裁规则………（102）
  四 关于处理仲裁裁决既判力问题的指南规则…………（107）
第四节 国际仲裁中既判力准据规则 …………………………（107）
  一 既判力适用方式：基于职权抑或被动适用……………（107）

二　既判力准据规则之确定 …………………………………… （109）

第四章　仲裁裁决既判力的实践问题 ………………………… （114）
　第一节　裁判间的既判力问题 ………………………………… （114）
　　一　部分裁决与最终裁决之间 ………………………………… （114）
　　二　仲裁庭之间 ………………………………………………… （121）
　　三　法院和仲裁庭之间 ………………………………………… （123）
　第二节　既判力在构建"多方当事人仲裁"中的考量 ……… （126）
　　一　何为"多方当事人仲裁" ………………………………… （127）
　　二　既判力考量：通过"多方当事人仲裁"避免裁决
　　　　冲突 ………………………………………………………… （129）
　第三节　国际投资仲裁裁决既判力的困境与挑战 …………… （131）
　　一　主权国家拒绝执行裁决：裁决终局效力之现实考验 …… （133）
　　二　同案不同裁问题：投资仲裁上诉机制之评估 …………… （135）

第五章　仲裁裁决既判力典型案例的实证分析 ……………… （138）
　第一节　"争点禁反言"的典型运用——以 European Re 案
　　　　为例 ………………………………………………………… （138）
　　一　案情介绍 …………………………………………………… （138）
　　二　既判力原则的适用与本案的分析 ………………………… （140）
　第二节　"三重因素一致"标准的理性突破 ………………… （145）
　　一　"三重因素一致"标准的机械适用：以 Lauder 案
　　　　为例 ………………………………………………………… （145）
　　二　"三重因素一致"标准的理性突破：以 Apotex 案
　　　　为例 ………………………………………………………… （152）
　第三节　从"中天仲裁案"看我国法院处理仲
　　　　裁裁决既判力问题的方法 ……………………………… （159）
　　一　前项关联仲裁：JCAA（东京）04-05 号裁决 ………… （159）
　　二　本案之仲裁：JCAA（东京）07-11 号裁决 …………… （161）
　　三　对我国法院处理该案既判力问题的总结与评价 ……… （166）

结　语 ……………………………………………………………（172）
　　一　确立传统"三重因素一致"标准的分析框架 …………（172）
　　二　对传统"三重因素一致"标准的合理突破 ……………（174）
　　三　对我国法院处理仲裁裁决既判力问题的建议…………（175）

参考文献 …………………………………………………………（177）

后　记 ……………………………………………………………（187）

绪　论

一　选题依据

仲裁作为一种有效的争议解决机制，已经在多个层面得到了广泛运用，并且获得主权国家、商界以及法律界的高度认可。当今，不仅商事仲裁延续着过去长久以来的发展态势，投资仲裁在近30年来更是方兴未艾，还有其他类型的仲裁，如体育仲裁、WTO争端仲裁、海洋法争端仲裁等，都在蓬勃发展。毫无疑问，仲裁已经取得了令人瞩目的成功，而且有足够的理由相信，仲裁在未来亦会延续这种成功与发展。[1]

然而，同时需要认识到的是，仲裁的有效性从根本上取决于仲裁裁决的终局效力能否得到有效保障。换言之，仲裁裁决的既判力在保证仲裁此种争议解决机制的有效性上发挥着基础性的作用。仲裁在过去所取得的巨大成功以及在未来的持续发展都仰赖于仲裁裁决的这一基本属性。当下，各国在其仲裁法中都不同程度地明确了仲裁裁决的既判力，全球知名国际仲裁机构的仲裁规则和有关仲裁的国际公约也对仲裁裁决的既判力从不同角度作了规定。其中，最为典型的是，它们都肯定仲裁裁决具有约束力（binding），而且是终局的（final）。所谓终局即意味着当事人不可对仲裁裁决申请上诉或追诉；除了涉及公共政策或正当程序等原因外，法院亦不可对仲裁裁决作实质审查。此即广为所称的"一裁终局"。而在国际仲裁领域，1958年《关于承认与执行外国仲裁裁决的公约》（简称《纽约公约》）与1965年《解决国家与他国国民间投资争端公约》（简称《华盛顿公约》）充分保障了大多数仲裁裁决的承认

---

[1] See Karl-Heinz Böckstiegel, Past, Present, and Future Perspectives of Arbitration, Arbitration International, Vol. 25, No. 3, 2009, p. 294.

与执行，从而在最为广泛的国际层面支撑了仲裁裁决的终局效力。

不过，除终局效力之外，仲裁裁决的既判力还存在另一核心方面，即排斥效力，后者的功能与价值是，在相关后诉（包括仲裁）中，前诉裁判业已处理的请求或重要问题对后诉能产生"一事不再理"的效力，从而维护前一裁判的权威、避免司法资源的浪费，更重要的是，避免前后裁判的冲突。对于仲裁裁决既判力此方面的效力，由于缺乏规则层面的硬性规定，而且两大法系的实践亦存在不少差别，实践中，仲裁庭往往难以判断在何种条件下前一裁判对后一裁判产生既判力。这一问题即既判力的适用标准问题。对此，大陆法系倾向于严格适用"三重因素一致"（triple identity）标准，而普通法系在其长年的司法实践中发展出了诸如诉因禁反言、争点禁反言、禁止滥用程序原则等一系列独特的既判力制度。这些制度同大陆法系的既判力制度差异甚大，其背后所融入的法律思维和所追求的法律价值典型体现了普通法系的精神。[①]

近年国际投资仲裁实践中，裁决的既判力问题引起了人们的高度关注。著名的 Lauder/CME v. Czech Republic 案[②]引发了国际仲裁界对既判力原则的适用的持续探讨，这在相当程度上促成了国际法协会（International Law Association）针对既判力原则在国际仲裁中的运用发布两份颇具影响力的报告，后者对国际仲裁裁决既判力问题的理解以及实践作了很好的梳理并且提出了颇具针对性的意见。[③] 如果说 Lauder/CME v. Czech Republic 案所出现的严重背离裁决一致性的荒谬结果促使着国际仲裁界对既判力原则适用的反思与研究，并通过国际法律组织对此发布相应的指南规则，那么，近年 Apotex Holdings Inc. and Apotex Inc. v. USA 案[④]则是通过既判力原则的巧妙适用从而避免裁决不一致情

---

① See Associated Electric & Gas Insurance Services Ltd v. European Reinsurance Company of Zurich (Bermuda), [2003] UKPC 11.

② Lauder v. Czech Republic 案与 CME v. Czech Republic 案是国际投资仲裁领域涉及既判力问题的典型案例。在这两起仲裁案中，两仲裁庭分别位于伦敦与斯德哥尔摩，所适用的仲裁规则都是 UNCITRAL 仲裁规则。两仲裁案涉及几乎完全相同的事实及仲裁请求，涉及互为关联的仲裁请求人，仲裁请求乃针对同一对象，即捷克政府。但两仲裁庭针对相关事实的认定及其所作出的裁决迥然不同，引发了极大争议。

③ See Filip de Ly and Audley Sheppard, ILA Final Report on Res Judicata and Arbitration, Arbitration International, Vol. 25, Number1, 2009, pp. 67-82.

④ See ICSID Case No. ARB (AF) /12/1.

形出现的典型案例。① 该案中，仲裁庭确认了先前 Apotex Inc. v. USA 案仲裁庭于 2013 年 6 月 14 日对相关问题已裁断的仲裁裁决对此案裁决相关问题之判定的既判力。该案仲裁庭关于既判力原则的适用具有典型性，且将在相当大的程度上影响未来投资仲裁关于既判力原则适用的实践。

由上可知，一方面，既判力对于仲裁的存在及其持续发展发挥着基础性的作用；另一方面，既判力问题近年已经成为仲裁实践中一个较为突出的问题。对仲裁裁决的既判力作细致分析与系统探讨，不仅有助于加强学界与实务界对仲裁裁决既判力的全方位认识，更有助于仲裁庭以及法院在处理仲裁裁决既判力问题时，能准确把握既判力原则的适用标准，从而合理地通过既判力原则实现节约司法资源、维护仲裁裁决权威以及避免裁判冲突的目的。

二 研究现状

长期以来，国内学者对民事诉讼判决既判力的探讨较为活跃，相关论文与著述已比较多。例如，丁宝同在其所著的《民事判决既判力研究》②一书中对民事判决既判力作了综合性的研究，常廷彬在其所著的《民事判决既判力主观范围研究》③一书中对民事判决既判力主观范围进行了专门研究，而林剑锋则在其所著的《民事判决既判力客观范围研究》④一书中对民事判决既判力的客观范围进行了专门研究。此外，国内民事诉讼法学著作，如张卫平的《民事诉讼：关键词展开》⑤，台湾陈荣宗的《民事诉讼法》⑥以及经翻译引进的日本学者高桥宏志的《民

---

① 该案仲裁裁决被认为是首个适用了既判力原则的 NAFTA 项下的仲裁裁决。请参见 Nicole Thorton, Apotex III's Application of Res Judicata Ensures Finality, Legal Security and Judicial Economy, Oct. 13, 2014. http：//kluwerarbitrationblog.com/blog/2014/10/13/apotex-iiis-application-of-res-judicata-ensures-finality-legal-security-and-judicial-economy/，2019 年 11 月 2 日最后访问。
② 参见丁宝同《民事判决既判力研究》，法律出版社 2012 年版。
③ 参见常廷彬《民事判决既判力主观范围研究》，中国人民公安大学出版社 2010 年版。
④ 参见林剑锋《民事判决既判力客观范围研究》，厦门大学出版社 2006 年版。
⑤ 参见张卫平《民事诉讼：关键词展开》，中国人民大学出版社 2005 年版。
⑥ 参见陈荣宗《民事诉讼法》，台湾三民书局 1996 年版。

事诉讼法——制度与理论的深层分析》①亦有对既判力问题的精辟阐述。

不过，与此形成鲜明对比的是，专门对仲裁裁决既判力作系统性探讨的中文著作至今尚付阙如。对仲裁裁决既判力问题作探讨的论文亦不多见，已经收集到的包括宋明志的《仲裁裁决效力论》②与《仲裁裁决争点效之否定》③，肖建华、杨恩乾的《论仲裁裁决的既判力》④，韩永安、杨元元的《商事仲裁裁决的既判力》⑤，以及笔者近年发表的《普通法系国际商事仲裁裁决既判力问题的处理经验及其启示》⑥与《论国际商事仲裁裁决的既判力》⑦。除此之外，鲜有文章对仲裁裁决的既判力问题作专门论述。

与此同时，近年仲裁裁决既判力问题在国际仲裁界受到了高度关注，国际法协会（ILA）在2004年与2006年分别以"既判力与仲裁"为主题发布了两份报告（中期报告和最终报告）。其中，中期报告对既判力的效力内涵、既判力制度在两大法系的不同建构以及仲裁中既判力问题可能出现的情形作出了框架性的描述；最终报告则为仲裁庭或法院处理仲裁裁决的既判力问题提供了较为全面的指南与建议。它们都为本研究的开展提供了极有价值的参考与指引。

现阶段，国外学者虽然尚未对仲裁裁决的既判力问题以著作的形式作系统性分析与探讨，但是，与该主题相关的著作不少见，比较有影响力的著作有 Peter Barnett 的 Res Judicata, Estoppel and Foreign Judgments: The Preclusive Effects of Foreign Judgments in Private International Law⑧，Ken Handley 所发表的关于既判力的一系列文章，如

---

① 参见［日］高桥宏志《民事诉讼法——制度与理论的深层分析》，林剑锋译，法律出版社2003年版。
② 参见宋明志《仲裁裁决效力论》，载《北京仲裁》2010年第1期。
③ 参见宋明志《仲裁裁决争点效之否定》，载《仲裁研究》2008年第3期。
④ 参见肖建华、杨恩乾《论仲裁裁决的既判力》，载《北方法学》2008年第6期。
⑤ 参见韩永安、杨元元《商事仲裁裁决的既判力》，载《中国律师》2014年第9期。
⑥ 参见傅攀峰《普通法系国际商事仲裁裁决既判力问题的处理经验及其启示》，载《仲裁研究》第30辑，2012年。
⑦ 参见傅攀峰《论国际商事仲裁裁决的既判力》，载《武大国际法评论》2013年第1期。
⑧ See Peter Barnett, Res Judicata, Estoppel and Foreign Judgments: The Preclusive Effects of Foreign Judgments in Private International Law, Oxford University Press (June 7, 2001).

Res Judicata: General Principles and Recent Developments[①], P. A. Mcdermott 的 The Law on Res Judicata and Double Jeopardy[②], Robert C. Casad 与 Kevin M. Clerment 合著的 Res Judicata: A Handbook on Its Theory, Doctrine and Practice[③], 等等。在专门性的仲裁研究著作中，涉及仲裁中的既判力问题的著作有 Julian D. M. Lew, Loukas A. Mistelis, Stefan M. Kröll 合著的 Comparative International Commercial Arbitration[④], Bernard Hanotiau 的 Complex Arbitration: Multiparty, Multicontract, Multi-issue and Class Actions[⑤]; Emmanuel Gaillard, John Savage 等人合编的 Fouchard Gaillard Goldman on International Commercial Arbitration[⑥], 等等。以上这些著作分别从不同角度对仲裁裁决的既判力作出了有益阐述，丰富了仲裁裁决既判力的理论。

三 研究方法

（一）比较分析法

比较分析法是最主要的研究方法，主要体现在以下三大方面：首先，笔者在探讨仲裁裁决既判力的法理基础时，将对仲裁裁决与民事判决在既判力上的异同进行比较；其次，笔者将单辟一章对普通法系与大陆法系在既判力上的制度建构作一宏观比较，还将附带对仲裁的国际性立法或机构规则作一比较；最后，虽然笔者无意于单独对国际仲裁与国内仲裁在既判力原则的适用以及既判力问题的处理方式等方面作集中比

---

① See Ken Handley, Res Judicata: General Principles and Recent Developments, (1999) 18 Australian Bar Review 214; Ken Handley, A Closer Look at Henderson v Henderson (2002) 118 LQR 397; Ken Handley, The Three High Court Decisions on Estoppel 1988-1990 (2006) 80 A. L. J. 724; Ken Handley, Anshun Today (1997) 71 A. L. J. 934.

② See Paul L. Mcdermott, Law on Res Judicata and Double Jeopardy, Bloomsbury Professional (1 Dec. 1999).

③ See Robert C. Casad, Kevin M. Clerment, Res Judicata: A Handbook on Its Theory, Doctrine and Practice, Carolina Academic Pr (March 2001).

④ See Julian D. M. Lew, Loukas A. Mistelis, Stefan M. Kröll, Comparative International Commercial Arbitration, Springer (May 1, 2001).

⑤ See Bernard Hanotiau, Complex Arbitration: Multiparty, Multicontract, Multi-issue and Class Actions, Kluwer Law International, 2006.

⑥ See Emmanuel Gaillard, John Savage, Fouchard Gaillard Goldman on International Commercial Arbitration, Kluwer Law International, 1999.

较，但关于这方面的比较将分散地出现于笔者对具体问题的分析中。

(二) 实证研究方法

如前所述，本研究的实践意义非常强，因此基于相关案例的实证性分析是发现问题、分析问题以及找到解决问题的最好方法，此一方法的运用必须结合演绎分析法与归纳法。一方面，对在具体案例中出现的仲裁裁决既判力问题，须结合前面所作出的理论铺垫运用演绎方法进行分析；另一方面，为避免机械地套用相关既判力理论，还需对具体问题予以归纳，以提炼富有创新意义的思想。

(三) 演绎分析法

本研究在探讨仲裁裁决既判力的法理基础之时，首先对学术界针对仲裁性质的几种代表性理论作一交代，在此基础上，笔者将这几种代表性理论以演绎的方式运用于对仲裁裁决既判力的解读中。此一演绎分析具有重要的理论价值，因为该种分析的逻辑结果是，采用混合论对仲裁裁决的既判力作解读更为合理，而传统上两大关于仲裁性质的理论，即契约论与司法权论，都不足以对仲裁裁决的既判力作出具有说服力的解读。本研究在分析"三重因素一致"标准在既判力原则的适用中，亦采用了演绎法。不过，演绎的基点若非基于完全归纳所获得的结论，则很容易发现演绎结果与实践的张力。这一点在分析"三重因素一致"标准的缺陷时，体现得较为突出。

第一章 仲裁裁决与既判力：历史、法理与比较分析

第一节 仲裁裁决既判力的历史考证

一 既判力词源考与观念源流

"既判力"一词源自拉丁语的"res judicata"，经日文翻译后直接转借过来。在拉丁语中，"res"为名词，意为"物"；"judicata"为动词被动形态，意为"被裁决了的"，由此，"res judicata"意为"已被裁决之物"。[①] 就拉丁语一词"res judicata"而言，其本身既可以指有形的终局裁断[②]，亦可指无形的由这一终局裁断所衍生的"一事不再理"之效力。在后一情形中，"res judicata"作为一项法律原则而存在。汉语中的"既判力"一词似乎只能指代终局裁断的无形效力，不过，由于此种无形效力是"res judicata"一词被使用得最为广泛的意义，因此，将"res judicata"译作"既判力"而非直译为"已被裁决之物"，可以说既文雅又贴切。

虽然从词源上，现代意义上的既判力源自罗马法，但作为一种观念

[①] 现代英语直译形式即为"matter judged"或者"thing adjudged"，但这种直译形式并非普通法系对既判力概念的固定表达形式，普通法系一般直接使用"res judicata"一词来指代"既判力"，此外，普通法系还拥有一些关于既判力的比较特殊的概念，如诉因禁反言（cause of action estoppel）、争点禁反言（issue estoppel）等。不过，在大陆法系国家，特别是直接传承罗马法传统的现代拉丁语系国家，它们都将"res judicata"直接转译过来，并且成为法律上对既判力这一概念的固定表达，如法国法中的"la chose jugée"，西班牙法中的"la cosa juzgada"。

[②] 为行文方便，本书所称之"裁断"既包括法院判决，亦包括仲裁裁决。

形态以及当今人类普遍认可的法律原则①,既判力却有着更为久远的历史,甚至有法官在判决书中直接将既判力界定为一项源自已无法追溯的远古时期(time immemorial)的原则。② P. Barnet 指出:"事实上,在古代的判例中,我们可以清晰看到裁判的终局性对于争议解决的重要性:它体现在由古印度法学家所阐述的法律的精神中,它体现在希腊的民俗中,它还体现在罗马法学家所阐述的法律原则中。"③ 古希腊著名悲剧作家索福克勒斯的《埃阿斯》载有这样一段话:"虽然你们被打败,但如果不接受大多数法官由此给你们的命运所作出的裁断,反而在某处辱骂我们,或者暗中攻击我们——你们,在比赛中被抛在后面。现在,如果我们将真正的胜利者抛弃,而将掉落在最后的人推向荣誉的前台,让你们这种做法得逞,那么,任何法律都将无根基。不,我们必须阻止这种情形的发生。"④ 不难发现,这段话能从侧面反映希腊民俗中存在的既判力观念,它彰显了法官所作裁断之权威,且强调了此种权威对维护法律体系稳定所具有的基础性意义。

虽然我们能够在罗马法以前的法律文献中发现与既判力观念相关的法律规则,但如果要寻找对既判力原则的存在目的及其意义作系统阐明的史料,则还须回归到罗马法之中。既判力原则存在的根基是什么?两则拉丁法律谚语便能很好阐明一切。第一则是"interest reipublicae ut sit finis litium",其意为"诉有终乃公共利益之要求";第二则是"nemo debet bis vexari pro una et eadem causa",其意为"任何人不可遭受基于

---

① 例如,国际法院(ICJ)在其所判案件中曾对既判力原则反复进行确认,这些案件包括 UN Administrative Tribunal Case (1954), Arbitral Award Case (1960), South West Africa Case (1966), Cameroon and Nigeria (1998) 以及 Boundary Dispute between Qatar and Bahrain Case (2001)。

② Iselin v. La Coste, 147 F. 2d 791, 794 (5th Cir. 1945); Iselin v. Meng, 307 F. 2d 455, 457 (5th Cir. 1962).

③ Peter Barnett Res Judicata, Estoppel and Foreign Judgments: The Preclusive Effects of Foreign Judgments in Private International Law, Oxford University Press (June 7, 2001), p. 8.

④ "…and if ye never will consent, though defeated, to accept that doom for which most judges gave their voice, but must ever assail us somewhere with revilings, or stab us in the dark——ye, who in the race left behind. Now, where such ways prevail, no law could ever be firmly established, if we are to thrust the rightful winners aside, and bring the rearmost to the front. Nay, this must be checked." The Ajax of Sophocles: Represented at Cambridge with an English translation by R. C. Jebb, M. A., Nov. 29, 30, Dec. 1, 2, 1882, p. 77.

同一原因的重复起诉"。① 两则法律谚语很中肯地将既判力的存在意义道出。换言之，既判力作为一项原则，其存在之目的在于既维护公共利益，又保护私人利益。② 如果诉讼没有终局之时，则诉因依然存在，争议无法根本解决；如果诉的过程过于拖延，则势必造成司法资源的浪费，不利于公共利益的实现。而且倘若一项业已解决某项纷争之裁判不能够阻止他方基于同样的原因再次起诉附有履行裁决义务的当事人，这势必导致重复起诉危及相关当事人的合法权益。而赋予裁判以既判力，这一方面能使争议获得终局解决，促使裁判顺利执行，从而既能树立裁判者的权威，又能节约公共资源；另一方面，赋予裁判以既判力，能避免相关当事人遭到重复起诉，保护私人之权益。一言以蔽之，既判力的存在目的及其现实意义在于使裁判能够真正起到"定纷止争"的效果。

罗马法中的既判力观念对当今世界两大主要法系有着深刻的影响③，不过，两大法系在关于既判力原则的具体适用问题上，存在着较多的区别。大陆法系由于在法律传统上直接继受罗马法，因此，无论是词源上，还是概念的理解上，都与罗马法上的既判力有着极其清晰的承传脉络。在词源上，拉丁语的"res judicata"被现代罗曼语国家直接转译，作为对既判力概念在法律上的固定表达；在概念的理解上，大陆法系国家传统上倾向于将既判力限制于裁判的主文，而认为不应赋予已被处理

---

① Filip de Ly and Audley Sheppard, ILA Interim Report on Res Judicata and Arbitration, Arbitration International, Vol. 25, No. 1, 2009, p. 36.

② 正是由于既判力原则所具有的这两大根本价值，其在各法律体系中皆得到了确认，成为人类法律文明中的一项普遍原则。在此，有必要对既判力原则与作为普通法系根基的先例原则（stare decisis）作区分。先例原则在词源上亦可追溯到罗马法时代，罗马法中亦有一句法谚，即"Stare decisis et non quieta movere"，其意为"遵循先例，不可扰乱已被判定的问题"，然而，先例原则并未成为所有法律体系的普遍原则。在普通法国家，先例原则是指法官在处理当下案件时，须尊重上级法院与包括本法院的同级法院过去所作出的相关判决，并以先前判例所建立的不成文的原则或规则（即所谓的案例法）为依据。在方法上，先例原则的适用不同于既判力原则，既判力原则的适用须满足所谓的三重因素一致标准（诉因、诉讼请求与当事人的一致），而先例原则的适用只要求案情具相似性，法官一方面须遵守先例，另一方面通过自己所作出的判决亦可建立先例。在目的上，既判力原则，如本书所述，既维护公共利益，防止诉讼出现无终止的情形，又维护私人利益，防止当事人因同一原因反复被诉，而先例原则其本身更多是一种法律方法，在普通法国家，它维护着司法系统的统一与稳定，通过先例的"造法"功能，它还能够同时促进法律的不断更新与发展。

③ Bernard Hanotiau, The Res Judicata Effect of Arbitral Awards, in Complex Arbitrations: Perspectives on their Procedural Implications, Special Supplement – ICC International Court of Arbitration Bulletin, 2003, p. 45.

的案件争点以既判力,虽然此种传统在当代已经发生某种程度的变化。而在普通法系,虽然罗马帝国对大不列颠的统治对当代英国的法律产生了相当深刻的影响,但是由于后来普通法系发展出了一套依靠法院的判决而积累起来的法律传统,从而使得既判力的具体制度在普通法系有着许多特殊的地方,如在概念表达上,普通法系有诸如"诉因禁反言""争点禁反言""禁止程序滥用"等相关与既判力原则相关的概念。在概念的理解上,普通法系认为已被处理的案件争点,在满足相关条件下,亦能获得既判力;其还认为,当事人在前诉中可以提出却未提出的争点,亦能产生既判力,当事人不能在后诉中再次提出,否则将构成程序滥用。至于两大法系在既判力原则的制度建构及适用上有何具体异同之处,本书第三章将对此作专门探讨。

二 仲裁裁决既判力的历史源流:从观念形态走向法律形态

作为一种纠纷解决方式,仲裁在某种程度上与人类文明一样久远。因为人类社会的产生与发展,必然伴随着人与人之间的各种交往,纠纷亦必然会出现。在一定的情形下,人们自然而然会将相关纠纷交由第三者作裁断,而这可以视为仲裁的原始形态。[①] 原始形态的仲裁的存在与运作由于不受法律所规制,因此,由此产生的裁决不可能具备当今法律意义上的既判力。然而,这并非意味着该种裁决不具备任何终局效力。实际上,由原始形态的仲裁所产生的裁决具备观念形态的既判力。

在此,我们须区分法律形态上的既判力与观念形态上的既判力。在法学领域,当人们探讨既判力时,此种既判力往往指的是法律形态上的既判力,据此,任何通过非法律框架内的途径解决纠纷的裁断都不具备既判力。但是,从一个更广的研究视角来看,法律体系中的原则往往都

---

① 仲裁的原始形态即使在当代亦是到处可见。在家庭里面,孩子们出现一些争执,他们有时会将他们的争执告诉父母,让父母作为中间人来决断,这样既可以避免孩子们因继续争执一时情绪化而打架,还可通过采用这种文明的方式解决他们的争执,而获得父母们的称赞。在学校里,学生之间出现争执或矛盾,他们有时会让班主任或者其他老师做中间人,对他们之间的争议作决断。这样的现象在社会上非常普遍。我们现在仍然可以把这种解决争议的形式称为仲裁的原始形态。Earl S. Wolaver, The Historical Background of Commercial Arbitration, University of Pennsylvania Law Review and American Law Register, Vol. 83, No. 2 (Dec., 1932), pp. 132-146.

能够从社会中找到观念之源，既判力原则亦不例外。此处显然没必要对既判力原则背后的社会学与心理学根据作探究，但有一点是很容易肯定的，即作为观念形态的既判力，它存在于社会上的各个角落，可以说，只要有定纷止争的机制存在，就存在此种观念形态的既判力；而一旦某种定纷止争的机制法律化，由其所产生的裁判的终局效力获得法律的认可，那么，就会出现法律形态上的既判力，即通常所谓的既判力。因此，对于法律形态与观念形态的既判力之间的关系，一言以蔽之，法律形态的既判力是主权者对观念形态的既判力的法律肯定，并将其上升为法律上的原则。由此，人们可以说，原始形态的仲裁所产生的裁决不具备法律上的既判力，但具备观念形态上的既判力。而仲裁裁决的既判力获得当代法律意义上的既判力，须待民族国家的出现，国家法律对仲裁裁决的效力进行制度认可，方能产生。

相对于漫长的人类历史而言，民族国家的产生尚为晚近之事，而且，在民族国家产生之初，国家的立法与执法成熟度远无法与当代相提并论。实际上，在民族国家的发展过程中，仲裁裁决的既判力经历了一个由观念形态走向法律形态的缓慢进化过程，而且这一过程在当代仍在延续。

对于仲裁的历史，无论从何种角度作探究，较为公认的一点是，现代仲裁起源于欧洲中世纪后期，由于该时期贸易兴盛，人员流动频繁，而欧洲内部的商人们往往来自有着不同语言、文化的区域，因此，寻求法院之外的途径解决他们之间的贸易纠纷，自然便发展成为一种极为有效的纠纷解决方式。[①] 从地域上看，地中海沿岸，特别是当今的意大利，商贸最为繁盛。然而，当时的意大利为城邦割据的社会，通过仲裁这种私人方式解决商人之间的纠纷的成果并不能从公权力获得足够的保障。不过，由于贸易的兴盛促进了各个行业分工趋势明显，行会逐渐发展起来，并对整个行业拥有着相当的权威。为保障行业内部的秩序，各

---

① 在法国，1566年的《暮兰法令》（Decree of the Moulins 1566）便规定仲裁是唯一的且强制的解决贸易纠纷的方式。在当时，法国人民对法院是否具有像仲裁那样有效地解决此种贸易纠纷的能力是存有怀疑的。后来到了法国大革命时期，仲裁甚至被视为一种自然权利，法国1791年宪法（第86条）及1795年宪法（第210条）明确表示，寻求以仲裁方式解决纠纷乃公民的一项宪法性权利。Karl-Heinz Böckstiegel, Past, Present, and Future Perspectives of Arbitration, Arbitration International, Vol. 25, No. 3, 2009, p. 294.

个行会都会通过成文或不成文的规则对其下面的商人行使着一定的纪律性约束，这种约束包括要求商人切实履行基于他们的合意而由临时仲裁庭所作出的仲裁裁决。通过行业的规则与纪律以保障仲裁裁决的终局效力，这仍未使仲裁裁决的既判力脱离观念形态，因为行业的规则与纪律仍属于道德层面的事物，与原始形态的仲裁不同的是，后者依赖于一般意义上的道德约束，而早期依赖于行业规则与纪律保障的商事仲裁则依赖于更为狭窄的商界内部道德的约束。

从制度层面讲，英国被广泛认为是现代商事仲裁的溯源。但在早期，英国法院或国会并没有为商事仲裁提供帮助，仲裁协议的有效性以及仲裁裁决既判力都有赖于行业内部纪律约束的保障。正如 Lynden Macassey 所指出的，"远在1889年《仲裁法》给予仲裁全面的法律保障前，仲裁在英国早已获得了巨大的发展，在当时，仲裁的执行主要依赖于道德层面的制裁，大型贸易组织的力量更是加强了这种约束，因为它们会把违规者加入黑名单。"[①] 行业的力量保障仲裁裁决效力得到当事人的尊重，由此可见一斑。虽然此种由行业的力量予以保障的仲裁裁决既判力，仍停留在观念形态，但这种依赖于行业内部保障的商事仲裁恰好是仲裁裁决既判力从观念形态走向法律形态的过渡。

英国国会通过立法正式对仲裁这种法院外纠纷解决机制在制度层面上予以支持最早体现于1697年《仲裁法》，此即英国仲裁法的源头。由此，英国开始通过公权力维护仲裁的准司法权威，在此种条件下，仲裁裁决开始逐渐地获得法律意义上的既判力。虽然当时国家公权力对仲裁裁决执行的保障力度与当代完全不可同日而语，但该法案至少明确了以下这一点，即当事人可以通过仲裁的方式使其纠纷得到最终解决，如果双方当事人不履行仲裁裁决，他们将会由于其蔑视仲裁而受到刑罚制裁。[②] 不过，1697年《仲裁法》在许多方面仍存在漏洞，其中典型之一

[①] Lynden Macassey 作出此点判断乃是在20世纪30年代，而在当时，英国的大型产业或商贸行业很早之前即已为本行业的成员进行商贸往来提供了各自特定的合同，而该种合同中都会包含有某种形式的仲裁条款，此种实践对于所有商品行业几乎都是如此。Lynden Macassey, International Commercial Arbitration: Its Origin, Development and Importance, 24 American Bar Association Journal, 1938, p.521.

[②] Lynden Macassey, International Commercial Arbitration: Its Origin, Development and Importance, 24 American Bar Association Journal, 1938, p.521.

便被某一律师所利用,即虽然依据该法案作出的仲裁裁决应该得到执行,但是仲裁协议在裁决作出前可以随时撤回。① 从某种意义上讲,虽然英国国会早在1697年便颁布了《仲裁法》,但在当时的时代背景下,仲裁裁决的终局效力及其执行仍在很大程度上有赖于行业内部规则与纪律的保障,直至一百多年后的1800年代才出现大规模的在公法和私法中不断增加仲裁条款内容的法律规定,从而体现了英国对仲裁在解决纠纷方面的巨大信心。实际上,直到1889年《仲裁法》的颁布,仲裁在英国才真正获得应有的法律地位。② 1889年《仲裁法》被认为是英国第一部现代意义上的仲裁法,直至20世纪前期,其在英国仲裁法律体系中一直发挥着主导作用,而且被不少的英联邦国家所采纳,现今尚有国家仍旧沿用1889年《仲裁法》。③ 从此种意义上讲,自1697年第一部英国《仲裁法》颁布以来,直到19世纪末期,仲裁裁决的既判力经历了一个从观念形态逐渐向法律形态的过渡。在这个过程中,仲裁裁决一方面在很大程度上有赖于行业的道德保障,但国家越来越意识到为仲裁提供全面保障的重要性,因此而不断地加强仲裁方面的立法,以至于最后仲裁裁决的效力完全须由国家公权力机构来保障,自此,仲裁裁决既判力的法律形态才完全确立。

商事仲裁在英国的发展史,清晰地表明了仲裁裁决的既判力经历了一个从观念形态向法律形态的演变过程。在当代,仲裁裁决的既判力已不再依赖于行业的道德保障,各国的仲裁立法已经趋于成熟与系统化,以至于国际商界与仲裁界开始着手推动各国在仲裁法律制度方面的趋同,以增强国际商人对仲裁法律结果的可预见性,这方面最值得称颂的系统性成果是1985年由联合国国际贸易法委员会制定的 UNCITRAL

---

① Clapham v. Hugham 案(1822 1 Bingham 87)即为一例。Lynden Macassey, International Commercial Arbitration: Its Origin, Development and Importance, 24 American Bar Association Journal, 1938, p. 521.

② 1697年《仲裁法》为英国仲裁立法之滥觞,该法后来得到一系列法令的补充,直到新的1889年《仲裁法》的诞生,后者至20世纪前期一直在英国的仲裁法律体系中发挥着主导作用,堪称英国历史上第一部最全面的仲裁立法。在20世纪里,英国《仲裁法》经历了1937年、1950年、1975年以及1979年的实质性修订与更新,直到现在我们所看到的一部现代仲裁法,即1996年英国《仲裁法》。

③ Michael Mustill, Arbitration: History and Background, Journal of International Arbitration, 1989, Vol. 6, Issue 2, p. 54.

《示范法》，该法现今已被不少国家吸收与采纳。① 此外，自"一战"以来，促进仲裁裁决在国际层面的承认与执行日渐获得主权国家的支持。在此方面，最早且影响较为深远的成果无疑是1927年《日内瓦公约》②。从某种意义上讲，该公约的订立体现了"一战"后欧洲各国追求国际主义的理想情怀，包括此前不久成立的国际商会（ICC）亦体现了这一点。③ 在该公约框架下，在某一缔约国境内作出的一项仲裁裁决在一定条件下可以获得另一缔约国的执行。而后来的1958年《纽约公约》则更是被誉为商事领域有史以来最成功的国际立法之一，其对于当代国际仲裁起着不可估量的支撑作用。④《纽约公约》对缔约国拒绝承认与执行在另一缔约国所作出的仲裁裁决的条件作了严格限制，而且取消了1927年《日内瓦公约》的双重执行状制度，极大促进了仲裁裁决在全球范围内的自由流动。可以毫不夸张地说，《纽约公约》对国际商事仲裁裁决承认与执行之强有力的保障乃仲裁裁决既判力的法律形态在国际领域的最高体现。

第二节　仲裁裁决既判力渊源的理论解读

仲裁裁决具有终局效力在当今各国仲裁法律体系中获得了普遍确

---

① 关于1985年UNCITRAL《示范法》的立法背景、突出特征以及立法目的，曾广泛参与《示范法》的立法与推广工作的Gerold Herrmann先生曾专门撰文作详细解读。请参见 Gerold Herrmann, The UNCITRAL Model Law: Its Background, Salient Features and Purposes, Arbitration International, Vol. 1, Issue 1, 1985。

② 在1927年《日内瓦公约》签订之前，曾存在着一些关于保障仲裁裁决跨国执行的双边或多边公约，其中包括1899年7月8日《法国—比利时公约》，1922年4月6日《奥地利—意大利公约》，1922年4月26日《意大利—南斯拉夫—捷克斯洛伐克公约》，1923年3月17日《捷克斯洛伐克—南斯拉夫公约》，1923年7月24日土耳其和其同盟国间签订的《洛桑条约》，这些条约都是促成1927年《日内瓦公约》出现的先行者。

③ Michael Mustill, Arbitration: History and Background, Journal of International Arbitration, 1989, Vol. 6, Issue 2, p. 48.

④ 在当代，国际仲裁飞速发展且极其活跃，而国家仲裁立法在某种情形下可能构成对仲裁的制约与掣肘，特别在仲裁协议以及仲裁裁决的执行问题上，情形更是如此。在此种条件下，以E. Gaillard为代表的学者认为，仲裁裁决不应从属于任何主权国家的法律秩序，而仅从属于其所谓的自治的仲裁法律秩序，而此种法律秩序的内容则是由诸如《纽约公约》、UNCITRAL《示范法》、国际公共政策等一系列获得最为广泛认可的国际性原则或规则所组成。在此种理论视角下，仲裁裁决的既判力似乎要重新回到观念形态，因为脱离国家实证法即意味着仲裁裁决无法获得真正法律形态上的既判力。

认，而且，不同于民事诉讼判决的是，仲裁裁决一般都"一裁终局"，即裁决一旦作出，便具备既判力，不能被上诉。由此，从实证法角度看，很容易从主权国家法律中[1]找到仲裁裁决既判力的相关依据。然而，应然上，仲裁裁决何以具备与法院判决相同的终局效力？换言之，仲裁裁决既判力的法理基础是什么？对此，由于学界偏于关注仲裁实践中的技术性问题，因而对这一基本理论问题的探讨未充分展开，日常的解读亦流于经验直觉，远未形成系统。然而，事实是，这一理论问题关乎仲裁作为一种被广泛推崇的诉讼外纠纷解决机制的存续，对其重要性如何强调亦不为过。欲对这一问题作出较好的回答，最佳切入点莫过于仲裁本身的性质。各种关于仲裁性质的代表性理论，即司法权论、契约论、混合论以及自治论，提供了从多个角度理解仲裁裁决既判力的效力之源的可能，为人们从更深层次上理解这一问题提供了有益参考。以下分别阐述诸种既有理论之解读，并对其作一批判性审视，在此基础上提出一种新的兼具综合性与分析性的辩证解读方法。

一 司法权论的解读

司法权论（jurisdictional theory）[2]认为国家公权力对仲裁活动的调整与监督决定了仲裁不可能游离于国家法律秩序之外，它不反对仲裁协议对仲裁的开展有着基础意义这一点，但认为仲裁协议以及仲裁裁决的有效性取决于仲裁地与裁决执行地法律的态度。这一理论的代表人物F. A. Mann认为，与仲裁活动相关的地域的法律，特别是仲裁地法律，对仲裁有着关键意义。[3]在其看来，每一个主权国家都有权对在其领域

---

[1] 例如，为不少国家仲裁立法所借鉴或采纳的UNCITRAL《示范法》第35条第1项规定："仲裁裁决不论在何国境内作出，均应予以承认具有约束力，而且经向管辖法院提出书面申请，即应依照本条和第36条的规定予以执行。"再如，英国1996年《仲裁法》第58条对仲裁裁决的效力作了专门规定，根据其中第1款，除非当事人另有规定，仲裁庭根据仲裁协议而作出的裁决对双方当事人以及通过前者提出请求的人具有终局约束力。

[2] 值得注意的是，司法权论与所谓的属地理论（territoriality theory）具有内在的一致性，在当代国际仲裁蓬勃发展的时代背景下，学者们对仲裁基本性质的探讨与争论主要聚焦于所谓的"非国内化"现象，对此属地理论与自治理论形成典型的两派。相关讨论可参见Jan Paulsson, Arbitration in Three Dimensions, LSE Law, Society and Economy Working Papers 2/2010。

[3] See F. A. Mann, Lex Facit Arbitrum, in International Arbitration: Liber Amicorum for Martin Domke 157 (Pieter Sanders ed., 1967), reprinted in 2 Arb. Int'l (1986), pp. 241-261.

内进行的仲裁活动作肯定或否定的评价，由此，仲裁能否顺利进行最终取决于主权国家的态度。实际上，此种理论强调国家强制性规范对仲裁的规范与约束，此种规范与约束体现于仲裁的方方面面，如可仲裁性、仲裁的法律适用、仲裁程序的规范性、仲裁裁决的内容是否违反公共政策，等等。

不过，在当代国际仲裁兴盛发展的时代背景下，此种理论遭到不少业界人士的批评。J. Paulsson 指出："人们可以将属地理论模式理解为20世纪中期以前普遍盛行的观念的产物。但它根本无法契合当今不再将活动局限于国家单元体内的国际社会之现实情形……"[①] 其同时援引瑞士作为例子，因为瑞士法律允许在仲裁裁决仅涉及外国人的情形下，当事人可以约定排除当地法院对裁决的司法审查。[②] J. D. M. Lew 指出："认识到在每一个国际仲裁中当事人与仲裁员往往都是来自不同的法域这一点非常重要。仲裁地常被选择在一个中立的国家。当事人选择仲裁即已拒绝国家法院所通常提供的管辖，他们有意地将他们以及他们的争议解决机制置于一个中立的、非国家的领域。故此，国家法律对于控制仲裁的过程并没有利益可言。"[③]

对于该理论对仲裁裁决既判力根源的解读，只要考察其如何界定仲裁员的权力性质与角色，以及如何看待仲裁裁决的撤销与执行等问题，便可得出大致结论。持司法权论的学者认为，仲裁员在仲裁中所扮演的角色与法官在法院中扮演的角色是相似的，仲裁员在仲裁中行使的是"原则上由国家所保留的职权"，仲裁员的权力源自国家法律的授权，仲裁只不过是由法律所设定的对于国家对司法权垄断的一种例外。[④] A. Lainé 认为，虽然没有仲裁协议仲裁便不可能发生，但仲裁庭的管辖

[①] Jan Paulsson, Arbitration in Three Dimensions, LSE Law, Society and Economy Working Papers 2/2010.

[②] See Jan Paulsson, Arbitration in Three Dimensions, LSE Law, Society and Economy Working Papers 2/2010.

[③] Julian D. M. Lew, Achieving the Dream: Autonomous Arbitration, 22 (2) Arb. Int'l (2006), p. 180.

[④] See Adam Samuel, Jurisdictional Problems in International Commercial Arbitration: A Study of Belgian, Dutch, English, French, Swedish, Swiss, US and West German Law, Schulthess Polygraphischer Verlag (1989), p. 55.

第一章 仲裁裁决与既判力：历史、法理与比较分析　　17

权并非源自仲裁协议。① 此种观点得到 A. L. Pillet 的肯定，后者则进一步指出："仲裁协议的存在对于仲裁员权力的取得是必要的，但是一旦此种权力被赋予仲裁员，那么，只要仲裁员在其任务范围内行使此种权力，他们就具有绝对的自由裁量权，并且，仲裁协议对他们所作出的仲裁裁决没有影响，后者以完全不同于仲裁协议的其他因素为基础。"② 而 F. Klein 则更是明确指出："只有国家才能行使审判权，因此，如果法律允许当事人提交仲裁，那么，此时仲裁庭所行使的职能是公共职能。由此，逻辑上，仲裁裁决是与国家法院所作判决具有相同意义的决定。"③ 由此可见，对于仲裁员在仲裁中所行使的权力的性质及其所扮演的角色，在司法权论者看来，除了在形式上存在差异外，本质上无异于法官。"逻辑上，仲裁裁决是与国家法院的判决具有相同意义的决定"更是表明，仲裁裁决的既判力与法院判决的既判力性质相同，皆源于法律对裁判权威的正式认可。正是基于此点，司法权论者认为，在当事人未主动履行裁决书中的义务之时，裁决请求执行地的法院应当像对待法院判决一样将其强制执行。

　　仲裁裁决的撤销与执行这一问题，实践中，往往与仲裁裁决的既判力紧密相连。在国际商事仲裁领域，这一问题显得更为复杂。司法权论者往往亦是属地原则或理论的支持者，他们的共同特点在于都强调仲裁地对仲裁的监督与控制，让仲裁的方方面面都纳入仲裁地的法律控制之下。由此产生的现实问题是，被仲裁地法院撤销的仲裁裁决，是否依然具备既判力，是否依然能被域外法院执行？此乃国际仲裁界近 20 年来关注的焦点问题之一。《纽约公约》并未规定执行地法院在仲裁地法院撤销仲裁裁决后应承担拒绝承认与执行的强制性义务。④ 但实践中，在近些年出现的若干案例里面，仲裁裁决被仲裁地法院撤销后，在他国法

---

① See Hong-Lin Yu, A Theoretical Overview of the Foundations of International Commercial Arbitration, 1 (2) Contemp. Asia Arb. J. 2008, p. 262.

② Hong-Lin Yu, A Theoretical Overview of the Foundations of International Commercial Arbitration, 1 (2) Contemp. Asia Arb. J. 2008, p. 262.

③ Ibid., pp. 262-263.

④ 根据《纽约公约》第 5 条第 1 款 e 项，执行地法院在仲裁裁决对各方当事人尚无拘束力的条件下，"可以"（may），而不是"必须"（shall），拒绝承认及执行该项裁决。由此可见，执行地法院在此种条件下并非负有拒绝承认及执行的义务。

院仍然得到了承认与执行，广为业界所关注的典型案例即有"Chromalloy 案"①　"Hilmarton 案"② 以及新近的"Putrabali 案"③ 与"Yukos 案"④。然而，此种判案方式与态度，即所谓的"非本地化"（delocalization），却受到了司法权论者的质疑。F. A. Mann 对"非本地化"更是持强烈批评态度，认为所有仲裁都是国家仲裁，不存在所谓的"国际"仲裁，其指出："在法律意义上，并不存在国际商事仲裁。这正如每一个国际私法体系，即使它有着一个极其误导性的名称，却皆为国家法律体系之一部分，同样，每一项仲裁皆为一项国家仲裁，即应当服从于国家法律中的特定制度。"根据 F. A. Mann 的观点⑤，仲裁裁决本身不能独立于主权国家司法秩序之外而自主产生不受地域约束的终局效力；既然仲裁构成仲裁地法律秩序的一部分，那么，如果仲裁裁决被仲裁地法院撤销，即被仲裁地的法律秩序所否定，仲裁裁决则应不具备既判力，从而不具备在域外获得执行的效力。司法权论者并不反对执行地法院基于可仲裁性以及公共秩序等问题对仲裁裁决作进一步监督与审查，但反对将仲裁裁决视为一种可以脱离任何主权国家的法律秩序而自主产生终局效力的裁决。

综上，我们不难得出以下认识：在司法权论的理论视野下，仲裁裁决具有与法院判决性质一样的既判力，且此种既判力具有严格的属地性质，以仲裁地的法律秩序为依托，其存在依附于仲裁地法律体系的认可与赋权，并且构成该地司法秩序的一部分。

---

① See Chromalloy Aeroservices v. Arab Republic of Egypt, 939 F. Supp. 907, (D. C. Cir. 1996).
② See Société Hilmarton Ltd v. Société Omnium de traitement et de valorisation (OTV) / 92-15.137, Cour de cassation France, March 23, 1994.
③ See Société PT Putrabali Adyamulia v. Société Rena Holding et Société Moguntia Est Epices/ 05-18.053, Cour de cassation France, June 29, 2007.
④ See Yukos Capital v. Rosneft, Amsterdam Court of Appeal decision, April 28, 2009.
⑤ F. A. Mann 的观点集中体现在其 1967 年发表的"Lex Facit Arbitrum"一文。该文包含如下一段经典论述："仲裁法（lex arbitri）即指仲裁庭所在地的法律，而非其他国家的法律。除非得到某一法律体系的认可，否则，当事人的任何行为都不会产生法律效力。由此，在当事人的行为能获得肯定之前，我们不可避免地首先得确定此一法律体系。当我们在冲突法的语境下表示'合同适用当事人所选定的法律'之时，这一说法仅在承认以下事实时方能成立，即合同所将适用的规则乃某一特定法律体系下的法律之一部分。" F. A. Mann, Lex Facit Arbitrum, in International Arbitration: Liber Amicorum for Martin Domke 157 (Pieter Sanders ed., 1967), reprinted in 2 Arb. Int'l (1986), pp. 241-261.

二 契约论的解读

与司法权论不同，契约论（contractual theory）从契约的角度窥探仲裁的性质，往往强调当事人意思自治在仲裁中的基础性意义，反对仲裁地法院对仲裁程序的过度干预。契约论认为，仲裁的基础是仲裁协议，仲裁程序与仲裁地并非必然存在紧密联系，当事人拥有自主决定与仲裁程序相关问题的权利，此种权利不应受任何国家公权力的干预。

契约论者承认仲裁程序以及仲裁的其他方面会受到国家法律的影响，但他们认为当事人签订的仲裁协议才应是仲裁的基础，传统的"契约须被遵守"（pacta sunt servanda）的理念应作为一项优先原则适用于仲裁之中，在此原则下，当事人将争议提交仲裁，不受国家法律的左右。F. Kellor 指出："仲裁在性质上乃完全自愿。含有仲裁条款的合同乃一项自愿协议。法律并未要求当事人必须签订此种协议，亦未给予一方将此种协议强加于另一方的权力。当仲裁协议作为主合同的一部分被确定时，当事人便自愿放弃一些制度性权利，以便于他们所认为的仲裁所具有的更大的比较优势能够发挥作用。"[1] 此处 F. Kellor 所指的制度性权利（established rights）乃公民所拥有的诉诸国家法院以解决纠纷的权利，其紧接着指出："由此，除了可仲裁性与公共政策问题为仲裁地法所保留的事项外，仲裁地法对仲裁的程序与结果的影响极小。"[2] 此外，F. Kellor 还认为，国家仲裁法律的作用仅在于为当事人在仲裁程序事项上约定不充分时填补漏洞，并通过专门法规调整仲裁程序的开展。[3]

在实践中，不少法院都将仲裁定性为一种基于仲裁协议的契约性纠纷解决机制，并将当事人与仲裁员之间的关系解释为一种契约型关系。以英格兰为例，在 Cereals S. A. V. 案中，法院认为当事人与仲裁员之间存在着一种契约关系，仲裁员一旦接受当事人的委任，便成为仲裁协议

---

[1] Frances Kellor, Arbitration in Action. A Code for Civil, Commercial and Industrial Arbitrations. New York: Harper & Brothers Publishers, 1941. 转引自 Hong-Lin Yu, A Theoretical Overview of the Foundations of International Commercial Arbitration, 1 (2) Contemp. Asia Arb. J. 2008, p. 266。

[2] Hong-Lin Yu, A Theoretical Overview of the Foundations of International Commercial Arbitration, 1 (2) Contemp. Asia Arb. J. 2008, p. 266.

[3] See Hong-Lin Yu, A Theoretical Overview of the Foundations of International Commercial Arbitration, 1 (2) Contemp. Asia Arb. J. 2008, p. 266.

的当事人。Hobhouse 法官指出："通过接受当事人根据仲裁协议作出的委任，仲裁员便成为仲裁协议的当事人。作为一个契约问题（须受各种强制性规范的约束），仲裁的所有当事人，都受仲裁协议中的条款的约束。"① 在 Hyundai Heavy Industries Co. Ltd. 案中，英格兰法院对仲裁员的角色作出了相同的解读。Phillips 法官指出："在此案中，对于界定仲裁员的地位，我不认为契约性框架并非不适宜，我将以对当事人双方皆适用的契约性框架为前提，将契约原则亦适用于仲裁员上。"②

　　对于仲裁员的角色与权力来源，契约论并不认为仲裁员与法官两者之间具有相似性或准一致性，它反对司法权论者所谓的授权理论（delegation theory），即将仲裁员的权力来源归结于法律的授权。然而，契约论者并未在此问题上形成一致的观点与认识。对此，比较有影响力的一种观点是将仲裁员视为当事人的代理人，此即所谓的代理理论（agent theory）。这一观点的代表人物是 P. Merlin，其认为，仲裁员实际上是当事人的代理人，由于仲裁员不履行任何公共职责，因此，仲裁员在被当事人委任时，乃从当事人签订的仲裁协议中取得权力；仲裁员被委任后便听从委任他们的当事人的指示，代表当事人解决他们之间的纠纷，由此产生的仲裁裁决对当事人双方皆具有约束力。③ 代理理论所强调的仲裁的契约属性受到其他契约论者论的肯定，但同时此种理论亦受到其他契约论者的批评。A. Bernard 认为，仲裁员的权力的确来自仲裁协议，但是仲裁员并非当事人的代理人，仲裁员与当事人之间形成的契约关系乃一种独特的契约关系，此种契约有其自身的准据规则，在处理此种关系时，人们需要考虑到关于调整契约的一般原则以及仲裁员的角色所具有的独特性质。④ 与此同时，代理理论显然还会招致其他不持契约论的人的反对，A. Lainé 便从三个角度对此理论提出了反驳。第一，与代理

---

　　① Cie Europeene de Cereals SA v. Tradax Export SA, [1986] 2 Lloyd's Rep. 301 (U.K.).
　　② K/S Norjarl A/S v. Hyundai Heavy Industries Co. Ltd., [1991] 3 All ER 211 (CA) (U.K.).
　　③ See Hong-Lin Yu, A Theoretical Overview of the Foundations of International Commercial Arbitration, 1 (2) Contemp. Asia Arb. J. 2008, p. 268.
　　④ See Adam Samuel, Jurisdictional Problems in International Commercial Arbitration: A Study of Belgian, Dutch, English, French, Swedish, Swiss, US and West German Law, Schulthess Polygraphischer Verlag (1989), p. 41.

人不同，仲裁员被当事人委任目的乃是公正独立地解决当事人之间的纠纷，而非竭力维护委任他们的当事人的利益；第二，代理理论无法解释仲裁员的权力范围与代理人的权力范围之间的区别，因为，根据代理理论，代理者只能在被代理人的授权范围内行事，而仲裁员却能行使一些当事人根本无法行使的权力，如传唤证人作证，作出要求一方提供担保的裁令，等等；第三，代理理论亦无法对仲裁员所享有的豁免权提供令人满意的解释，虽然不同地域对仲裁员豁免权的规定不尽相同，但一般而言，仲裁员都享有准司法性质的豁免权，以避免被不满仲裁裁决的当事人起诉。[1]

通过以上阐述可知，契约论逻辑上将对仲裁裁决既判力的根源作出以下解读，即仲裁裁决具有如同契约约束力一般的效力，仲裁裁决的既判力源自当事人所共同签订的仲裁协议。由于契约论内部对仲裁员与当事人之间的关系是否可被理解为代理与被代理关系存在分歧，因此，对于仲裁裁决的效力，持契约论的不同人士亦有不同解读。P. Merlin 从其所主张的代理理论出发，认为仲裁裁决实际上是一项契约，该契约由仲裁员代表相应的当事人而签订，由于仲裁员是委任他们的当事人的代理人，因此仲裁员所签订的契约，即仲裁裁决，自然而然对作为被代理人的当事人具有约束力。[2] 对此，P. Merlin 指出："一项在外国作出的仲裁裁决，它除了是一项契约外，还能是别的事物吗？它难道不是作为仲裁员裁决权来源之依据——仲裁协议的结果吗？它难道不是在本质上与仲裁协议紧密相连吗？它难道不是与仲裁协议一起形成一个单独的整体吗？没有这项仲裁协议，仲裁裁决又会是怎样呢？如果是这样的话，那它只不过是一张废纸，它什么也不是。正是仲裁协议才使得仲裁裁决能真正存在，正是仲裁协议才使得仲裁裁决能获得其所有的实质内涵，因此，仲裁裁决就像仲裁协议一样具有契约属性，而且千真万确的事实是，仲裁裁决只不过是仲裁员履行当事人所授予的审理案件的权力的结果，更准确地说，仲裁裁决甚至只不过是当事人假后者（仲裁员）之

---

[1] See Hong-Lin Yu, A Theoretical Overview of the Foundations of International Commercial Arbitration, 1 (2) Contemp. Asia Arb. J. 2008, p. 270.

[2] Hong-Lin Yu, A Theoretical Overview of the Foundations of International Commercial Arbitration, 1 (2) Contemp. Asia Arb. J. 2008, pp. 271-272.

手所达成的约束当事人自身的一项协议。"[①] P. Merlin 还认为,若将仲裁裁决视为一项契约,仲裁裁决的执行便不会受到属地原则的约束,且能够在任何国家的法院得到顺利执行,因为没有任何公权力渗入裁决作出的过程。[②] 此种理解对法国与英国仲裁法的发展有一定的影响。例如,法国最高法院(Cour de Cassation)在1937年的 Roses v. Moller et Cie 案中表示,在程序上,执行域外仲裁裁决比执行外国法院判决要更容易处理,因为仲裁裁决以仲裁协议为基础,并与仲裁协议构成一个整体,并分享后者的契约属性。[③]

不过,P. Merlin 从代理理论的角度对仲裁裁决进行解读同样受到其他人士的批判。在 A. Bernard 看来,仲裁裁决乃当事人与仲裁员之间的契约关系的直接结果,是仲裁员的工作成果,基于此,当事人承诺仲裁裁决将对他们具有约束力,而国家法院执行仲裁裁决只不过是执行当事人所事先同意承担的义务。[④] 显然,A. Bernard 并不认为仲裁裁决为一项新的契约,因为正如前面所指出的,在 A. Bernard 看来,仲裁员与当事人之间的关系并非代理与被代理的契约关系,而是一项"独特"的契约关系,因此,不能将仲裁裁决视为仲裁员代当事人签订的一份新合同。不过,契约论者的共识同样也是非常明显的,即不论是将仲裁裁决本身视为一项契约,还是将其视为当事人与仲裁员之间的契约关系生成的一项对当事人具有约束力的契约义务,他们都肯定仲裁裁决的契约性质。正如 J. P. Niboyet 所指出的,"仲裁裁决具有契约属性,因为仲裁员的权力并非源于法律或司法机关,而是来自当事人所签订的仲裁协议。仲裁员只不过是裁断当事人本可通过协议解决的争议,当事人通过仲裁协议赋予仲裁员代其解决争议的实际权力。因此,仲裁裁决孕有契约属性,而且根据法律,它似乎是当事人的工作成果,它必须像其他契约一

---

① Hong-Lin Yu, A Theoretical Overview of the Foundations of International Commercial Arbitration, 1 (2) Contemp. Asia Arb. J. 2008, p. 272.
② See Hong-Lin Yu, A Theoretical Overview of the Foundations of International Commercial Arbitration, 1 (2) Contemp. Asia Arb. J. 2008, p. 272.
③ See Roses v. Moller et Cie, Cour de Cassation, July 27 1937, Dalloz 1 1938.
④ See Hong-Lin Yu, A Theoretical Overview of the Foundations of International Commercial Arbitration, 1 (2) Contemp. Asia Arb. J. 2008, p. 273.

样具有法律效力,并且它必须具有最终裁决的权威。"①

三 混合论的解读

契约论的一系列基本观点,如仲裁裁决具有契约属性、仲裁员乃当事人的代理人等,受到了一些学者的强烈质疑。例如,在仲裁程序的启动上,仲裁的契约属性可以说具有关键意义,然而,当程序启动之后,当事人意思自治则受到一定的限制,仲裁庭具有独立作出重要决定的权力。② 此种背景下,有学者提出了将契约论与司法权论两种理论进行折中的构想,由此产生所谓的混合论。混合论(hybrid theory)将仲裁视为兼具司法与契约双重属性的纠纷解决机制。混合论者认为,单纯从司法权论或者契约论的任一角度出发,都无法对当代仲裁的性质及一系列现象作出满意的解释;不过,司法权论与契约论对仲裁性质的解读虽截然不同,但两者并非没有折中的可能,因为现代国际商事仲裁的顺利开展实际上有赖于仲裁所兼具的司法与契约双重因素。

这一折中学说的代表人物 G. Sauser-Hall 认为,仲裁不能脱离所有的法律体系,对于争议的可仲裁性以及裁决的执行,这都需要某种法律来作评断;同时,他也看到,每一项仲裁都有赖私人性质的合同作为依据,被挑选的仲裁员以及将被适用于仲裁程序的规则都首先取决于当事人的共同意思。混合论的观点,由于比较契合当代国际仲裁的实际状态,能较好地描述与解释仲裁的方方面面,因此,受到不少学者的肯定。③ 如 A. Redfern 与 M. Hunter 等指出:"国际商事仲裁是一个混合物。首先它体现于当事人所签订的私人协议(仲裁协议);接着,它以私人性质的程序显现,在此一程序中,当事人的主观意愿相当重要。然而,它又是以一项具有法律效力与强制力的裁决的形式而结束,而这一项裁

---

① Hong-Lin Yu, A Theoretical Overview of the Foundations of International Commercial Arbitration, 1 (2) Contemp. Asia Arb. J. 2008, p. 273.

② See Julian D. M. Lew, Loukas A. Mistelis, Stefan Kröll, Comparative International Commercial Arbitration, 2003 Kluwer Law International, p. 79.

③ J. D. M. Lew 等指出,"混合论已经成为了世界范围内具有支配地位的学说,因为在现代国际商事仲裁法律与实践中,我们都能找到司法权论与契约论两种学说的相关因素。"Julian D. M. Lew, Loukas A. Mistelis, Stefan Kröll, Comparative International Commercial Arbitration, 2003 Kluwer Law International, p. 80.

决,在满足适当的条件下,全球大多数国家都会准备将其认可与执行。这一私人性质的程序具有公共效力,这种效力的实现受到各国公共机构的支持,而这种支持态度又是通过国家法律的方式表达出来的。"①

由此,我们不难得出以下推论,即在混合论者的理论视野下,仲裁裁决的既判力体现的正是仲裁司法权性质的一面,因为既判力代表的是裁判所被赋予的公共效力,而由仲裁这种私性程序所产生的裁决,其本身并不能想当然地产生既判力。除了当事人主动执行仲裁裁决外,其本身并不能想当然地使相关司法机关承担执行仲裁裁决的义务,而司法机关承担执行仲裁裁决的义务,乃是因为相关仲裁裁决根据法律的规定,已被赋予既判力,使得该项具有私人性质的裁决产生如同法院判决一般的法律约束力。对于混合论对仲裁裁决既判力来源的解读,P. Sanders有着比较精辟的论述,他指出:"一方面,仲裁必须以当事人的仲裁协议为基础,如果不存在一项有效的仲裁协议,仲裁便不能发生。如果我们将强调的重心放在仲裁的这一起点,并且延伸一下,同时也覆盖仲裁程序与仲裁裁决,那么就会得到契约论关于仲裁性质的理论。另一方面,我们也可以将强调的重心放在仲裁的准司法性这一点上。仲裁是一项司法过程。仲裁员,一旦被委任,便像法官一样行事。仲裁员从功能上来讲,在于为当事人提交的争议作出一项终局裁决。他们所作出的裁决,在原则上,拥有如同法院判决一样的效力。仲裁的双重性质,使那些所谓的混合论者采取了一种折中的观点:仲裁员,在性质上,既受其契约渊源的影响,又受其所涉入的司法过程的影响。"②

四 自治论的解读

自治论(autonomous theory)是当前国际仲裁界比较盛行的一种学说。与司法权论与契约论不同,自治论虽然承认仲裁具有契约与司法双重因素,但是该视角所聚焦的对象既不是司法权论下的仲裁地,也不是契约论下的当事人意思自由,而是当事人所愿意参与的仲裁程序本身所

---

① Alan Redfern, Martin Hunter, et al. , Redfern and Hunter on International Arbitration, 2009 Oxford University Press , p. 30.
② Pieter Sanders, Trends in the Field of International Commercial Arbitration, 145 (2) Recueil des cours 205 , pp. 233-234.

处的商业与法律环境,其所探究的问题是:仲裁是做什么的?仲裁的目的是什么?仲裁何以能够以其目前的形式运作?① 这一理论出现的时间相对较近,由 J. Rubellin-Devichi 最早在 1965 年提出,她认为,仲裁的性质,在法律以及事实上,可通过观察其目的与功能而得知,从这个角度而言,人们不能认为仲裁具有纯粹的契约性或司法性,同时,它也不是一种"混合的制度"(institution mixte)。②

据 J. D. M. Lew 的观察,在自治论者看来,仲裁不能受限于国际私法中的一些观念,它不需要刻意契合国际主义者或国家实证主义者的观点,仲裁最终可以不受实证法或国家法律系统的束缚而自主运作。由此,自治论可以说是对混合论的一种开明发展。然而,不同于混合论的是,由于自治论还认为仲裁不可附庸于仲裁地及其法律,故其与"非国家化"或"非本地化"等现代仲裁概念在步调上保持一致。③ 反对仲裁地及其法律对仲裁的控制乃是自治论的核心观点之一,J. D. M. Lew 自己也是自治论的主张者,他指出:"在每一个国际仲裁中,当事人与仲裁员经常是来自不同的法域,认识到这一点非常重要。当事人拒绝通常的国家法院管辖权,而常常选择一个中立的国家作为仲裁地,由此,他们就已经有意将他们自己以及他们所选择的纠纷解决机制置于一个中立的、非国家化的场域。基于这一原因,国家法律对于控制仲裁的过程并没有什么利益。"④

自治论对仲裁员的权力来源及其所扮演的角色是如何解读的呢?对此,自治论者 E. Gaillard 认为,仲裁员在国家法律秩序之外行使裁决权,既不受仲裁地的法律秩序,亦不受裁决执行地的法律秩序的约束,而仲裁员裁决权的行使乃置于自治的"仲裁法律秩序"(l'ordre juridique

---

① See J. Rubellin-Devichi, L'arbitrage: nature juridique: droit interne et droit international privé, in Librairie générale de droit et de jurisprudence 365 (1965). 转引自 Julian D. M. Lew, Loukas A. Mistelis, Stefan Kröll, Comparative International Commercial Arbitration, 2003 Kluwer Law International, p. 81。

② See Julian D. M. Lew, Loukas A. Mistelis, Stefan Kröll, Comparative International Commercial Arbitration, 2003 Kluwer Law International, p. 81。

③ Ibid..

④ Julian D. M. Lew, Achieving the Dream: Autonomous Arbitration (2006) 22 Arb. Int'l, Issue 2, p. 180.

arbitral）的背景下。① J. Paulsson 注意到，此种"仲裁法律秩序"对仲裁员的理解对应着这样一个假定前提，即仲裁员不以任何国家的名义输送正义，却承担着一个服务于国际社会的司法角色。② 虽然"仲裁法律秩序"摒弃国家法律体系对仲裁的监督与控制，但它并非处于法律真空状态，它本身是由各国所广泛认可的规则所构成。自治论者们对国际商业与贸易等领域逐渐发展起来的规则，甚至是所谓的商人法（lex mercatoria）都相当推崇。③ 在他们看来，这些国际规则受到了主权国家的广泛认可，已具足实证法的特性，根据这些国际规则，仲裁便能成为一种有效的纠纷解决方式，值得主权国家给予支持与认可。此外，在"仲裁法律秩序"与国家法律之间的关系问题上，自治论者并非完全排斥国家法律在特殊情形下的必要介入，他们看到，国际仲裁常常会与国家司法管辖进行互动，以此获取国家的支持并强化其合法地位。这些来自相关法域的司法协助包括以下方面：仲裁需要国家法律的介入以确定是否应承认与执行某项仲裁协议，以及是否应承认与执行某项仲裁裁决；仲裁需要国家法律的介入以协助仲裁程序的顺利开展；国际仲裁已建立起某些具有基础价值的标准，这些标准已被国际社会承认，并体现在国际性文件、国际公共政策以及正当程序中，它们需要涉案国家的协助落实。④ 由此可见，自治论对仲裁员的定位是不依附于任何主权领域但需受后者支持而服务于商界的纠纷解决者，仲裁员的权力来源基础应当是当事人的仲裁协议以及整个国际社会所公认的一系列规则与标准。

循此思路，仲裁裁决既判力的根源在自治论的逻辑下便有着清晰的解读。在正面回答此问题前，不妨先分析自治论的一个核心观点，即仲裁裁决的既判力不依附于仲裁地的法律体系。这一观点的内涵何在？实际上，它回答了这样一个问题，即在自治论者看来，仲裁裁决具有

---

① See Emmanuel Gaillard, Aspects philosophiques du droit de l'arbitrage international, 329 Recueil des cours 49 2007, pp. 91–121.

② See Jan Paulsson, Arbitration in Three Dimensions, LSE Law, Society and Economy Working Papers 2/2010.

③ See Emmanuel Gaillard, Aspects philosophiques du droit de l'arbitrage international, 329 Recueil des cours 49 2007, p. 102.

④ See William W. Park, The Lex Loci Arbitri and International Commercial Arbitration, 32 INT'L & COMP. L. Q. 21, 30 (1983). 转引自 Julian D M Lew, Does National Court Involvement Undermine the International Arbitration Processes?, AM. U. INT'L L. REV, Vol. 24, Issue 3 (2009), p. 492。

超越属地约束的终局效力，换言之，即便某项仲裁裁决被仲裁地法院撤销，其依然具有既判力，执行地法院不能因此而当然地拒绝承认与执行该项仲裁裁决。此观点并非毫无根据，也并非仍流于空想。因为《纽约公约》并未强制要求执行地法院在仲裁地法院撤销某项仲裁裁决后必须拒绝承认与执行该项仲裁裁决，换言之，执行地法院对此拥有自由裁量的空间；而且，某些国家的法院，特别是法国法院，对执行国际仲裁裁决采取了相当自由的态度，曾执行过一些被仲裁地撤销的仲裁裁决。

仲裁裁决的既判力不源自仲裁地法律，那它源自何？根据 E. Gaillard 的观点，这显然源自其所谓的"仲裁法律秩序"。通过前文的分析，我们已得知，此种"仲裁法律秩序"不依附于仲裁地的法律秩序。然而，现在的问题是，即便仲裁裁决可以脱离仲裁地的监督与控制，它也无法在现实上脱离执行地法院的审查与监督，因为一项国际仲裁裁决，在必要的时候，始终需要执行地法院的协助执行。这是否意味着，自治论者所谓的"仲裁法律秩序"因此而成为一种空想或谬论？对此，E. Gaillard 认为，执行地法院的法官应区分已被全球各国所广泛认可的规则或原则[1]与那些过时的、偏激的特殊主权规则[2]，并适用前者以判断应否承认与执行某项外国仲裁裁决。一言以蔽之，自治论对仲裁裁决既判力的解读是，仲裁裁决既判力既不依附于仲裁地的法律体系，也不应取决于执行地法律体系的主权评价，而应以"仲裁法律秩序"为法律基础，而执行地法官是发现并执行"仲裁法律秩序"的操作者。

---

[1] 在 E. Gaillard 看来，不管是涉及跨国实体规则，还是不可被当事人贬损的基本原则或者是构成仲裁员权力基础的原则，找到并适用这些规则或原则的方法都是一样的。这与《国际法院规约》第 38 条允许法官确定并适用"一般法律原则"的方法是一致的。这些规则或原则代表着所有法律体系的主流发展趋势，并不必然意味着它们已被所有国家完全一致认可。参见 Emmanuel Gaillard, Aspects philosophiques du droit de l'arbitrage international, 329 Recueil des cours 49 2007, p. 104。

[2] See Emmanuel Gaillard, Aspects philosophiques du droit de l'arbitrage international, 329 Recueil des cours 49 2007, p. 104。

五 评论与思考

(一) 对上述诸种解读之批判

通过以上分析，可以发现，对于仲裁裁决既判力的根源，不同的理论视角会给出不同的回答。对于这一问题，如果浅层次的回答是，仲裁裁决之所以具备既判力乃因其已被各国法律所确认，深层次的追问则是，为什么各国法律都会确认仲裁裁决的既判力？仲裁裁决既判力的效力之源难道仅仅是一个纯粹的实证法问题？

司法权论倾向于将仲裁裁决的既判力问题视为一个纯粹的实证法问题，换言之，一项仲裁裁决之所以具备既判力，乃因为该项仲裁裁决得到了仲裁地法的肯定，这种肯定不仅仅是抽象意义上的肯定，即仲裁地的法律明确规定仲裁裁决具备既判力，它更是一种基于个案的肯定，即仲裁地法院拥有对裁决作审查的权力，一项裁决一旦被仲裁地法院撤销或宣布无效，那么，该项裁决便不具备既判力，不应继续被承认与执行。将仲裁裁决的既判力问题视为一个纯粹的实证法问题，并从实证法的角度来判定一项仲裁裁决是否应被赋予既判力，从某种意义上讲，能够为实践中适用既判力原则提供一个具有确定性的法律框架。然而，问题是，为什么各国法律都对仲裁裁决的既判力作了确认与肯定？对于这个问题，司法权论是没有办法作出回答的，因为这涉及的不是一个实证法问题，而是一个法律外的问题。换言之，仲裁裁决的既判力之所以能够获得法律的肯定，乃因为仲裁这种私性纠纷解决机制本身具有一系列值得国家法律认可的特质。对此，契约论与自治论的解释似乎显得更为深入。

契约论将仲裁裁决既判力的效力之源归为仲裁本身的契约特性，换言之，当事人签订的仲裁协议构成了仲裁裁决效力的源泉，裁决之所以能束缚当事人乃因为当事人事先皆同意受仲裁结果的约束，而且在某些契约论者看来，仲裁裁决的本身又构成了一项契约。契约论者将仲裁裁决的效力来源与仲裁协议挂上钩，似乎简单而又清晰地回答了仲裁裁决既判力的根源问题。问题是，既然仲裁裁决的既判力源于当事人在签订仲裁协议时对裁决效力的肯定，那么，缘何现实中仲裁庭作出裁决之后，依然频繁出现败诉当事人申请撤销裁决的现象？虽然当事人申请撤销裁决可能基于各种各样的原因，而且法律也赋予了当事人基于特定的原因申请撤销仲裁裁决的权利，但这至少说明了将仲裁裁决的既判力建立在抽象的契约论基础上难以经得起现实的考验。而且即使当事人通过意定的方式在仲裁协议中肯定仲裁裁决的效力（实践中的不少仲裁协议都会明确仲裁庭所作出的裁决具有终局约束力）①，我们仅能推定当事人希望仲裁庭作出的裁决具有终局效力，具有能够使裁决获得执行的效力，而不能想当然地推定当事人希望仲裁裁决具有排斥效力，更不能想当然地推定当事人希望借此保护公共利益。而事实是，既判力包含积极效力（即终局效力）与排斥效力两个方面。同时，既判力原则具有两方面的目的，一方面在于保护私人利益，避免当事人因同一诉因重复被诉；另一方面在于保护公共利益，维护裁判的权威，避免公共资源的浪费。

现在来观察自治论。根据自治论的观点，仲裁裁决之所以具有既判力，乃需从仲裁本身的功能与目的中寻找根源。仲裁本身乃一种不同于法院等公权力背景下的纠纷解决形式，它的产生、发展与繁荣乃基于它自身的品质。其自身的品质，如中立性、保密性、非正式性、高效性等，使得它日益受到商界人士的青睐，对于国际商界，情形更是如此。由此，仲裁不应受任何具有属地性质的法律体系的约束。而且，仲裁却总能够得到国际性法律或规则的支持，这些国际性法律或规则构成了自治论者所谓的"仲裁法律秩序"的重要部分，法院在处理国际裁决的承认与执行问题时，应充分考虑到仲裁在国际层面所取得的规范性共识。虽然自治论的这一系列论点看似值得肯定，而且在国际仲裁界，不少仲裁专家都肯定并且宣扬自治论的观点，但它们在

---

① 以CIETAC所推荐的示范仲裁条款为例，其中便包含"仲裁裁决是终局的，对双方均有约束力"的说明。CIETAC所推荐的其中一项示范仲裁条款的完整内容为："凡因本合同引起的或与本合同有关的任何争议，均应提交中国国际经济贸易仲裁委员会，按照申请仲裁时该会现行有效的仲裁规则进行仲裁。仲裁裁决是终局的，对双方均有约束力。"另外，《IBA关于仲裁协议的撰写指南》亦建议当事人在仲裁条款中重申裁决具有终局效力这一点，其指出："当仲裁条款没有纳入一套已确立的仲裁规则，或在已纳入的仲裁规则中不包含终局性和放弃追索权的条款，比较审慎的做法是在仲裁条款中规定，裁决是终局的，不受追索。即使各方已纳入含有这种条款的仲裁规则，如果各方预计该裁决可能需要在对仲裁持怀疑态度的司法管辖区内予以执行或以其他方式被审查，建议在仲裁条款中重复这一规定。"

解释仲裁裁决既判力的根源问题上也显然存在不足之处。首先，虽然在当今，仲裁的运用已日趋普遍，在国际层面，仲裁裁决更是受《纽约公约》的制度保障，从而能够在全球范围内自由流动，但在基本层面上，仲裁裁决依然要受国家法院的监督与审查，对于涉及公共利益的仲裁裁决，情形更是如此。其次，有的自治论者试图将仲裁裁决既判力的基础建立在所谓的"仲裁法律秩序"之上，然而，这无论在逻辑层面，还是在经验层面都难以行得通。因为，从逻辑上讲，如果确然存在此种"仲裁法律秩序"，那么，它应当属于规范层面或形式层面的事物，其背后理应存在更深层次的因素支撑此种秩序，进而支撑仲裁裁决的既判力；从经验上讲，"仲裁法律秩序"是否具足实证法的秉性，这一点是值得怀疑的，至少从纯粹的实证角度出发，"仲裁法律秩序"并不能构成真正意义上的法律秩序，从而无法为仲裁裁决的既判力提供现实上的根基。

（二）一个辩证的解读

至此，似乎任何一种单向视角对仲裁裁决既判力的来源的解读都存在不足之处。混合论融合了司法权论与契约论两种视角，是否能更好地回答这一问题呢？答案是"肯定"的，却是"部分肯定"。

首先，为何"肯定"混合论的观点？前面在分析司法权论与契约论的观点时，学者们曾对两者的不足之处作了较为详细的分析与阐述，而混合论正是融合了这两种理论，以取两者之所长。接下来，混合论如何面对自治论？在自治论者看来，仲裁可以也应当摆脱任何主权国家法律体系的束缚，从而成为一种超越司法监督的纠纷解决机制，他们往往从近些年某些国家的法院判决中寻找依据。然而，从仲裁发展史角度观之，仲裁实际上并非逐渐脱离主权国家法律体系的控制与监督，相反，远古时代仲裁并非受国家司法权的监督与控制，即使在欧洲中世纪后期，仲裁也几乎不受主权者的影响，其自身作为商人们的一种私人纠纷解决机制而存在与兴盛。自西方近代民族国家的兴起，商贸的迅速发展，主权国家开始纷纷将仲裁纳入法律的规制范畴，从而使得仲裁与国家法律体系以及司法主权的关系日益紧密。[①] 在当代经济全球化的时代

[①] Karl-Heinz Böckstiegel, Past, Present, and Future Perspectives of Arbitration, 25（3）Arb. Int'l（2009），p. 294.

背景下，仲裁与主权国家的法律与司法体系之间的关系更是如此。我们不能因为某些国家的个别案例而得出仲裁已经脱离主权国家法律体系控制与监督的结论。现代仲裁本身是一种既具有先天的契约特性，又后天地融入司法权性质的纠纷解决机制。

不过，自治论并非完全为荒谬之谈，它能为解读仲裁裁决既判力的根源提供部分依据，这涉及另一个问题，即为何仅"部分"肯定混合论的观点？

对此，首先有必要对仲裁裁决既判力的根源在形式与实质上作区分。形式上的根源，对应于仲裁裁决既判力的合法性，与前述仲裁裁决既判力的法律形态相吻合；实质上的根源，则对应于仲裁裁决既判力的合理性，与仲裁裁决既判力的观念形态相吻合。司法权论能很好地阐释仲裁裁决既判力的合法性一面，因为它强调了主权国家的仲裁实证法体系对仲裁裁决既判力的决定性作用。不过，它无法解释仲裁裁决既判力的实质根源。

传统混合论的观点应得到扩张，即应融入自治论的某些成分。对于国际仲裁，更是如此。契约论或自治论各自都无法对仲裁裁决既判力的实质根源作出圆满阐释，然而，倘若融合这两种视角，可以发现，两者在解释仲裁裁决既判力的实质根源时可以互补。具体而言，仲裁裁决既判力的实质根源在于：一方面，仲裁的发生乃直接基于双方当事人所签订的仲裁协议，仲裁程序的方方面面也都无处不体现着当事人意思自治，由此产生的仲裁裁决理应被认为对当事人双方产生终局约束力；另一方面，仲裁裁决应被赋予既判力，乃因在广泛的社会层面，乃至国际层面，存在着一个商人共同体，即现实中人们所称的商界，他们希望仲裁这种私人性质的纠纷解决机制的裁决结果能够被赋予终局效力。

第三节 仲裁裁决与民事判决：既判力之异同

一 民事判决既判力的基本框架

民事诉讼既判力的基本框架包括三个方面：既判力的适用标准、既判力的范围与既判力的效力内涵。

由于既判力往往涉及前后两项诉讼,而既判力适用的前提是前后两诉存在同一性,因此,确定此诉与彼诉之异同标准是一个前提性问题。此问题即既判力的适用标准问题。普遍认为,当事人、诉因以及诉讼请求这三重因素的一致乃既判力原则在民事判决中适用的基本标准,此乃传统"三重因素一致"标准,这一标准在两大法系都得到了不同程度的认可。在大陆法系,如法国、比利时、西班牙以及拉美诸多国家,立法都对"三重因素一致"标准作出了明确规定;在普通法系,不少涉及既判力适用的案件中,法官们都曾强调"三重因素一致"对于判断前诉判决对后诉产生既判力的决定意义。两大法系关于"三重因素一致"标准实践的不同之处在于:大陆法系对此标准的适用相当严格;而普通法系则采用更加灵活的适用方式,例如,在特定情形下,对诉讼请求的一致不作严格要求。

普遍认为,一项诉讼包括两方面因素——主观方面与客观方面。前者系指当事人,后者则包括诉讼请求、诉讼理由等。而民事判决既判力的基本框架在范围上亦主要包括这两个方面,即既判力的主观范围与客观范围。[①]

主观范围方面,传统上,大陆法系认为只有参与诉讼程序的当事人才能受判决既判力的约束。然而,随着社会的发展,纠纷呈现出多元化和复杂化的发展态势,特别是市场经济的成熟让所有人与占有人、管理人与使用人的分离情形越来越普遍。而且,在现代社会,由于人们的权利意识比较强,多数人纠纷越来越多,因此,为保障纠纷能够尽快得到解决,减少诉累,尽量承认与争议有着利益上的密切联系的当事人的起诉权,或者扩张判决效力的主观范围,使未参与诉讼的相关当事人同样受判决既判力的约束,这显得极为必要。基于此,在特定情形下,根据

[①] 民事诉讼判决既判力还涉及地域范围与时间范围问题。在地域范围方面,民事诉讼判决的地域范围被严格限定在主权国家之内,涉外民事判决既判力则需要获得他国承认才可在他国领域获得执行,而由于缺乏全球性的民事诉讼判决执行公约,因此,涉外民事诉讼判决的地域性较之于仲裁裁决显得更为强烈。在时间范围方面,通常认为,既判力的基准时为事实审言辞辩论终结时,确定判决仅对基准时之前发生的事项具有既判力,对基准时之后的事项没有既判力。

法律的严格规定，判决既判力的主观范围能够得到有限的扩张。[1] 虽然我国民事诉讼法未对判决效力及其主观范围作规定，法院不能判给诉讼当事人以外的人以利益，亦不能判令诉讼当事人以外的人承担实体义务，但在大陆法系的一些国家，已经出现立法对民事判决既判力主观范围作扩张的规定。扩张的情形涵盖诉讼担当与诉讼承担这两种现象，还包括对请求标的物的占有人的扩张。[2]

客观范围方面，在大陆法系，特别是德国与日本，学者们对诉的构成存在诸多争论。不过，将诉的构成识别为两大要素，即当事人与诉讼标的，这一观点获得了较为普遍的接受。而在这两要素中，学者们对诉讼标的（Steitgegenstand）这一源自德国的概念则存在较大分歧。[3] 不过，对于判决的既判力而言，在大陆法国家，从整体上看，无论是立法还是学理，都肯定判决主文具备既判力。如果将既判力的遮断效力覆盖于诉讼标的，而诉讼标的又涵盖诉讼理由的话，那么，这会导致既判力客观范围的扩张。而对于既判力客观范围的扩张，虽有不少学者提出了富有意义的理论，但大陆法系在立法上仍未明确。普通法传统下的诉讼机制乃为一种聚焦于事实的诉讼机制，不存在"诉讼标的"理论，在此种传统下，人们特别强调"诉因"这一概念。"诉因"，质言之，就是当事人提起诉讼的原因事实。在普通法传统中，狭义的既判力概念就是"诉因禁反言"（cause of action estoppel），而在美国，这被称作"请求排除效"（claim preclusion）。因此，从纯粹的制度层面讲，如果在大陆

---

[1] 这种扩张之所以有限，是因为大陆法系强调辩论原则，判决应以当事人双方在言辞辩论中所主张的内容为基础，而未参与诉讼的案外人由于没有机会在言辞辩论中表明自己的主张，以及与对方当事人作充分的辩论，因而判决既判力的主观范围就不能扩大到当事人以外的其他人。

[2] 关于民事判决既判力主观范围的扩张情形，请参见肖建华《论判决效力主观范围的扩张》，载《比较法研究》2002 年第 1 期。

[3] 诉讼标的对于大陆法系的整个诉讼构架有着重要的意义，如果不能确定诉讼标的，那么人们就难以判断诉的合并、分离以及变更，而且还会导致人们难以界定判决既判力遮断范围。虽然实务中，人们倾向于将诉讼标的直观地理解为诉讼请求，这在常见的给付之诉中亦能行得通，但随着诉讼类型的复杂化，将诉讼标的等同于诉讼请求显得过于肤浅，例如此种等同无法合理地解释消极确认之诉以及请求权竞合等问题。在大陆法系的民事诉讼理论中，关于诉讼标的存在以下三种具有影响力的学说，它们分别是旧诉讼标的理论、新诉讼标的理论与新实体法说。关于诉讼标的的具体理论与学说，请参见张卫平《论诉讼标的及识别标准》，载《法学研究》1997 年第 4 期；江伟、段厚省《请求权竞合与诉讼标的理论之关系重述》，载《法学家》2003 年第 4 期；邵明《诉讼标的论》，载《法学家》2001 年第 6 期。

法系，既判力的遮断范围覆盖于整个诉讼标的，那么，这个诉讼标的的内在结构可对应于普通法传统下诉讼的两大部分——诉因与诉讼请求。此外，普通法系在长年的司法实践中发展出了一项独特的既判力规则，即"争点禁反言"规则。根据该规则，对裁判具有关键意义的争点亦能被赋予既判力。因此，普通法系的既判力所遮断的范围不仅涵盖判决主文，还涵盖对案件的处理具有关键意义的争点。

对于既判力的效力内涵，民事判决的既判力可根据其作用方式的不同而分为积极效力与消极效力两个方面。积极效力是指，对于确定的民事判决，一方面，当事人负有将其切实履行的义务，如果当事人拒绝履行，法院等公权力机构经申请将会强制执行，换言之，裁决的执行力与裁决的积极效力具有逻辑上的源流关系；另一方面，确定的民事判决能够被推定为事实，进而在后续关联诉讼中能够作为证据被援引以支持当事人的相关意见。消极效力则是通常所谓的"一事不再理"效力，即确定的民事判决一旦对当事人的请求作出裁断，在关联后诉中，该当事人不可再基于相同诉因针对相同当事人提出相同请求，此即普通法系所谓的"请求排除效"，两大法系对此持相同的立场。不同的是，普通法系在满足特定的条件下还将判决的消极效力赋予判决中的相关争点，该争点所获得的消极效力即为"争点排除效"，亦被称为"争点禁反言"。

二 仲裁裁决与民事判决既判力的一致性

从既判力的基本框架看，仲裁裁决与民事判决有着高度的一致性。首先，仲裁裁决的既判力亦包含两个方面，即裁决的积极效力与消极效力（亦即终局效力与排斥效力）。《国际法协会关于既判力与仲裁的中期报告》[①] 甚至以裁决的终局效力与排斥效力代替既判力这种说法，以彰显既判力的具体内涵。其次，在既判力的范围方面，仲裁裁决最重要的两个方面亦是主观范围与客观范围。对于主观范围而言，仲裁裁决既判力约束的对象主要是直接参与仲裁程序的当事人，这点与民事判决完全一致；对于客观范围而言，为仲裁裁决既判力所遮断的最核心部分乃是记载于裁决主文中被仲裁庭所裁断了的仲裁请求，这与民事判决既判

---

① See Filip de Ly and Audley Sheppard, ILA Interim Report on Res Judicata and Arbitration, Arbitration International, Vol. 25, Number 1, 2009.

力的客观范围所遮断的核心部分也是一致的。最后，在既判力的适用标准上，仲裁庭在判断是否应肯定前一裁决的既判力时，基本上都采用"三重因素一致"标准。根据对新的仲裁案例的细致分析，虽然本书最后一章将指出严格适用"三重因素一致"标准的弊端，但传统的"三重因素一致"标准依然是主流的既判力适用的判断标准，而且《国际法协会关于既判力与仲裁的中期报告》亦建议在仲裁领域中采用此种传统标准（只是不建议机械地适用此一标准），因此，仲裁裁决与民事判决在既判力的适用标准上亦具有高度的一致性。

实际上，仲裁裁决与民事判决既判力的一致性来源于既判力原则的普遍性。由于既判力原则乃人类法律文明中的一项普遍性原则，因此，只要既判力适用于仲裁裁决，从本质上讲，此种既判力的效力内涵、范围及其适用标准与包括民事判决在内的其他类型的裁判就有着内在上的一致性。

三　仲裁裁决与民事判决既判力的差异性

不过，由于仲裁毕竟是一种民间合意性纠纷解决机制，异于国家公权力框架下的民事诉讼，故其在某些重要方面以及实践适用上存在着自身的特色。

首先，考察仲裁裁决既判力的效力之源时，须意识到，虽然仲裁裁决的既判力离不开主权者的仲裁立法对其进行正式确认，但由于仲裁是一种基于当事人合意的纠纷解决机制，其先天上便具有契约属性，正因此种内在属性，仲裁才在人类历史发展过程中逐渐演变成一种颇受商界人士青睐的纠纷解决机制。故此，仲裁裁决既判力形式上需要国家法律正式认可，但实质上，其效力根源在于其本身的契约性。正如本章第二节分析仲裁裁决既判力的法理基础时所指出的，仲裁裁决既判力的实质根源在于，一方面，仲裁的发生乃直接基于双方当事人所签订的仲裁协议，仲裁程序的方方面面也都无处不体现当事人意思自治，由此产生的仲裁裁决理应被认为对当事人双方产生终局约束力；另一方面，仲裁裁决应被赋予既判力，乃因为在广泛的社会层面，乃至国际层面，存在着一个商人共同体，他们希望仲裁这种私人纠纷解决机制的裁决结果能够被赋予终局效力。而对于民事诉讼，由于其一开始便是基于主权者的立法建构，故司法性乃其本质属性。虽然民事诉讼程序的展开不少之处往往体现当事人意思自治，但与当事人意思自治在仲裁中所扮演的角色存在天壤之别。故此，民事判决既判力实质上源自诉讼这种公权力机制下纠纷解决方式的司法性与强制性，它是主权者对主权者裁判结果的自我肯定。日本学者兼子一、竹下守夫指出："诉讼是根据国家审判权作出的公权性的法律判断，是以解决当事人之间的纠纷为目的的，而终局判决正是这种判断。因此，一旦终局判决使之在诉讼程序中失去以不服声明方法被撤销的可能性而被确定，就称为最终解决纠纷的判断。它不但拘束双方当事人服从该判断的内容，使之不得重复提出同一争执，同时作为国家机关的法院当然也必须尊重国家自己所作出的判决，即使是把同一事项再次作为问题在诉讼中提出时，也应以该判断为基础衡量当事人之间的关系。这种确定判决表示的判断不论对当事人还是对法院都有强制性通用力，不得进行违反它的主张或者判断的效果就是既判力。"①正由于民事诉讼的司法性，民事判决既判力从根本上来说，目的在于维护主权者的司法权威。在此基础上，通过既判力原则在民事诉讼领域的适用以达到节约司法资源、避免裁判冲突与更好地维护当事人权益的目的。

其次，在既判力的范围方面，仲裁裁决的既判力与民事诉讼的既判力亦存在不少差异。在客观范围上，虽然从既判力客观范围的内部构成来讲，民事判决与仲裁裁决的裁判主文都具有既判力，而裁判理由是否可在一定条件下获得既判力则因法律传统或法域的不同而不同，但从外部角度进行观察，仲裁裁决既判力的客观范围所涵盖的纠纷类型则与民事判决存在着较大的区别，而这一区别正涉及仲裁界所广泛讨论的"可仲裁性问题"。由于主权者的仲裁立法一般都对可仲裁事项作了限制，因此，仲裁庭针对当事人所约定仲裁的争议事项所作出的裁决并非都能产生既判力。如果仲裁庭对不具备可仲裁性的争议作出了裁决，那么，该裁决将无法产生既判力。②例如，我国《仲裁法》第 3 条即规定了婚

---

① ［日］兼子一、竹下守夫：《民事诉讼法》，白録铉译，法律出版社 1995 年版，第 156 页。
② 如果裁决对争议中的某些不具可仲裁性的事项进行了处理，那么，针对这些不具可仲裁性的事项所作出的处理部分将无法产生既判力。

姻、收养、监护、扶养、继承纠纷不能仲裁，根据我国《仲裁法》第58条所列出的第2项理由，如果当事人提出证据证明裁决的事项不属于仲裁协议的范围或仲裁委员会无权仲裁的，那么，其可以向仲裁委员会所在地的中级人民法院申请撤销裁决。对此，1958年《纽约公约》也肯定了执行地法院享有基于仲裁裁决不具备可仲裁性而拒绝承认与执行该项裁决的权力。① 然而，在民事诉讼中，诸如上述婚姻、收养、监护、扶养、继承等争议皆为民事诉讼中的常见诉由，民事判决既判力的范围皆可及于此类争议事项。另外，在商事领域，诸如破产纠纷、公司内部纠纷等都因其争议本身的性质，要么是涉及公共利益，要么是牵涉众多当事人，而不具有可仲裁性，而这些争议在民事诉讼的背景下皆能得到解决。

在主观范围上②，由于仲裁协议为仲裁程序启动之基础，仲裁庭对案件的管辖权来源于仲裁协议的授权，在存在涉案"第三人"的情形下，如果当事人针对"第三人"参与仲裁缺乏合意，那么，仲裁裁决既判力的主观范围仅及于仲裁协议的双方当事人，涉案"第三人"不受仲裁裁决既判力的约束。然而，在民事诉讼中，由于法院拥有强制将涉案"第三人"纳入诉讼程序的权力，因此，在第三人充分参与诉讼程序的条件下，该第三人一般都须受判决既判力的约束。正由于此点区别，仲裁中才会存在一个人们所热衷探讨的一个问题，即如何构建一项合理的"多方当事人仲裁"制度。事实上，"多方当事人仲裁"的构建与对仲裁裁决既判力因素的考量密切相关，而这一问题，在民事诉讼的背景下，则显得没那么突出。

此外，由于仲裁奉行"一裁终局"，因此，仲裁庭甫一作出裁决，裁决便发生效力。而民事诉讼由于存在审级制度，一般情况下，法院作出的民事判决虽然会对法院自身产生羁束力，但它并不会立即产生既判力。如果当事人决定上诉，只有终审判决作出之后，才会使整个诉讼进

---

① 参见《纽约公约》第5条第2款a项。
② 由于仲裁类型广泛，不仅仅包括私人主体之间的仲裁、投资者与国家之间的仲裁，还包括国与国之间的仲裁，而限于一国之内的民事诉讼，其参与主体一般仅限于平等的民商事主体之间。当然，在国际层面，国际法院处理国与国之间的纠纷，亦可被视为民事诉讼，但其不在此处比较范围之内。此种区别间接上会对仲裁裁决与民事判决在主观范围上的不同处理产生影响。

程结束，判决方可产生既判力；如果当事人不决定上诉，上诉期限一过，判决便自动产生既判力。

在地域范围上，由于民事诉讼以国家审判权为基础，司法性乃其内在属性，因而，现实上，民事诉讼体现出强烈的属地性。在国际民事诉讼领域，虽然一国的涉外民事判决在一定条件下能够在他国获得承认与执行，但在缺乏全球性民事诉讼判决承认与执行公约的条件下，民事判决的跨境执行仍然有赖于国与国之间的双边安排或者区域性安排。而仲裁，由于其本身的契约性以及从效果上所体现出来的民间性，已发展成广泛运用于当代国际商事领域的纠纷解决机制，而这与保障仲裁裁决在全球范围内获得承认与执行的《纽约公约》密不可分。《纽约公约》秉持"支持仲裁"的精神，成员国在面对当事人申请在其境内承认与执行一项外国仲裁裁决之时，在该裁决不存在公约所列出的拒绝承认与执行的理由项的条件下，有义务承认该项裁决的既判力，并将其执行。而由于《纽约公约》并未完全抛弃裁决的属地性，至少从其文本上来讲是如此，因此，在国际商事仲裁实践中，仲裁裁决既判力的地域范围会存在一个独特的问题，即被仲裁地法院撤销的仲裁裁决，其既判力状态如何？

最后，对于既判力问题可能产生的具体情形，仲裁裁决与民事判决存在一定的外在差异。首先，为更好地对案件进行管理，提升仲裁的效率，不少仲裁庭可能会先行对某些前提性问题作出部分裁决，然后再在此基础上继续对案件进行审理，直至最终裁决的作出。然而，部分裁决作出后，如果仲裁庭后面发现其所作出的部分裁决在事实认定或法律适用方面存在错误，或者后面出现新的证据足以推翻部分裁决，或者出现未料到的其他情形，仲裁庭能否在作出最终裁决之时更改或推翻部分裁决呢？此一问题便涉及部分裁决对于最终裁决的既判力。其次，在法院与仲裁庭的关系问题上，如果仲裁庭对其管辖权作出了裁定，或者仲裁庭已经开始对案件进行了审理，此时一方当事人却又向法院提起诉讼，法院在此种情形下，须考虑仲裁庭所作出的关于其管辖权问题的裁定是否具有既判力或者仲裁庭最终做出的裁决是否具有既判力的问题。如果不审慎处理这一问题，此种情况可能会导致平行程序问题，或者导致仲裁庭作出的终局裁决最终无法在该法院所在地获得承认与执行。最后，近些年，不少知名国际仲裁机构纷纷在其新制定或修订的仲裁规则中引入"紧急仲裁员"制度，包括中国国际经济贸易仲裁委员会、北京仲裁委员会最新颁布的仲裁规则，都规定了紧急仲裁员制度。目前"紧急仲裁员"的实践尚为有限，对其作全面评估为时尚早，但该制度存在的一个问题是，紧急仲裁员作出的裁决是否具备终局效力？一方面，从规则层面看，紧急仲裁员裁决似乎不具备终局效力；另一方面，如果紧急仲裁员裁决无法获得终局效力，因而难以得到法院的协助执行，那么，该制度恐将难以收到良好的效果。

以上几个方面并未涵盖仲裁裁决既判力异于民事判决既判力的所有具体情形，不过也足够说明以下这一点，即面对仲裁裁决既判力问题时，须结合仲裁本身的性质与特点作分析，因为在相同条件下，仲裁裁决与民事判决的既判力在度与量上并不一定完全相同。

第二章　仲裁裁决既判力的范围、效力内涵及其适用标准

第一节　仲裁裁决既判力的范围

一　主观范围

既判力的主观范围乃指既判力对人的效力范围，即裁判对哪些人具有约束力。① 对此，直接参与诉讼或仲裁程序的双方当事人构成既判力主观范围的核心，人们对这一点没什么争议。实践中争议颇大的问题是，裁判的既判力应否，以及应在何种程度上及于案外第三人？

（一）关于既判力主观范围的不同民事方法

1. 大陆法方法

对于民事判决既判力的主观范围，大陆法系所坚持的基本原则是，既判力只对提出诉讼请求的人以及请求相对方具有约束力，对其他人不发生既判力。大陆法系之所以严格限制既判力的主观范围，主要是基于以下考量：辩论主义要求以当事人双方在言辞辩论程序中所主张的内容为基础，因此，既判力的主观范围一般只能限制在当事人之间，不允许扩大到当事人以外的人。因为当事人以外的人并没有参加诉讼，无法在言辞辩论中声明自己的主张，若将既判力扩至这些

---

① 在考察既判力的主观范围时，还需对判决的内容在对象上作区分。对物判决（in rem），其既判力具有对世性；而对人判决（in personam），其既判力才约束具体相关之人。本书对既判力主观问题的探讨乃聚焦于实践中存在最为广泛的对人判决。

人，显然不公平。①

但是在某些特定的情形下，既判力的主观范围可以例外地扩张至案外第三人。《德国民事诉讼法典》第325条第1款规定："确定判决的效力，利与不利，及于当事人、在诉讼系属发生后当事人的继承人，以及作为当事人或其承继人的间接占有人而占有系争物的人。"根据这条规定，可以得知，在德国民事诉讼法上，既判力可以扩张至诉讼系属后当事人的承继人和为当事人或其承继人的利益而占有诉讼标的物的人。

2. 普通法方法

对于既判力的主观范围，普通法系遵循两大原则：密切原则（the rule of privity）和相互原则（the rule of mutuality）。

（1）密切原则

密切原则是指只有参加诉讼的当事人以及与该当事人在该诉讼中具有密切联系的人（privies）才受裁判的约束，才能在后诉中援引前诉之裁判，其他任何第三人都不受裁判之约束，也不能援引裁判之既判力。② 密切联系（privity）这一概念是理解普通法系关于既判力的主观范围的理论与实践的核心。在合同法领域，我们常常所探讨的"合同相对性"原则，在普通法系大致对应于"doctrine of privity in contract law"这一表达。但在既判力的主观范围问题上，"privity"它更是指在当事人之外但与其存在密切联系的人。③ 在Carl Zeiss案④中，Lord Reid法官指出，密切联系可以三种不同的形式的呈现：第一种形式是血缘上的密切联系，如上代人和下代人之间关系；第二种形式是产权上的密切联系，如因破产而导致破产者与破产债权和债务继承者之间的关系；第三种形式是利益上的密切联系，如信托人和受益人之间的联系。第一、二种形式比较容易理解，但第三种形式，由于其涵括范围广，不易界定，

---

① 参见张卫平《民事诉讼：关键词展开》，中国人民大学出版社2005年版，第322页。
② See Filip de Ly and Audley Sheppard, ILA Interim Report on Res Judicata and Arbitration, Arbitration International, Vol. 25, No. 1, 2009, p. 44.
③ 实际上，大陆法系中既判力扩张的对象，在普通法系中正是与当事人在诉讼中具有密切联系的人。
④ See Carl Zeiss Stiftung v. Rayner & Keeler Ltd [1967] 1 AC 853, 909-910.

因此常常成为实践中的难题。① 判断利益上的密切联系，核心原则是密切联系人需以前诉当事人的名义或透过前诉当事人提出诉讼请求。如在受益人以受托人的名义提出诉讼请求，或新的受托人以原受托人的名义提出诉讼请求，或者房屋承租人以房东的名义提出诉讼请求等情形下，受益人、新的受托人和房屋承租人都可以分别被视为与前诉中的受托人、原受托人与房东存在利益上的密切联系。利益上的密切联系还可以存在于许许多多的其他情形中。在上述 Carl Zeiss 案中，Lord Reid 法官表示："……利益上的密切联系…可以通过许多方式发生，但在我看来，最关键的一点似乎是，在当前诉讼中应受到前诉判决诉因禁反言效力约束的人……必须对前诉或前诉之标的存有某种利益。"② Lord Guest 法官则表示："在某人可成为与诉讼当事人具有密切联系的人之前，他们之间必须形成利益共同体或在利益上存有紧密联系。"③

对于如何判断利益上的密切联系，英国普通法似乎并未给出确切的标准，但从相关案例中可以判断，若存在具体标准，那么，这种标准一定相当严格，因为在一个重视正当程序的法律传统中，随意将前诉判决的既判力在相关后诉中扩张至未参加或未充分参加前诉的"潜在"密切联系人，这是难以想象的。Gleeson 案④的判决意见可折射出此点。在该案中，原告针对一家公司（公司 A）提起诉讼，声称后者侵犯了她的版权，但后来败诉了。该原告继续以同样的原因针对与前述公司不相关的另一家公司（公司 B）提起诉讼。公司 B 声称因其与公司 A 存在贸易上的往来，因此，公司 B 与公司 A 之间形成了利益上的密切联系，希望以此阻止该原告对其进行诉讼，但此点未能成立，因为单纯贸易上的往来并不必然使两者形成利益上的密切联系。在该案判决中，

---

① 利益上的密切联系人是最难被界定的概念。在英国法律中，对于如何在实践中界定某人或某一实体是利益上的密切联系人，P. Barnett 作出了精练的概括，他指出，在认定关乎某一当事人的一项裁判应对其他程序中的另一当事人具有约束力之前，裁判者必须对相关当事人的利益以及当事人之间是否存在充足的同一性进行考察。此外，前一诉讼所牵涉的利益或标的必须受到法律的肯定或对他人具有受益性。他人对于诉讼仅表示关心或好奇或者对诉讼结果只有些许利益不能使其成为利益上的密切联系人。See P. Barnett, Res Judicata, Estoppel and Foreign Judgments, Oxford University Press, 2011, p. 69.
② Carl Zeiss Stiftung v. Rayner & Keeler Ltd［1967］1 AC 853, 910.
③ Carl Zeiss Stiftung v. Rayner & Keeler Ltd［1967］1 AC 853, 936.
④ See Gleeson v. J Wippell & Co Ltd［1977］1 WLR 510.

Megarry VC 认为，虽然根据既判力原则，人们不能针对自己与他人之间已被裁断了的纠纷再次提起诉讼——这既是胜诉当事人利益之所在，亦是公共利益之所在，但这并不意味着胜诉之被告可以宣称其成功的抗辩理由可构成原告向其他第三人提起诉讼的障碍，当下被诉之其他第三人亦不可作此种宣称，除非后者与该胜诉之被告间存在充足的同一性。[1] Megarryvc 接着指出，被告应能够以自己的方式给出自己的抗辩理由，并呈出自己的证据；他不应被其他诉讼中的败诉被告所给出的抗辩理由与证据所约束，除非他在该诉讼中的地位能够使此种约束合法化。此种约束即针对该败诉被告所作出的判决，从公正与事实的角度讲，实质上也是针对他的判决。[2]

（2）相互原则

相互原则是指，后诉中的当事人（或者当事人的密切关联人），必须也是前诉中的当事人，双方在前后关联案件中具有一致的相互关联性，必须主张与前诉中一致的权利，或者进行与前诉中一致的辩护，即在前后两诉中，不仅需要满足主体的一致，同时要求诉因和争点也一致。[3] 这一原则在普通法系的多数国家，包括英国[4]、加拿大[5]、澳大利亚[6]，得到了司法的认可。

为更好地阐述"相互原则"，以下简单示例说明。在 A 向 B 提起的 M 诉讼中，法官作出了判决 X；后来 B 向 C 提起了 N 诉讼。现在的问题

---

[1] See Gleeson v. J Wippell & Co Ltd [1977] 1 WLR 515.

[2] 值得一提的是，此案 Megarry VC 的判决意见对本书第三章阐述普通法系既判力制度之"禁止程序滥用"时所分析的 Johnson v. Gore Wood & Co 案具有重要影响。Lord Bingham 在分析 Johnson 的行为是否构成程序滥用时，适用了 Megarry VC 所提出的判断利益上的密切联系的方法。

[3] 前面对"密切关联人"的判断作了较多阐述，此处再对看似不难判断的"当事人"这一概念作一些说明。根据常识，诉讼中的当事人一般是指参与诉讼，正常情况下能出庭参加辩护，且被记录在案的原告和被告。它们既可以是具体的自然人，也可以是非自然人实体（entities）。不过，需要注意的是，在极少数情形下，那些未记录在案的诉讼参与人亦可被视为当事人。例如，在共同侵权案件中，其他共同侵权人直接参与了诉讼过程，而某一共同侵权人未参与这一过程，仅旁观诉讼进展，在这种情况下，即使该共同侵权人未出现在诉讼记录中，也会被视为是案件的当事人。

[4] See Hunter v. Chief Constable of the West Midlands [1982] AC 529; Carl-Zeiss Stiftung v. Rayner & Keeler Ltd (No. 2) [1966] 2 All ER 536.

[5] See Toronto (City) v. Canadian Union of Public Employee [2003] SCJ No. 64 (Sup. Ct).

[6] See Ramsay v. Pigram (1968) 118 CLR 271.

是，在何种条件下，M 诉讼下的判决 X 可对 N 诉讼下的判决产生终局约束力？根据"相互原则"，只有在 N 诉讼中的 C 构成 M 诉讼中 A 的密切关联人，且 M、N 两诉之系争问题涉及同样的权利时，M 诉讼下的判决 X 才能对 N 诉讼下的判决产生终局约束力。

不过，在实践中，若以上述标准适用"相互原则"，势必导致既判力原则的适用过于严格与机械，从而危及法律所追求的公平与正义。在 Lincoln National 案①中，法院就认为，一位针对再保险人提起仲裁的当事人应受到前面针对另一再保险人所提起的仲裁所得出的事实结论的约束。该案 Toulson 法官表示，在处理涉及共同问题的系列诉讼中，目前的趋势是，法官应将聚焦于如何使涉案问题的处理结果更公平，而不是让自己被技术性规则所束缚。

不过，在美国，"相互原则"的适用不如其他普通法国家严格。一般而言，对于既判力的"诉因排除效"，美国法院适用"相互原则"，仅存在少数例外。但对于"争点排除效"，满足"相互原则"的要求已不再是其获得适用的条件。② 美国法院认为，前诉判决的"争点排除效"在后诉中可以适用于其他人，而不仅仅是与前诉一致的当事人。因此，除非后诉当事人在前诉中未获得充分且公平的机会（full and fair opportunity）对相关问题发表意义，该当事人在后诉中不仅不能与对方当事人再次辩论该问题，而且也不能与其他人再次辩论该问题。这是既判力的消极方面。从既判力的积极方面来看，在美国涉及"争点排除效"的司法实践中，亦不要求满足"相互原则"设定的条件。以下举例简单说明这一点：M 为前诉中关于某一争点所得出的确定结论，原被告双方分别为 A 和 B。C 不是该诉讼之当事人，但 C 可以基于前诉所得出之结论 M 向前诉中的被告 B 提起新的诉讼请求，此时，被告 B 不可在新的诉讼中再次对前诉之结论 M 发表意见。③

---

① See Lincoln National Sun Life Insurance Co v. Sun Life Assurance Co of Canada ［2004］1 Lloyd's Rep 737.
② 关于"诉因排除效"与"争点排除效"的具体阐述，参见本书第三章"普通法传统下的既判力"的相关内容。关于美国法院如何排除适用"相互原则"的论述，可参考 B. R. Dewitt, Inc. v. Hall 案，225 N. E. 2d 195, 198（1967）。
③ 关于美国法院排除适用"相互原则"的经典案例，参见 Bernhard v. Bank of America, 19 Cal. 2d 807, 122 P. 2d 892（1942）。

可见，美国法院对"争点排除效"的适用已经突破了"相互原则"的约束。此种司法方式无疑支持了既判力原则内在上要求"诉讼须有终"的公共利益，通过避免重复审理相关问题能够达到节省司法资源的效果。但此种司法方法亦引起了不少学者的担忧甚至是尖锐的批评。① 批评的观点主要有以下几点：第一，任何纠纷解决方式都存在容易出现差错的情况（fallibility），败诉当事人或其律师若在诉讼程序中出错，他们得承担由他们自己的错误所造成的后果，然而，作为裁判者的法官或者陪审团也并非完人，他们时不时也会出错，这种错误也许在当事人看来不具有危害性，因为当事人最为关心的是如何使他们之间的纠纷顺利得到解决，但是对于后诉当事人，情况也许就不同。后诉当事人对前诉纠纷顺利得到解决不具有强烈的利益，凭什么须受前诉裁判者对相关问题的错误裁判的约束？② 第二，从正当程序出发，未经后诉当事人在前诉中充分辩论或给予充分辩论机会的问题，不应当对其产生"禁反言"的阻却效力，这些问题应该在新的诉讼背景下再次被充分辩论。第三，排除"相互原则"的适用，从而扩张既判力的主观效力范围，还可能引起当事人对诉讼作一系列战术性考量，使司法输送正义的形象变成一个"游戏"的平台。例如，在不适用"相互原则"的条件下，潜在上面临被多人起诉的一方当事人可能故意选择让某项纠纷以结果不利于自己的和解方式解决，从而避免因该项纠纷诉至法院而导致的不利判决使其在可能发生的后诉中处于劣势。③

（二）仲裁裁决既判力主观范围的实践困境

以上对两大法系关于既判力主观范围的民事诉讼方法作了较为详细的分析与阐述。正如本书第一章所指出的，仲裁裁决与民事判决在既判力制度上存在准一致性，因此，在基本理论框架上，对仲裁裁决既判力主观范围的考察完全可以参照民事判决的相关方法。不过，仲裁裁决既

---

① See Edwin H. Greenebaum, In Defense of the Doctrine of Mutuality of Estoppel, Indiana Law Journal, Vol. 45, Issue 1, 1969. 该学者将美国法院随意排除对"相互原则"的适用形容为一种传染病，此病可生动地用"galloping res judicata"（过度放纵"既判力"主观效力范围）来形容。

② See Edwin H. Greenebaum, In Defense of the Doctrine of Mutuality of Estoppel, Indiana Law Journal, Vol. 45, Issue 1, 1969, p. 2.

③ Ibid., p. 4.

判力主观范围存在其特殊的实践困境,这一实践困境源自仲裁这种纠纷解决机制的内在特性——合意性。

由于当事人意思自治（party autonomy）构成仲裁的制度性基础[①]，因此，不同于民事诉讼，一般认为，仲裁协议未签约人（non-signatories），亦即所谓的"仲裁第三人"，是不可被强制纳入仲裁程序中的。由此所产生的问题是，仲裁裁决的既判力能否及于仲裁第三人？

首先，如果仲裁协议未签约人没有参加仲裁程序，从而不能在程序中充分地表达自己关于相关请求与争点的意见，那么，仲裁裁决既判力是不能及于仲裁协议未签约人的。在民事诉讼背景下，案外第三人可以主动申请加入程序或者经法院要求而被纳入程序，从而享有在诉讼程序中充分表达意见的机会。但在仲裁中，仲裁协议未签约人能否加入程序，需各方达成一致意见；若不能达成一致意见，仲裁协议未签约人则无法获得在仲裁程序中充分表达意见的机会。这也是仲裁裁决既判力不能及于仲裁协议未签约人的根本原因。其次，如果绝对排除仲裁裁决既判力对仲裁协议未签约人的效力，仲裁就会面临着"如何避免裁决间的冲突"的重大困境。而"如何避免裁决间的冲突"以维护仲裁裁决的既判力，正是构建"多方当事人仲裁"制度的核心考量因素。关于这一点，本书第四章将着重论述。

二 客观范围

既判力的客观范围是既判力理论和实践中的核心问题。在仲裁中，既判力的客观范围是指已在仲裁裁决中处理过的仲裁法律关系具有"一事不再理"的效力。

依照大陆法系民事诉讼理论和民事诉讼法，既判力的客观范围原则上仅及于终局判决中已被裁定的诉讼标的。例如，《日本民事诉讼法》规定，确定判决，对主文内容有既判力。《法国民事诉讼法典》规定，主文中对本诉讼之全部或部分问题予以裁判之判决，或者对程序抗辩、

[①] 当事人意思自治是仲裁所奉行的基本原则，这是仲裁区别于法院诉讼的最明显之处，亦是仲裁当今广受商界人士青睐的重要原因。一般而言，无论是仲裁的法律适用、仲裁的事项范围、仲裁庭的组成，抑或是仲裁程序的开展，都必须体现当事人的共同意思。实际上，仲裁横向的方方面面及其纵向的各个环节都贯穿着当事人的共同意思。

不受理或其他任何附带问题作出裁判之判决,一经宣告,即相对于所裁判之争议具有既判力。所谓主文(dispositif),实际上是指裁判中记录被决之诉讼请求的文字部分。主文的内容往往出现在裁决书的末尾,且篇幅相当简短,其会对当事人所提出的请求或相关问题作出最终裁定。在法国法中,与裁决主文相对应的概念是裁决的理由(motif)。无论民事诉讼判决,还是仲裁裁决,其主文无疑都具有既判力。现实中,争议焦点往往在于,裁决的理由是否也具有既判力?

根据我国具有代表性的民事诉讼学者的意见,在民事诉讼中,既判力的客观范围原则上不包含判决的理由。① 判决本身包括两个部分:一是对诉讼标的的裁判;二是裁判的理由。张卫平教授指出:"判决的理由当中涉及法官对案件的判断,即事实上的判断和法律上的判断,而法官的这些判断原则上没有既判力效果。"②《日本民事诉讼法》规定"既判力仅仅基于包含在判决主文内的法院判断而产生",③ 而判决理由不具备既判力。判决理由之所以不具备既判力,乃主要基于以下两方面原因:一方面,从当事人的立场观之,将既判力的客观范围限于判决主文有利于保障当事人处置争点的自由。倘若赋予判决理由以既判力,则在整个诉讼过程中,当事人势必计较各种细微争点,而不轻易自认某些事项。这是因为当事人如果担心自己无法再度援引或提出自己曾提出的相关争点或者为己方辩护的理由,那么他们在诉讼过程中很可能会采取一种步步为营、谨小慎微的态度。这势必阻碍程序的顺利开展,导致司法资源的浪费。另一方面,从法院的立场观之,不赋予判决理由以既判力有助于加强法院审案的灵活性。这是因为在判决理由不具备既判力的条件下,法院无须按照实体法上的逻辑顺序或遵照当事人指定的顺序按部就班地对案件所有争点作出审慎的判断,不必拘泥于判决理由中的某些争点,从而可将更多精力投放在案件的诉讼标的上。④

虽然将既判力的客观范围限于判决主文有利于提高诉讼的灵活性与

---

① 参见张卫平《民事诉讼:关键词展开》,中国人民大学出版社2005年版,第312页。
② 张卫平:《民事诉讼:关键词展开》,中国人民大学出版社2005年版,第312页。
③ [日]高桥宏志:《民事诉讼法——制度与理论的深层分析》,林剑锋译,法律出版社2003年版,第505页。
④ 参见林剑锋《民事判决既判力客观范围研究》,厦门大学出版社2006年版,第61—63页。

机动性，但某些实践困境也会因此产生。以下举例说明之：

A 起诉 B，要求法院基于他们之间的赠予关系判决某争议房产属于 A，法院通过确认了 A 与 B 之间的确存在赠予关系后，作出了有利于 A 的判决，即判决该房产归 A 所有。在该案中，房产所有权归属为诉讼标的，应由判决主文确定，而赠予关系为判决理由。如果 B 随后就该赠予关系提起诉讼，请求法院确认 A 和 B 之间不存在赠予关系，而该法院支持了 B 的此项请求，判决该赠予关系不成立，这显然会导致前、后两诉判决结果完全相矛盾。当然，这种情形在现实中很少发生，但在理论上，它至少说明了仅赋予判决主文以既判力存在漏洞。针对此种情形，某些学者提出了应扩张既判力客观范围的观点。德国学者亨克尔（Henckel）认为，既判力的客观范围应得到扩张，当判决理由所涉及的法律关系是作为对诉讼标的进行裁判的前提性法律关系时，该判决的既判力应及于该前提性法律关系。换言之，前诉判决理由中对该前提性法律关系的判断，当事人亦不得置疑而对此提起另一项诉讼请求；后诉法院的裁判亦应受前一关联裁判针对该前提性法律关系的判断的拘束。① 此外，日本著名民事诉讼法学家新堂幸司教授吸取了普通法系关于既判力的理论营养，提出了争点效理论。对于争点效的定义，新堂幸司教授论述如下："在前诉中，被双方当事人作为主要争点予以争执，而且，法院也对该争点进行了审理并作出判断，当同一争点作为主要的先决问题出现在其他后诉请求的审理中时，前诉法院对于该争点作出的判断所产生的通用力，就是所谓的争点效。依据这种争点效的作用，后诉当事人不能提出违反该判断的主张及举证，同时后诉法院也不能作出与该判断相矛盾的判断。"②

在国际仲裁中，同样存在着是否应赋予裁决理由以既判力的争论。瑞士、德国和瑞典等国不承认裁决理由的既判力，而法国、比利时和荷

---

① 参见陈荣宗《民事诉讼法》，台湾三民书局1996年版，第658页。转引自张卫平《民事诉讼：关键词展开》，中国人民大学出版社2005年版，第314页。
② 参见［日］新堂幸司《新民事诉讼法》，弘文堂，平成10年，第559页。转引自［日］高桥宏志《民事诉讼法——制度与理论的深层分析》，林剑锋译，法律出版社2003年版，第519页。

兰等国允许在某些情形下赋予裁决理由以既判力。[①] 在英国、美国等国，情况则较为特殊。普通法系拥有一套独特的既判力制度，认为裁决理由中具有关键意义的部分能够产生"争点禁反言"效力（issue estoppel）。

由于商事仲裁保密性强，人们很难找到适用既判力原则的商事仲裁案例。[②] 不过，对于国际法院或投资仲裁庭，由于其处理的案件公开程度相当高，人们可以发现不少与既判力原则相关的案例。

在常设国际仲裁院（Permanent Court of Arbitration）受理的 Pious Fund 仲裁案[③]中，仲裁庭注意到前面相关程序所产生的、要求墨西哥以旧金山主教与蒙特利（Monterey）主教的名义向美国偿付一定年金的裁决，对本案具有既判力。而且，前一裁决的既判力不能仅限于裁决主文，亦即不能仅限于对当事人所提出的请求作出裁断的部分。仲裁庭驳斥了墨西哥所提出的前一裁决中只有关于特定赔偿数额的裁决部分具有既判力的意见，认为在确定前一裁决主文的既判力时，必须将该裁决所有部分（in its entirety）纳入考虑范围。仲裁庭认为，要对前一裁决主文的意义及其影响作精确解读，就必须考虑到裁判过程中所涉及的且被争辩过的所有问题。在著名的英法大陆架划界仲裁案[④]中，仲裁庭表示，虽然既判力在原则上仅及于裁判主文，但考虑到裁判理由与裁判主文的密切联系，裁判者原则上亦可考察裁判理由的内容，以更好地确定裁判主文的意思及其范围。

考察国际法院（ICJ）的相关案例，与既判力原则相关的最著名的案例是 Chorzow Factory 案。在该案中，Anzilotti 法官对既判力原则作了经典阐述。在既判力的客观范围问题上，Anzilotti 法官表示："裁判的约

---

① See Filip de Ly and Audley Sheppard, ILA Interim Report on Res Judicata and Arbitration, Arbitration International, Vol. 25, No. 1, 2009, p. 40.

② 在商事仲裁领域，还存在不少"合意裁决""缺席裁决"以及"不附理由的裁决"。这些裁决的主文具备既判力没有争议，但由于这些裁决的本身特点，其是否能够产生"争点禁反言"效力，则值得怀疑。对此，G. R. Shell 认为，这些裁决仅具备有限的"争点禁反言"效力，"友好仲裁庭"（amiable composition）所作出的裁决亦是如此。See G. R. Shell, Res Judicata and Collateral Estoppel Effects of Commercial Arbitration, 35 UCLA L. Rev. 659.

③ See The Pious Fund of the Californias, PCA Award (14 Oct. 1902).

④ See Case Concerning the Delimitation of the Continental Shelf (U. K. v. France), 18 R. I. A. A. 272 (14 March 1978).

束力仅及于裁判主文,不及于裁判理由。"换言之,在 Anzilotti 法官看来,只有裁判主文才具有既判力。然而,这并不表示 Anzilotti 法官认为裁判理由不具有任何价值,他继续补充道:"当我表示只有处理诉讼请求的裁判款项具有约束力时,这并非意味着我认为只有在裁判主文部分中被实际写下的内容才构成法院裁判。相反,为了清晰地理解裁判主文部分,以及最重要的是为了确定诉因,大多数情形下人们常常需要考察裁判所陈述的理由,这点是明确无误的。"① 此外,在诸如 Asylum 案与 Corfu Channel 案中,国际法院表示,前一相关裁判既判力的范围,只有在考察当事人的请求,特别是当事人的庭审意见时,才能得到明确。正如 Sh. Rosenne 在考察国际法庭的法律与实践时所指出的,"既判力并不是从裁判主文条款中衍生的,因为裁判主文条款仅限于对当事人的请求意见是否应被拒绝或接受作出陈述,而是来自法庭所给出的关于裁断法律问题的相关理由项。"② 另外,我们还可以从欧洲法院(ECJ)的相关案件中找到关于既判力客观范围类似意见的判决。例如,在 Asteris & Greece v. Commission 案③中,欧洲法院表示,作为欧盟机构,欧洲法院不仅要考察前一裁判的主文部分,还要考察引致最终裁判结果的理由部分,以弄清前一裁判的确切意义。在 Commission v. BASF 案④中,欧洲法院发表了类似意见,其表示,只有理解了裁判理由,才能理解裁判主文,裁判的全部效力才能被确定,裁判主文与裁判理由构成一个"不可分割的整体"(an indivisible whole)。⑤

如果说前述常设国际仲裁院、国际法院以及欧洲法院的相关裁判都肯定了以下这点,即在确定裁判既判力客观范围时,裁判者应通盘考虑

---

① Interpretation of Judgments Nos. 7 & 8 Concerning the Case of the Factory at Chorzow, Polish Postal Service in Dansig, Advisory Opinion, 1925 P. C. I. J. (Ser. B) No. 11 (May 16).

② Shabtai Rosenne, The Law and Practice of the International Court, 1920 – 1995 (2006), p. 1603.

③ See Asteris & Greece v. Commission, (1998) ECR 2181, para. 27.

④ See Commission of the European Communities v. BASF AG & Others, (1994) ECR-I-2555, para. 67.

⑤ 在 Deggenndorf v. Commission 案中,欧洲法院对于"法令"(act)作出了类似确定裁判既判力范围的阐释,其认为,一项法令的主文与采电此项法令的理由乃不可分割,在对一项法令作解释之时,人们必须考虑到导致采电此项法令的理由。See Textilwerke Deggendorf GmbH (TMD) v. Commission, (1997) ECR I-2549, para. 21.

裁判的主文与理由，而不应当使两者孤立开来，那么，近年相关投资仲裁案件则在界定既判力客观范围的实践中走得更远，因为后者的相关实践不仅肯定裁判理由在确定裁判主文的意思与范围进而确定裁判既判力范围上的意义，而且还明确，争点在一定条件下也具有既判力，从而在事实上将普通法系的"争点禁反言"规则引入了投资仲裁。①

另一个值得注意的问题是："判决对已经裁判的权利或法律关系有既判力，还必须是指原告在言辞辩论程序中所主张的权利或法律关系。如果法院对当事人未在辩论中主张的权利或法律关系作出了裁判，不仅法院的裁判违反辩论原则，法院的判决对该裁判的权利或法律关系也不产生既判力。也就是说，既判力的发生以言辞辩论终结前当事人主张的权利或法律关系为基础，对于言辞辩论终结后主张的权利或法律关系不发生既判力。"② 由于仲裁程序比诉讼程序灵活得多，仲裁员所要解决的争议的范围十分明确，这些争议范围应当在仲裁协议中列明。因此，与法院不同的是，仲裁庭所裁决的事项不得超出仲裁协议所列明的事项范围。如果仲裁庭作出了超出了仲裁事项范围的裁决，那么，超出范围的裁决部分不会产生既判力。《纽约公约》第 5 条规定，如果仲裁裁决对仲裁协议未提及的或不在其约定范围内的争议作了裁断，被请求承认或执行裁决的管辖当局可以拒绝承认和执行。③《中华人民共和国仲裁法》第 58 条亦规定，如果裁决事项不在仲裁协议的范围内或者仲裁委员会无权仲裁，当事人可以向仲裁委员会所在地的中级人民法院申请撤销裁决。此处，还存在一个值得关注的焦点问题，即在国际商事仲裁程序中，当事人能够事实上却未在前一仲裁程序中提出的诉求或争点能否在后一仲裁庭中提出？这一问题实际上涉及普通法系既判力制度中所谓的禁止程序滥用原则，本书第三章将予以详细探讨。国际法协会（ILA）关于国际商事仲裁中既判力问题的最终报告所给出的建议乃是，"如果某一诉讼请求，当事人能够事实上却没有在前一仲裁程序中提出，

---

① 请参见 Apotex Holdings Inc. and Apotex Inc. v. USA（ICSID Case No. ARB（AF）/12/1）案裁决，本书第五章将对该案作具体分析。
② 张卫平：《民事诉讼：关键词展开》，中国人民大学出版社 2005 年版，第 312 页。
③ 参见宋连斌、林一飞译编《国际商事仲裁资料精选》，知识产权出版社 2004 年版，第 548 页。

则该诉讼请求在后一仲裁中亦不得被提出。"①换言之，既判力的客观范围还及于当事人能够提出但事实上并未提出的诉求。

三 地域范围

（一）一般情形

在国际仲裁中②，仲裁裁决既判力的范围还牵涉另一个维度——地域维度。实践中，仲裁裁决既判力的地域范围与国际仲裁界向来关注的问题——在一国作出的仲裁裁决能否在另一国获得承认与执行——息息相关。《纽约公约》既明确成员国负有承认与执行在另一成员国作出的仲裁裁决的义务，又确认成员国根据该公约第5条之规定拥有拒绝承认或执行的权力。这意味着，在仲裁地所在国作出的裁决能否在执行地国产生既判力，不仅仅是一个概念上的问题，其更是一个执行地法院基于个案对具体裁决作审查的实践问题。如果一项国际仲裁裁决的既判力无法获得执行地法院的肯定，该裁决自然无法在该地获得承认与执行。

实际上，我们可以将执行地法院承认一项国际仲裁裁决的内涵理解为承认该项裁决的既判力。由此，对于一项未被仲裁地法院撤销或者已被其通过各种形式所认可的国际仲裁裁决，不难确定，该项裁决在该地域已具备既判力，然而，其既判力未必及于他国，因为这还需要经过潜在执行地国根据《纽约公约》对裁决作审查的一个过程。对于此点，国际上的共识是，鼓励《纽约公约》成员国尽量对相关拒绝承认与执行的原因，如公共政策，作限制性解释，因为《纽约公约》并未对诸如公共政策这样的概念作具体解释与说明，因此，成员国对此似乎拥有无限的解释空间，然而，一旦成员国基于这样或那样的原因对《纽约公约》未作明确的概念作出特别甚至怪异的解释，并以此论证其拒绝承认与执行的决定，这显然是国际仲裁界不愿意看到的情况，同时，这种方

---

① Denis Bensaude, The International Law Association's Recommendations on Res Judicata and Lis Pendens in International Commercial Arbitration, Journal of International Arbitration 24（4）, Kluwer Law International, 2007, p. 419.

② 此处所指的国际仲裁领域主要指国际商事仲裁，因为在国际投资仲裁领域，除一般适用 UNCITRAL 仲裁规则的投资仲裁以及由其他商事性仲裁机构管理的投资仲裁外，ICSID 投资仲裁裁决被认为是一种脱离属地束缚的"浮动裁决"。相关规则可参见《解决国家与他国国民间投资争端公约》（即《华盛顿公约》）第53条第1款。

法也有违支持仲裁的精神。这些问题涉及对《纽约公约》第5条拒绝承认与执行裁决的理由项的解释，此处不作详细探讨。不过，它说明了一个问题，即既判力的地域范围在实践中将涉及两个法域，即仲裁地与执行地；这两个法域基于种种原因对裁决的态度不一定总是一致，被仲裁地肯定的裁决（换言之，未被仲裁地法院撤销）无法在请求执行地获得承认与执行的情况现实中常常出现。

（二）特殊情形

不过，另一种不经常出现却又是人们所热衷探讨的一个问题是，被仲裁地法院撤销的裁决是否能被执行地法院执行？从仲裁裁决既判力地域范围的角度来看，被仲裁地法院撤销的裁决，在仲裁地显然已经丧失既判力，然而，该裁决在潜在执行地是否依然具有既判力呢？近20多年来，在某些国家，特别是在法国，出现了当地法院承认并执行已被仲裁地法院撤销了的裁决的案例，这些案例包括著名的"Hilmarton案""Chromalloy案"以及近年的"Putrabali案"与"Yukos案"。下面将对这些重要案件作一简单介绍，并对相关观点进行阐述与评论。

1. 相关案例

（1）Hilmarton案

在该案中，法国的OTV公司[①]委托英国的Hilmarton公司提供咨询意见与协调帮助以使前者在阿尔及利亚签订并履行与其业务相关的合同。后来纠纷出现后，Hilmarton公司便通过他们已签订的仲裁协议向ICC国际仲裁院提起了仲裁，以追回OTV公司尚欠之余款。1988年8月，仲裁庭在日内瓦作出的裁决驳回了Hilmarton公司的请求，后来，该裁决却在仲裁地瑞士被撤销。然而，该项仲裁裁决在法国被普通审法院（Tribunal de grande instance）宣布能够获得执行，Hilmarton公司随即向巴黎上诉法院（Cour d'appel de Paris）提起了上诉，上诉法院作出了支持原审法院的意见的裁定。

在上诉程序中，Hilmarton公司认为，根据《纽约公约》第5条第1款e项，既然裁决已被仲裁地瑞士法院所撤销，那么法国法院应拒绝承

[①] OTV公司是Société Omnium de Traitement et de Valorisation的缩写。

认与执行该项裁决，它同时还进一步辩称，巴黎上诉法院的裁判意见同时也违反了《法国民事诉讼法典》第1498条与第1502条的规定。该案后来诉至法国最高法院（Cour de cassation），后者在1994年3月作出的裁定中肯定了巴黎上诉法院的意见，其认为，根据《纽约公约》第7条[①]，OTV公司可以援引法国法中与外国仲裁裁决承认与执行有关的规则，特别是《法国民事诉讼法典》第1502条[②]，因为该条并没有包含与《纽约公约》第5条第1款e项列出的拒绝承认与执行外国仲裁裁决相同的理由，并指出涉案裁决乃是一项"并未被纳入瑞士法律秩序之下的国际裁决，因此，即使其已被撤销，其效力依然存在，而且，在法国将其执行不违反国际公共政策"[③]。

（2）Chromalloy案

在该案中，美国的Chromalloy公司与埃及空军于1988年签订了一份军事采购合同。1991年12月埃及终止了该项合同，并通知了Chromalloy公司。Chromalloy公司表示反对埃及取消合同的行为，并根据合同中的仲裁条款提起了仲裁，1994年8月仲裁庭作出了有利于Chromalloy公司的裁决。

1994年10月28日，Chromalloy公司向美国哥伦比亚特区地方法院（简称DC地方法院）申请执行该项裁决。1994年11月13日，埃及向开罗上诉法院提起上诉，请求撤销该项裁决。1995年3月1日，埃及向DC地方法院请求暂停审理Chromalloy公司的执行申请。1995年4月4日，开罗上诉法院作出了中止该项裁决的决定。1995年5月5日，埃及向DC地方法院提起要求驳回Chromalloy公司裁决执行申请的请求。1995年12月5日，开罗上诉法院作出了撤销该项裁决的裁令。

[①] 根据《纽约公约》第7条第1款，该公约之规定不影响缔约国间所订关于承认及执行仲裁裁决之多边或双边协定之效力，亦不剥夺任何利害关系人可依援引裁决地所在国之法律或条约所认许之方式，在其许可范围内，援用仲裁裁决之任何权利。

[②] 《法国民事诉讼法典》第1502条规定："当事人可对准予承认与执行一项国际仲裁裁决的法院裁定提起上诉，但仅限于下列情形：1. 仲裁员是在不存在仲裁协议或者以无效或已过期的仲裁协议作为依据的情形下进行仲裁的；2. 仲裁庭的组成或者独任仲裁员的委任不符合相关规则；3. 仲裁员在其权限范围之外进行仲裁；4. 正当程序未得到尊重；5. 承认或执行该项裁决有违国际公共政策。"（2011年法国仲裁法改革对此条规定未作修改）

[③] Société Hilmarton Ltd v. Société Omnium de traitement et de valorisation（OTV）/ 92 - 15.137, Cour de cassation France, March 23, 1994.

哥伦比亚特区地方法院准予 Chromalloy 公司执行该项裁决的请求，驳回了埃及的请求。在确认 Chromalloy 公司已遵循《纽约公约》第 4 条所规定的形式要求后，哥伦比亚特区地方法院注意到，根据《纽约公约》第 5 条第 1 款 e 项，其对于是否拒绝执行已被"裁决作出地国或裁决所引法律之所属国具有管辖权限的机构撤销的裁决"拥有自由裁量权；其还注意到，虽然《纽约公约》第 5 条提供了一个自由裁量的标准，但该公约第 7 条第 1 项要求"该公约之规定……不剥夺任何利害关系人可依援引裁决地所在国之法律或条约所认许之方式，在其许可范围内，援用仲裁裁决之任何权利"。由此，哥伦比亚特区地方法院在其结论中认为，其拥有根据美国的法律来审理 Chromalloy 公司之执行请求的权力，并认定该项裁决对于美国的法律而言是一项合格的裁决。

(3) Putrabali 案

在该案中，印尼的 Putrabali 公司与法国的 Est Epices 公司（后来变成了 Rena Holding 公司）订有白色辣椒买卖合同，合同约有出现纠纷时根据 IGPA 仲裁规则进行仲裁的协议。后来 Putrabali 公司运送的一批货物在海难中全部丧失，Rena Holding 公司因此拒绝付款，Putrabali 公司向在伦敦的 IGPA 提起了仲裁。2001 年 4 月 10 日，仲裁庭作出的裁决（第一项裁决）认定 Rena Holding 公司拒绝付款的行为是有充分的理由作支撑的。Putrabali 公司针对裁决中的一个法律问题根据英国 1996 年《仲裁法》向伦敦高等法院提出上诉，后者将裁决作部分撤销，并认为 Rena Holding 公司拒绝付款的行为构成违约。后来该争议又重新回到仲裁庭，在 2003 年 8 月 21 日，仲裁庭作出了第二项裁决，支持了 Putrabali 公司的请求并令 Rena Holding 公司支付合同价款。

为使第一项裁决能在法国得到执行，Rena Holding 公司向巴黎普通审法院提出了执行请求。即使第一项裁决已被伦敦高等法院撤销，而且仲裁庭因此已作出了第二项裁决，在 2003 年 9 月 30 日，巴黎普通审法院仍然作出了要求执行第一项裁决的决定。Putrabali 公司向巴黎上诉法院提起上诉，声称 Rena Holding 公司谋求在法国执行第一项裁决的行为无异于欺诈，2005 年 3 月 31 日，巴黎上诉法院作出了裁定，认为一项仲裁裁决在外国被撤销并不阻碍相关当事人在法国请求将该项裁决予以执行，并且还指出，执行第一项裁决也不会违背国际公共政策，因此决定驳回 Putrabali 公司的上诉申请。

与此同时，Putrabali 公司成功向巴黎普通审法院申请获得了要求执行第二项裁决的决定。然而，在 2005 年 11 月 17 日，巴黎上诉法院推翻了巴黎普通审法院的此项决定，认为由于第二项裁决与第一项裁决处理的是相同当事人之间的相同争议，而第一项裁决已被接受予以执行，因此第二项裁决不能够在法国获得执行。

案件后来上诉至法国最高法院，针对以上两种情况，后者作出了两项裁定。首先，法国最高法院认可了巴黎上诉法院于 2005 年 3 月 31 日作出的裁定。法国最高法院认为，一项国际仲裁裁决，因其不锚定于任何国家法律秩序之下，乃为一项蕴含国际正义的决定，其有效性必须由裁决执行地国的准据规则来确定。法国最高法院还作了以下这点补充，即 Rena Holding 公司可以向法国寻求执行第一项裁决，并且可以援用法国关于国际仲裁的法律规则，因为后者并未将裁决已被仲裁地法院所撤销列为一项拒绝承认与执行裁决的理由。其次，法国最高法院同样也认可了巴黎上诉法院于 2005 年 11 月 17 日作出的裁定，其认为巴黎上诉法院 3 月 31 日作出的认可执行第一项裁决的决定已产生既判力，从而能够阻止第二项裁决的执行。

（4）Yukos 案

在该案中，Yukos Capital 是一家卢森堡的金融公司，从属于 Yukos 集团。在 2003 年、2004 年，该公司向 Yukos Oil Company 的全资子公司 Yugaskneftegaz（简称 YNG 公司）借出四项贷款。后来 YNG 公司在一项极具争议的拍卖中被出售，处于俄罗斯国家石油公司 Rosneft 的控制之下。YNG 公司因此而没履行其欠 Yukos Capital 贷款的还款责任。2005 年 12 月，Yukos Capital 向"莫斯科商会国际商事仲裁院"[①] 提起了仲裁，请求 Rosneft 向其归还以上贷款及其利息。在 2006 年 12 月 19 日作出的四项裁决中，仲裁庭裁定支持 Yukos Capital 的大多数请求。当 Yukos Capital 随后在荷兰申请执行以上裁决之时，Rosneft 向俄罗斯的法院提出撤销裁决的申请。2007 年 5 月 18 日、23 日，莫斯科商事法院作出了撤销上述裁决的决定，该决定得到了上面两级上诉法院的支持。

---

① International Court of Commercial Arbitration of the Moscow Chamber of Commerce.

在荷兰的执行程序中，Rosneft 辩称由于裁决已被俄罗斯的法院撤销，且俄罗斯与荷兰都为《纽约公约》成员国，根据公约第 5 条，如果一方当事人证明裁决已被裁决作出地国具有管辖权的法院所撤销，那么，经该方当事人的请求，该裁决可以被拒绝承认与执行。Yukos Capital 对裁决已被俄罗斯法院撤销以及其对此具有管辖权并无争议，但 Yukos Capital 认为由于俄罗斯法院在关于 Yukos 的一系列问题上既不公正又不独立，因此俄罗斯法院撤销裁决的决定不应成为执行地法院拒绝执行涉案裁决的理由。

阿姆斯特丹认为，例外的情形可以为准许执行被撤销了的裁决提供论据。不过，其同时指出，就目前的案子而言，Yukos Capital 并未充分展示此种例外情形的存在。根据《纽约公约》第 5 条第 1 款 e 项所列之理由项，阿姆斯特丹地方法院主席在 2008 年 2 月 28 日作出了拒绝 Yukos Capital 请求执行涉案裁决的申请。①

Yukos Capital 向阿姆斯特丹上诉法院提起了上诉，而后者作出的裁定推翻了阿姆斯特丹地方法院作出的执行准许，认为《纽约公约》并没有对荷兰法院应否拒绝承认被俄罗斯法院撤销了的裁决提供答案，这个问题应由荷兰国际私法来回答。根据阿姆斯特丹上诉法院的推理，如果撤销裁决的外国法院裁判不能获得承认，那么，其应当被忽略。对于该案，阿姆斯特丹上诉法院在其结论中表示，"由于俄罗斯民事法官所作出的撤销仲裁裁决之判决很可能是须被识别为缺乏公正与独立的正义的产物，因此，前述法院判决不能在荷兰获得承认。这意味着，在考虑 Yukos Capital 所提起的执行涉案裁决之申请时，俄罗斯法院的撤裁情形须被忽略"。②

Rosneft 后来将案件上诉至荷兰最高法院，后者于 2009 年 6 月 25 日裁定，Rosneft 向其提出的上诉申请实际上不具备可受理性。③

---

① 原裁决书发布在 www.rechtspraak.nl, Case No. LJN BC8150。
② Court of Appeal of Amsterdam (Enterprise Division), April 28, 2009, LJN BI2451 s. 3. 10.
③ 荷兰最高法院在其作出的裁定中清楚地表明，在荷兰申请执行《纽约公约》项下的仲裁裁决的程序相对较为简单。如果申请人的执行申请被初审法院拒绝，其有权将初审法院的裁定诉至上诉法院；如果上诉法院同样作出拒绝执行的裁定，其还可以继续诉至最高法院。但是，如果初审法院或上诉法院作出了准许执行外国仲裁裁决之裁定，那么，不考虑特殊情况的话，另一方无权再作上诉，申请人可在获取执行准许后即刻推进执行裁决。

2. 相关观点

以上颇具影响力的案例，学者们一般都从考察"被仲裁地撤销的裁决能否被执行"这一问题的角度出发进行探讨，本研究希望从另一个角度来考察这些案例，即将"被仲裁地撤销的裁决在他国的执行问题"转化为"国际仲裁裁决既判力的地域范围问题"。换言之，本研究将聚焦于被仲裁地撤销的裁决的终局效力能否获得他国承认这一问题。

首先，需要指出的是，上述案件仅代表极少数法院在承认与执行被仲裁地撤销的裁决方面的实践，而且，正如下文会分析到的，这些案件颇具争议性，不同学者对这种司法态度存在不同的看法。实际上，在大多数情形下，被仲裁地撤销的裁决往往都被申请承认与执行地法院拒绝作承认与执行。[1] 某些国家的法院在这一问题上存在前后不一致的态度，以美国为例，虽然其在 Chromalloy 案中承认与执行了被埃及法院撤销了的裁决，但在其他类似案件中，该国法院又因裁决已被仲裁地所撤销而拒绝将其承认与执行。[2] 不过，法国法院在此方面的司法态度却存在着高度的连贯性，从 20 世纪 80 年代的 Norsolor 案，到 90 年代的 Hilmarton 案与 Chromalloy 案，再到 21 世纪的 Putrabali 案，法国法院一直以来对被仲裁地撤销的裁决的效力采取的是一种极为宽容与自由的态度。因此，从某种意义上讲，对被仲裁地撤销的裁决的效力状态作评价，似乎是一个仁者见仁、智者见智的问题。在此，笔者将对两种不同的观点进行阐述。

第一种观点乃支持执行地法院对是否应拒绝承认与执行已被仲裁地撤销的裁决拥有自由裁量权。换言之，在此视角下，国际仲裁裁决既判力的地域范围不应受到仲裁地的限制。此种观点为法国法院的相关司法实践所推崇，法国以及法语界的不少学者对此种司法态度似乎亦颇为赞

---

[1] See Albert Jan van den Berg, Enforcement of Arbitral Awards Annulled in Russia: Case Comment on Court of Appeal of Amsterdam (April 28, 2009), Journal of International Arbitration, Vol. 27, No. 2, pp. 183-185.

[2] 相关案例，请参见：Baker Marine (Nig.) Ltd v. Chevron (Nig.) Ltd et al., US Court of Appeals, 2nd Cir., Aug. 12, 1999; Martin I. Spier v. Calzaturificio Tecnica S. P. A., US District Court, Southern District of New York, Oct. 22 and Nov. 29, 1999; Termo Rio S. A. E. S. P. et al. v. Electranta S. P. et al., US Court of Appeals, District of Columbia, May 25, 2007。

赏。① E. Gaillard 指出，在诸如法国等大陆法国家，人们对仲裁有着这样的一种认识，这种认识曾被 B. Goldman 与 P. Lalive 等作系统化的阐释，即仲裁地只不过是当事人为方便起见而作出的选择，仲裁庭不需要仅仅因为仲裁地设在某一特定国家而像该国法院一样开展程序，仲裁员的权力亦非源自仲裁地所在国，而是源自所有在某种条件下承认仲裁协议以及仲裁裁决的有效性的法律秩序之总和，此亦即为何人们常说仲裁员不从属于任何属地司法系统（forum）的原因。② 一方面，很难想象，被一国上诉法院撤销的该国下级法院的判决能在他国获得执行，E. Gailllard 对此点有着清晰的认识；另一方面，在 E. Gailllard 看来，如果仲裁地并非仲裁与国家法律秩序的唯一联系点，那么，执行一项在他国已被撤销了的裁决完全是合适的，因为对于执行地法，仲裁地法并不具有优先性。③ 不难得知，根据此种观点，被仲裁地撤销的裁决的效力问题将会变成一个国际私法上的问题。换言之，执行地法院在受理已被仲裁地法院撤销的裁决之执行申请时，需要运用国际私法中的方法以判断仲裁地与仲裁是否存在紧密的联系，或者仲裁地与仲裁之间是否仅存在偶然的联系。虽然仲裁的开展及其相关活动时常会在仲裁地进行，而且不少国家甚至努力将本国的城市打造成具有吸引力的仲裁地，从而间接增进该国的经济利益④，但只要裁决不在仲裁地寻求执行，那么，仲裁地所在国对裁决作审查一般就不具有实质性的利益。⑤ 相反，如果让裁决的效力置于仲裁地的绝对控制之下，那么，它会导致这样的风险，即仲裁地可能会运用当地相当奇特的撤裁标准将裁决撤销，而在这种情况下，执行地亦不得不服从仲裁地法院的撤裁决定，如此，《纽约公约》

---

① 在法国，支持此种观点的人士有 Ph. Fouchard、B. Goldman、E. Gaillard、D. Hascher、P. Khan、C. Jarrosson、E. Loquin 等。

② See E. Gaillard, The Enforcement of Awards Set Aside In The Country Of Origin, 14 ICSID Review 16 (1999), p. 18.

③ Ibid., p. 19.

④ 对此，法国政府曾在 2011 年发布了一份加强巴黎在地理上的法律竞争力的报告（业界称之为"Prada 报告"），其中一个首要的方面乃是巩固巴黎在国际仲裁领域作为重要仲裁地的地位。另一个典型例子则是新加坡，新加坡国际仲裁中心（SIAC）近年取得瞩目的发展以及新加坡现今已经发展成为全球最受欢迎的仲裁地之一被认为离不开新加坡政府的大力支持。

⑤ 有的国家对此甚至在立法上走得相当远，例如瑞士、瑞典以及突尼斯的仲裁立法规定，如果当事人在仲裁协议中作出了约定，且仲裁不涉及其本国国民或居民，那么，法院应拒绝受理撤销裁决之申请。

真正的立法目的会大打折扣。J. Paulsson 对此有着比较精辟的论述，他指出，一个很好的例子就是，有的仲裁地法院可能会因为裁决书未被所有仲裁员签名而被撤销（奥地利直到 1983 年即是如此），而这明显与当代国际标准相左，而且这与现代仲裁规则亦存在冲突，因为后者都会明确即使某位仲裁员拒绝合作，仲裁庭依然可作出有效裁决。①

第二种观点反对执行地法院无视裁决已被撤销之情形继续将其承认与执行。乍看此一观点有违"支持仲裁"精神之虞，不大会得到国际仲裁界的赞同，然而，实际情况刚好相反，因为人们看到就连《纽约公约》最重要的起草参与人 P. Sanders 以及以研究《纽约公约》著称的 A. J. van den Berg 都持此种观点。② 在签订完《纽约公约》从纽约回荷兰后不久，针对被仲裁地撤销的裁决的执行问题，P. Sanders 曾有过以下表述："（对于被仲裁地法院撤销的裁决）由于已经不存在任何仲裁裁决，且执行一项已经不复存在的仲裁裁决乃为不可能之事，或者甚至会与执行地的公共政策相抵触，故执行地法院将拒绝执行。"③

在 A. J. van den Berg 看来，撤销与执行乃两种截然不同的制度，撤销仲裁裁决应由仲裁地排他性地行使，而执行仲裁裁决则可以由任何相关的法域决定是否准予。对于仲裁裁决的撤销或拒绝执行的效力，A. J. van den Berg 指出："拒绝执行一项仲裁裁决仅具有属地效力（即大多情况下其效力限于作出拒绝执行该项裁决的法院所在国），对于同样的裁决，其他国家可作出相反的决定，准予该项裁决在其境内获得执行。相反，撤销一项仲裁裁决则具有普遍效力（erga omnes effect），一

---

① See J. Paulsson, Enforcing Arbitral Awards Notwithstanding Local Standard Annulments, 6 Asia Pac. L. Rev. 1 1998.

② 持此种观点的人士包括 J. Poudret, P. Sanders, E. Schwartz, A. J. van den Berg, B. Oppetit, B. Leurent, H. Gharavi 等。参见 J-F. Poudret, Quelle solution poueren finir avec l'affaire Hilmarton? Réponse à Philippe Fouchard, 1998 Rev. Arb., No. 1; B. Leurent, Réflexions sur l'efficacité internationale des sentences arbitrales, Trav. CO. fr. DIE 1994 – 1995, Pédone 1996, p. 181. H. Gharavi, The Legal Inconsistencies of Chromalloy, 12 Mealey's Int'l. Arb. Rep. 21（May 1997）; E. Schwartz, A Comment on Chromalloy-Hilrnarton, à l'américaine, 14 J. Int'l Arb. 125（June 1997）。

③ P. Sanders, New York Convention on the Recognition and Enforcement of Foreign Arbitral Awards, Netherlands Int'l L. Rev. 43, 55 (1959). 转引自 A. J. van den Berg, Enforcement of Arbitral Awards Anulled in Russia: Case Comment on Court of Appeal of Amsterdam, April 28, 2009, Journal of International Arbitration 27（2）, 2010, p. 187。

且某项裁决在裁决作出地国被撤销，该项裁决便丧失了在《纽约公约》成员国获得承认与执行的资格。由此，裁决撤销制度能提供法律确定性（legal certainty）。"[1] 在对 Yukos 案进行分析时，A. J. van den Berg 认为，《纽约公约》并没有为被撤销的裁决获得承认与执行提供可能性[2]，但 1961 年《欧洲国际商事仲裁公约》却提供了此种可能，因为不同于《纽约公约》，《欧洲国际商事仲裁公约》并没有与《纽约公约》第 5 条第 1 款 e 项相对应的条款[3]，而且在撤销裁决事宜上，该公约第 9 条第 2

---

[1] Albert Jan van den Berg, Enforcement of Arbitral Awards Annulled in Russia: Case Comment on Court of Appeal of Amsterdam (April 28, 2009), Journal of International Arbitration, Vol. 27, No. 2, p. 182.

[2] 《纽约公约》对拒绝承认与执行一项裁决的条件使用了"may"一词（Recognition and enforcement of the award may be refused…），中文、俄文与西班牙文三个版本都与该措辞保持一致，而法文版本则使用了"seront refusées"的表达，意为"shall be refused"。在 A. J. van den Berg 看来，与某些评论者所声称的相反，《纽约公约》的起草者们当时并非有意选择"may"一词，在关于其第 5 条第 1 款 e 项的适用上，《纽约公约》的"谈判记录"（travaux préparatoires）也没有对"may"与"shall"两词之选择作讨论。实际上，A. J. van den Berg 认为《纽约公约》中的"may"一词应作"shall"理解，即在当事人证明了案件存在《纽约公约》第 5 条以穷举的方式列出的具体情形的条件下，对于是否应承认与执行相关裁决，裁决执行地不具有剩余自由裁量权（residual discretionary power）。他认为，即使裁决执行地法院将"may"解释为赋予其对于是否应承认与执行相关裁决拥有剩余自由裁量权，其仅能在以下两种情形下使用此种自由裁量，它们分别是：（1）案件在《纽约公约》第 5 条所列举的理由上仅存在细微情形；（2）当事人并未在仲裁程序中及时指出可构成拒绝执行裁决的理由的情形。他还指出，在已发布的超过 1500 件的相关案例中，人们都无法发现任何法院将剩余自由裁量权适用于《纽约公约》第 5 条第 1 款 e 项的情形。法国法院的方法，在其看来，主要是基于《纽约公约》第 7 条第 1 款的适用，该款被称作"most-favorable-right provision"（最优惠权利之规定），即如果一国的法律对于承认与执行一项外国仲裁裁决存在比相关公约（如《纽约公约》）更优惠的条件，那么，该国法院应适用本国的法律来对待外国仲裁裁决在该国的执行申请。

[3] 1961 年《欧洲国际商事仲裁公约》第 9 条专门对"仲裁裁决的撤销"作规定，其内容如下：（一）一缔约国撤销按本公约作出的仲裁裁决，只有在下列情况下，才构成另一缔约国拒绝承认和执行裁决的理由。即裁决是由在该国或按该国法律作出裁决的国家撤销的，并且具有下述理由之一：1. 仲裁协议的当事人，按对其适用的法律，不具有行为能力；或者按当事人所依据的法律，协议是无效的，如协议中未规定此项法律，依裁决地国家的法律规定，这项协议无效；2. 请求撤销裁决的当事人，没有得到关于仲裁员任命或仲裁程序的正式通知，或者因其他原因未能陈述其意见；3. 裁决涉及仲裁申请中没有提及的或不属于仲裁申请项目的一种争议，或者裁决中包含了超出仲裁申请范围的裁决事项；如果仲裁申请范围内的裁决事项可以同仲裁申请范围外的裁决事项分开，则申请范围内的裁决事项可以不予撤销；4. 仲裁机构的组成和仲裁程序不是按照当事人的协议办理的，或者如无此项协议，不是按照本公约第 4 条的规定办理的。（二）缔约国同时是 1958 年 6 月 10 日《关于承认和执行外国仲裁裁决的纽约公约》的参加国时，在缔约国的关系中，仅在出现本条第 1 款规定撤销裁决的情形下，《纽约公约》第 5 条第 1 款 e 项才能被适用。

款还特别针对《纽约公约》第5条第1款e项的适用作了限制,然而,问题是由于荷兰并非《欧洲国际商事仲裁公约》的成员国,荷兰法院因此不能援引该公约的相关规定。基于此点考虑,A. J. van den Berg 认为,如果不存在类似《欧洲国际商事仲裁公约》第9条第2款的规则可供援引,执行地国单纯基于《纽约公约》的相关规定而承认与执行被仲裁地撤销的裁决,这是于法无据的。①

3. 评论与总结

在被仲裁地法院撤销的裁决能否获得执行的问题上,前面介绍的"Hilmarton案""Chromalloy案""Putrabali案"与"Yukos案"引来了业界人士的广泛关注,因为根据传统的理念与实践,执行国应当拒绝承认与执行这种裁决,而这些案例却突破了传统,为国际仲裁裁决的承认与执行实践带来了新的方法。

然而,正如前文所述,此种新方法引起了极大的争议,支持者与批评者的人数都相当可观,而且不乏在国际仲裁界颇有影响力的人物。但从仲裁裁决既判力的渊源角度出发对这一问题进行审视,人们很容易会发现,批评者所提出的"撤销一项仲裁裁决则具有普遍效力"的观点是颇值得商榷的。因为接受"撤销一项仲裁裁决则具有普遍效力"的观点,即意味着接受仲裁裁决的既判力依赖于仲裁地主权者的评价,逻辑结果便是,仲裁只不过是仲裁地司法体系的附庸,这显然与当代国际仲裁实践中仲裁地的虚位化趋势显得格格不入。即使仲裁地确然与所发生的仲裁有着这样或那样的联系,它也不能改变以下事实,即仲裁的发生乃基于体现当事人自由意思的仲裁协议,而仲裁的这种契约基础才是仲裁裁决既判力的根基所在,而且,在广泛的社会层面,商界人士都希望仲裁此种私人性质的纠纷解决机制的结果能够被赋予终局效力,这是仲裁裁决既判力的社会基础。批评者认为撤销一项仲裁裁决则具有普遍效力能够为裁决的撤销制度提供法律确定性,这看似不无道理,因为如此一来,被撤销的仲裁裁决无论在何国皆无法得到执行,从而避免出现裁决在某一潜在执行地无法得到执行而在另一潜在执行地获得执行的冲

---

① See Albert Jan van den Berg, Enforcement of Arbitral Awards Annulled in Russia: Case Comment on Court of Appeal of Amsterdam (April 28, 2009), Journal of International Arbitration, Vol. 27, No. 2, p. 198.

突情形，然而，此种理由过于追求确定性与一致性，亦即过于追求撤销制度在形式上的合理性，而忽略对撤销制度基于个案作实质性的分析。

与批评者不同，此种新方法的支持者注重从实质角度分析仲裁地与案件本身的联系，而且注意到仲裁地撤裁理由是否存在荒谬或明显不合理的情形等问题，因而始终对仲裁地撤裁行为保持着怀疑的态度。在支持者看来，如果仲裁地与案件不具任何实质联系，而在这种条件下，涉案仲裁裁决被仲裁地法院撤销，那么，潜在执行地法院完全有理由忽视撤裁事实，自主决定是否应继续承认与执行涉案裁决。即使仲裁地与案件存在着联系，批评者也注意到仲裁地法院的撤裁理由不一定具有合理性，因此，倘若因仲裁地法院基于明显不合理，乃至荒谬的原因将裁决撤销，而该裁决因而又无法在任何潜在执行地获得执行的话，这将对胜诉当事人极为不公。显然，支持者对于国际仲裁的态度相当自由与开放，然而，人们也需充分意识以下这一事实，即仲裁在许多时候离不开仲裁地所提供的各种协助，如果激励鼓吹此种新方法，乃至鼓吹废除撤裁制度，那么，这极有可能挫伤不少国家对仲裁的支持与热情，而且从现实来看，采纳这种新方法的国家极为有限，大部分国家都认为被仲裁地撤销的裁决无法获得承认与执行。

综上，我们需要在支持者与批评者的观点之间找到一个现实平衡。《纽约公约》对《日内瓦公约》的最大突破在于其摒弃了后者的"双重执行状"制度，裁决的执行不需要在执行地事先获得批准。然而，若将被仲裁地撤销的裁决视为已失去普遍效力的裁决，无疑将变相复苏显然已过时的"双重执行状"制度。不过，《纽约公约》又理解并明确肯定仲裁地对裁决的监督与控制权限，以使该公约能在最大限度上获得全球各国的加入与支持。因此，结合《纽约公约》的立法宗旨以及当代国际仲裁的现状与发展趋势，对于"被仲裁地撤销的裁决能否在执行地获得执行"这一问题，人们宜采取积极的现实主义态度。所谓积极，即意味着前述相关国家的法院处理4个案件的新方法，在具体情形下，应被得到借鉴与支持。但当今各国仲裁法律制度与实践的现实差异又决定了现阶段人们不宜对此种新方法作一般推广，因为目前世界绝大多数国家还远未达到可以放弃在国际仲裁裁决的撤销制度，以及无视仲裁地撤裁事实，自由决定是否应执行已被撤销裁决的阶段。新方法与传统方法并存，这并非坏事，至于这种新方法在未来是否会"遍地开花"，抑或仍一直停留在"平静的湖面上偶尔溅起几朵浪花"的阶段，都有待未来国际仲裁的充分发展方能揭晓，但无论怎样，这都应当是一个自然的演变过程。

第二节　仲裁裁决既判力的效力内涵

仲裁裁决的既判力包含着对人和对事等方方面面的效力。概言之，既判力所包含的这些效力可分为两个方面：终局效力和排斥效力。国际法协会（ILA）在其关于既判力问题的最终报告中甚至直接使用"终局和排斥效力"[①]的说法，而未使用"既判力"一词，因为"终局和排斥效力"具有涵盖"既判力原则"及相似概念[②]的优点。

一　终局效力

终局效力，亦可称为积极效力[③]，其首先体现在，当事人可从正面援引已决事实在随后程序中进一步为其利益辩护。[④] 例如，当事人 A 与 B 在某一仲裁中对一项事关裁决结果的"事实 C"（法律上或非法律上的事实）存有争议，仲裁庭对涉及"事实 C"的争议作出审理后，肯定"事实 C"能够成立。在后面的程序中，如果"事实 C"对当事人仍有辩护价值，该当事人仍可援引该已决事实。其次，终局效力还体现在，仲裁庭作出的裁决已产生最终效力，故而应得到执行。而事实上，仲裁裁决也只有在其获得终局效力后，才能获得相应的执行力。[⑤] 由此衍生的一项普遍制度是，裁决一旦产生终局效力，一方当事人在另一方当事

[①] See Filip de Ly and Audley Sheppard, ILA Interim Report on Res Judicata and Arbitration, Arbitration International, Vol. 25, No. 1, 2009, pp. 69–70.

[②] 相似概念主要是指普通法系发展出的关于既判力问题的独特制度。

[③] 在法国，学者们普遍将既判力（l'autorité de la chose jugée）分为积极效力（effet positif）与消极效力（effet négatif）两个方面。

[④] See Associated Eletric & Gas Insurance Services Ltd v. European Reinsurance Company of Zurich.

[⑤] 既判力和执行力是两个不同的概念，执行力指的是法院强制实现裁判所确定的权利的效力，而且只有给付判决才具有执行力。参见赵钢、占善刚、刘学在《民事诉讼法》，武汉大学出版社 2010 年版，第 370 页。

人拒绝执行裁决的情形下，可请求司法机关强制执行。

从国际仲裁裁决执行机制的角度来看，根据 1958 年《纽约公约》第 5 条第 1 款第 5 项①，如果一项仲裁裁决尚未获得终局效力，请求执行地法院可以拒绝执行该裁决。《纽约公约》第 5 条第 1 款第 5 项包含两个子项，其中一项的内容是，裁决对各方当事人尚无约束力（binding）。值得注意的是，与 1927 年《日内瓦公约》不同②，《纽约公约》使用的是"binding"一词，而非"final"一词，其旨在表明，仲裁裁决一经作出，当事人便有权申请承认与执行该裁决。这意味着当事人向有关国家或地区申请承认与执行裁决时，无须事先从仲裁地法院或裁决所依之法律来源国的法院获得批准或执行状（exequatur），后者是《日内瓦公约》的要求。③ 由此，《纽约公约》避免了《日内瓦公约》的双重执行准许要求，使仲裁裁决在全球范围内的流动更加自由。

在国际投资仲裁中，ICSID 投资仲裁裁决的终局效力受《华盛顿公约》的制度保障，作为败诉方的投资东道国有义务执行 ICSID 仲裁庭作出的仲裁裁决。如果败诉国家拒绝执行，则将导致其承担国际公法上的责任。不过，《华盛顿公约》规定败诉当事人可以申请组成"专设仲裁庭"，请求"专设仲裁庭"基于公约所明确的法定原因撤销原仲裁裁决。但这也招致某些国际仲裁专家的批评，他们认为这种常常由非内行的仲裁专家组成的"专设仲裁庭"对原仲裁裁决作审查，无异于变相的上诉机制，对 ICSID 仲裁裁决的终局性构成了直接挑战。对此，本书第四章将在"国际投资仲裁裁决既判力的困境与挑战"一节中专作探讨。

由于仲裁裁决的终局效力直接关乎仲裁裁决的执行与当事人实体权利的最终实现，因此，在实践中，仲裁裁决的终局效力乃仲裁法、仲裁规则甚至是当事人签订的仲裁协议所共同关心的问题。

---

① 《纽约公约》第 5 条第 1 款第 5 项规定，"……裁决对各造尚无拘束力，或业经裁决地所在国或裁决所依据法律之国家之主管机关撤销或停止执行者。"

② 根据《日内瓦公约》第 1 条所列出的外国仲裁裁决获得承认或执行的条件项，其中的一项必要条件是，在裁决作出地所在国，裁决已变为终局裁决，终局之意在于，如果该项裁决可以遭到抗辩、上诉或诉至最高院，或者如果能够证明，旨在检验该项裁决有效性的任何程序仍在进行之中，那么，该项裁决不会被视为具有终局性。

③ See ICCA's Guide to the Interpretation of the 1958 New York Convention: A Handbook for Judges, published by the International Council for Commercial Arbitration at www.arbitration-icca.org, p. 101.

在国际层面，《纽约公约》与《日内瓦公约》都有涉及仲裁裁决终局效力的规定，但两者存在细微差异。根据《日内瓦公约》第 1 条第 4 项的规定，为使裁决获得承认或执行，裁决在其作出地国须（shall）已终局，如果裁决存在被抗辩、上诉或诉至最高法院（在存在此种程序的国家）的可能或被证明针对该裁决的效力提出质疑的程序正在进行之中，那么，该裁决将不被认为是终局的。根据《纽约公约》第 5 条第 5 项，声请承认及执行地之主管机关提出证据证明裁决对各当事人尚无拘束力，依据相关当事人的申请，该主管机关可以拒绝（may）承认与执行该项裁决。比较两者之规定，可以发现，《纽约公约》一方面并未列出裁决对各当事人尚无拘束力的具体情形，另一方面也未表示裁决对各当事人具有拘束力乃裁决获得承认与执行的必要条件，其似乎将此问题留与请求执行地法院作判断。而《日内瓦公约》则明确表示，裁决具有终局效力乃其获得承认与执行的必要条件，而且具体列明了裁决不被视为终局的情形。这说明，在签订《日内瓦公约》的时代，仲裁裁决在他国的承认与执行依然受到属地观念的强烈影响，而 30 年后签订的《纽约公约》则显然采取了较为开放的态度。时代在变，需求在变，观念也在变，这都反映在立法的变迁之中。

就国家层面的仲裁立法而言，例如为不少国家仲裁法所借鉴或采纳的 UNCITRAL《示范法》第 35 条第 1 项规定："仲裁裁决不论在何国境内作出，均应当承认具有约束力，而且经向管辖法院提出书面申请，即应依照本条和第 36 条的规定予以执行。"① 再如，英国 1996 年《仲裁法》第 58 条对仲裁裁决的效力作了专门规定，根据其中第 1 款，除非当事人另有规定，仲裁庭根据仲裁协议作出的裁决对双方当事人以及通过前者提出请求的人具有终局约束力。

机构仲裁规则通常也会对仲裁裁决的终局效力作出规定，例如 ICC《仲裁规则》（2017 年版）第 35 条第 6 项规定："凡裁决书对当事人均有约束力。通过将争议提经本仲裁规则仲裁，各当事人负有毫无迟延地履行裁决的义务，并且在法律许可的范围内放弃了任何形式的追索权，但以该放弃为有效作出为条件。"再如，CIETAC《仲裁规则》（2015 年

---

① 第 36 条的内容是关于"拒绝承认或执行的理由"，该条与《纽约公约》第 5 条在内容与基本精神上是一致的。

版）第 49 条第 9 款规定："裁决是终局的，对双方当事人均有约束力。任何一方当事人均不得向法院起诉，也不得向其他任何机构提出变更仲裁裁决的请求。"其他如 LCIA《仲裁规则》、SCC《仲裁规则》以及 SIAC《仲裁规则》等国际知名仲裁机构的仲裁规则中均有类似规定，此处不一一详列。

在实践中，为谨慎起见，当事人还可能在仲裁协议中明确规定，仲裁庭作出的裁决是终局的，对双方当事人具有约束力。而此种实践亦为仲裁界所推崇，许多仲裁机构所推荐的示范仲裁条款都会附上诸如"仲裁裁决是终局的，对双方均有约束力"等说明。[1] 此外，国际律师界对仲裁裁决的终局效力亦给予了相当的关注，这集中反映在 IBA（国际律师协会）所发布的指南性文件中。《IBA 关于仲裁协议的撰写指南》在其第三部分"选择性因素的撰写指南"的第 7 项中指出："仲裁的一项优点是仲裁裁决是终局的，且不得上诉。在大多数司法管辖区，只可以因没有管辖权、严重的程序缺陷或不公正为由，对仲裁裁决提出质疑，而不能对案件实体问题进行重审。多数仲裁规则规定仲裁裁决是终局的，各方放弃对仲裁裁决的任何追索权，从而加强了仲裁裁决的终局性。"[2] 然而，IBA 在此显然不仅仅为了强调仲裁裁决具有终局性，其关注的焦点在于，如何在实践中避免裁决终局性出现某些本可被谨慎避免的意外，因此，其紧接着指出，"当仲裁条款没有纳入一套已确立的仲裁规则，或在已纳入的仲裁规则中不包含终局性和放弃追索权的条款，比较审慎的做法是在仲裁条款中规定，裁决是终局的，不受追索。即使各方已纳入含有这种条款的仲裁规则，如果各方预计该裁决可能需要在对仲裁持怀疑态度的司法管辖区内予以执行或以其他方式被审查，建议在仲裁条款中重复这一规定。在仲裁条款中添加放弃追索权的规定时，各方应考虑仲裁地的法律，以确定放弃追索权的范围以及符合仲裁法律要求的语言。"[3]

---

[1] 以下是 CIETAC 推荐的一项示范仲裁条款。"凡因本合同引起的或与本合同有关的任何争议，均应提交中国国际经济贸易仲裁委员会，按照申请仲裁时该会现行有效的仲裁规则进行仲裁。仲裁裁决是终局的，对双方均有约束力。"

[2] IBA Guidelines for Drafting International Arbitration Clauses, Part III "Drafting Guidelines for Optional Elements", Option 7 "Finality of Arbitration", para. 81.

[3] Ibid., para. 82.

二　排斥效力

排斥效力，亦可称为消极效力。顾名思义，这种效力不具有"进攻性"，它是一种具有"防守性质"的效力。作为既判力的主要方面，排斥效力是指，在前一程序中已经得到裁判的事项，当事人不得在以后的程序中再行提起并争辩。例如，如果仲裁庭就当事人 M、N 间的争议 C 作出了裁决，在随后的程序中，任何一方当事人都不得再次对争议 C 提起仲裁或诉讼，仲裁庭或法院亦不得再次受理争议 C；如果针对争议 C 的裁决是部分裁决，任何一方当事人在部分裁决作出后的后续程序中，不得再次请求仲裁庭审理争议 C。

实际上，通常所说的"一事不再理"（ne bis in idem）指的就是既判力的排斥效力。在民事诉讼中，一谈到"一事不再理"，人们往往都将其历史追溯至罗马法中的"诉权消耗"理论。[①] 根据罗马法的"诉权消耗"理论，任何诉权经过一个完整的论争程序而行使完毕，不论结果怎样，其所对应的诉讼系属即消耗殆尽，对同一诉权或请求权，不允许二次诉讼系属。国内民事诉讼法学者对这一原则的历史发展及国内外相关理论作了不少介绍与探讨，而仲裁界对这一原则的讨论似乎仍不够充分。事实上，涉及仲裁裁决既判力问题的案件越来越常见，相关仲裁立法对"一事不再理"在仲裁中的适用也有确认。

在关于仲裁的国际立法中，很难找到直接涉及"一事不再理"的规定。这不难理解，因为国际仲裁立法所关心的核心问题乃是裁决能否在他国顺利获得承认与执行，故其更关心仲裁裁决的终局效力，后者与执行问题直接相关。不过，《欧洲国际商事仲裁公约》存在一项类似于"一事不再理"的规定，其第 6 条第 3 款表示："如果仲裁协议一方当事人在诉诸法院前已申请仲裁，公约成员国的法院随后却被请求处理相同当事人之间的相同问题，或者被请求处理仲裁协议是否不存在或无效或已过期等问题，除非法院能够找到与此相反、实质且恰当的理由，则

[①] 在普通法系，存在着一个与罗马法中"一事不再理"同等的概念，即禁止双重损害原则。根据后者，被告可以提出一项名为"autrefois acquit"的强制性抗辩（peremptory plea），"autrefois acquit"是从法语中借来的词语，意为其先前已在法律上履行了其所有的裁判责任，因而不能因同样的原因再次被审。

该法院必须中止其针对仲裁管辖权的裁断,直到仲裁庭作出仲裁裁决为止。"然而,严格来讲,这项规定并不直接涉及仲裁裁决的排斥效力,因为排斥效力乃针对后续之诉。这项规定的目的在于,通过尊重仲裁庭的自裁管辖权以及仲裁协议的妨诉效力,从而支持仲裁的顺利开展。

关于我国的相关立法,根据《中华人民共和国仲裁法》第9条,仲裁裁决作出后,当事人就同一纠纷再次申请仲裁或者向人民法院起诉的,仲裁委员会或者人民法院不予受理。这一规定对仲裁实行"一裁终局"作了进一步解释,亦可被视为对仲裁裁决排斥效力的肯定。不过,丁伟教授认为,虽然"该条中有关裁决作出后当事人就同一纠纷再申请仲裁,仲裁委员会不予受理的规定本身并无异议",但"问题在于该条规定语焉不详,并未对相关争议已进入仲裁程序而裁决未作出时,当事人就同一纠纷再申请仲裁仲裁委员会是否受理作出肯定或否定的规定,因而不足以作为判断裁决未作出时当事人另行就相关争议提起仲裁申请是否违反'一事不再理'原则的依据"。[①]

实际上,丁伟教授在此提出了一个很重要的问题,这个问题与"一事不再理"密切相关,但严格来说,它并不构成"一事不再理"问题,而构成在当代国际仲裁中日益凸显的另一个问题——平行程序问题。平行程序问题与"一事不再理"问题两者的共同特点在于,它们都可能损害裁判的一致性,故针对这两者所构建的一系列具体规则、原则与制度都是围绕如何确保裁判的一致性而展开的。对于如何解决仲裁中的平行程序问题,国际法协会也发布了一系列专门报告。特别是在其《关于平行程序与仲裁的最终报告》中,国际法协会提出了关于如何解决仲裁中平行程序问题的建议,这些建议对仲裁庭以及各国法院处理仲裁中平行程序问题可提供有益参考。[②]

司法实践中,越来越多的仲裁案件涉及"一事不再理"。对此,丁伟教授以其亲自参与处理的相关仲裁案件为例,将其在仲裁实践中遇到的"一事不再理"问题分为"同一当事人就同一争议标的在不同案件

---

① 丁伟:《一事不再理:程序至上的仲裁制度中的阿喀琉斯之踵》,载《东方法学》2011年第1期。

② See Filip De Ly, Audley Sheppard, ILA Final Report on Lis Pendens and Arbitration, Arbitration International, Vol. 25, No. 1, 2009, pp. 3 – 34.

中提出不同的仲裁请求""同一当事人之间就同一争议标的在不同案件中分别提出不同的仲裁请求"与"同一当事人在同一案件中就同一争议标的提出选择性的仲裁请求"等几种情形。[①] 此外，最高人民法院在2010年发布的《关于不予承认日本商事仲裁协会东京07-11号仲裁裁决一案的请示的复函》中，对日本商事仲裁协会仲裁庭在07-11号仲裁裁决前曾作出的04-05号仲裁裁决的既判力作了研究与判断。该案乃近年我国法院处理仲裁既判力问题的重要案件，颇具代表性，本书第五章将对这一案件再作具体探讨。

虽然仲裁裁决具有终局效力不存在争议，但仲裁裁决的排斥效力在实践中往往成为处理既判力问题最为关键且最为棘手的问题。首先，不同于当事人可以通过仲裁协议额外明确加以肯定的裁决终局效力，裁决的排斥效力所涉及的不是某一项孤立的裁决，而是相互关联的两项或多项裁决（或判决），包括前一仲裁裁决在特定情形下能否对后面的仲裁裁决或法院判决产生约束力。对此，仲裁裁决的排斥效力首先便涉及以下两个问题。第一个问题是，前一项仲裁裁决在满足何种条件下方能对后面相关的仲裁请求或诉讼请求（包括争点）产生排斥效力，换言之，仲裁裁决既判力的适用标准何在？由于这一问题涉及对包括当事人、诉因以及诉讼请求等多重因素的判断，且对既判力实践具有关键意义，下一节将专门对这一问题作深入探讨。此处要探讨的是第二个问题，即作为后诉的仲裁庭或法院，在处理与前一仲裁案相关的问题时，在发现满足既判力原则的适用条件时，是否应当主动援引既判力原则，将其适用于相关请求或争点？实际上，这一问题涉及对既判力性质的识别。结合相关法院处理既判力问题的实践，这一问题的实质在于回答既判力是否应被识别为公共政策。

在国际商事仲裁中，既判力问题是否应被识别为公共政策问题颇具争议。对该问题的不同回答将导致程序上的不同后果。如果将既判力问题识别为公共政策问题，则在后一程序中，即使当事人未就已决事项提出既判力抗辩，法院也应该主动适用既判力原则，从而自行避免对已决问题再行审理。如果认为既判力问题并非公共政策问题，那么，既判力

[①] 所涉具体案件及详细解读，请参见丁伟《一事不再理：程序至上的仲裁制度中的阿喀琉斯之踵》，载《东方法学》2011年第1期。

问题的提出则应完全由当事人决定,法院没有义务主动就已决事项适用既判力原则。在法国、比利时和荷兰,既判力抗辩应由当事人提出,这一抗辩被视为当事人的一项权利,故当事人也可以放弃该项权利,法院不得自行适用既判力原则。显然,既判力问题在这些国家中不属于公共政策问题。但在德国和瑞士,法院可以基于职权(ex officio)主动援引既判力原则,拒绝再次审理已决问题。[1]

综上,可以发现,终局效力似乎具有实体法的性质,因为它直接影响当事人实体权利的展开和实现。[2] 一方面,当事人可援引已决事实,为其在随后程序中的实体权利进行相应的辩护;另一方面,裁决的执行直接影响当事人实体权利的实现,而裁决能够得到强制执行的前提是该裁决已经具备终局效力。这两个方面无不涉及双方当事人的实体权利。较之于终局效力,排斥效力则具有程序法的性质,它与当事人的实体权利并没有直接联系。排斥效力通过阻止对已决事项再行处理,从而使既判力在仲裁或者诉讼中发挥关键意义。[3] 正由于排斥效力的关键意义,以及其被视为既判力的主要方面,在国际仲裁实践中,既判力问题被广泛识别为程序问题。另外,在普通法系,既判力被视为证据规则的一部分,而在大陆法系,既判力一般都被规定在诉讼法中,这也从侧面反映了既判力问题的程序性。[4] 鉴于排斥效力的实践效果,并且为了提高仲裁的效率,当事人在后一程序中应当尽早提出前一裁决的排斥效力,以避免已决事项的重复审理。

第三节　仲裁裁决既判力的适用标准

正如本书开篇所指出的,既判力原则是古今几乎所有法律文明所共

---

[1] See Filip De Ly, Audley Sheppard, ILA Interim Report on Lis Pendens and Arbitration, Arbitration International, Vol. 25, No. 1, 2009, p. 51.

[2] See Filip de Ly and Audley Sheppard, ILA Final Report on Res Judicata and Arbitration, Arbitration International, Vol. 25, No. 1, 2009, p. 81.

[3] See Denis Bensaude, The International Law Association's Recommendations on Res Judicata and Lis Pendens in International Commercial Arbitration, Journal of International Arbitration 24 (4), Kluwer Law International, 2007, p. 419.

[4] See Filip de Ly and Audley Sheppard, ILA Interim Report on Res Judicata and Arbitration, Arbitration International, Vol. 25, No. 1, 2009, p. 50.

同认可的一项普遍法律原则。既然如此，在既判力原则的适用上，是否也存在一项普遍标准？答案是肯定的，这项普遍标准即通常所谓的"三重因素一致"标准，即诉因、当事人与诉讼请求的一致。这一标准，无论是在大陆法系，还是在普通法系，都得到了立法或司法实践的肯定。[①] 下面将仅从一般角度探讨以下两个问题：如何界定三重因素中的每一项因素？如何判断三重因素一致？由于当今国际仲裁在程序上主要受普通法系，尤其是美国法的影响[②]，而既判力原则的适用问题亦普遍被识别为程序上的问题，因此，下面对每一重因素的分析，将更关注普通法系特别是美国法的理解。

一 当事人一致

在仲裁中，当事人乃指作为仲裁协议的签约者，以仲裁申请人或被申请人的身份实际参与仲裁程序的人。由于仲裁的发生以当事人所签订的仲裁协议为基础，因此，仲裁当事人首先必须是仲裁协议的签约人，而仲裁协议的非签约人（non-signatory）则不具备提起仲裁的主体资格。在缺乏具体仲裁协议的投资仲裁中[③]，仲裁庭的管辖权实际上来自抽象的双边投资协定、多边投资协定或者国家投资立法。在这种情况下，作为仲裁当事人，申请人一般都是投资者，而被申请人则是主权国

[①] 此处，需要事先指出的是，两大法系在对"三重因素一致"标准的规范、理解与运用上存在明显差别，第三章将着重比较与分析这一点。

[②] 当今国际仲裁，无论是国际商事仲裁，还是国际投资仲裁，程序上都深受普通法，特别是美国法的影响，国际仲裁界将这种现象称之为仲裁的"美国化"（Americanization）。比利时著名仲裁员 Bernard Hanotiau 曾指出："人们越来越对国际仲裁愈趋'司法化'（judicialization）之现象感到担忧。换言之，仲裁程序本具有非正式化的特点，但如今却日趋朝向正式化、复杂化方向演化，由此导致仲裁期限的延长和仲裁费用的累积。普遍认为，该现象应当归咎于国际仲裁的'美国化'（americanization）现象，虽然这一说法并非必然成立。对于欧洲的法律从业者来说，法庭或仲裁庭的传统角色乃解决由当事人向其提交的争议，它们不可拒裁，亦不可超裁。例如，在欧洲大陆，律师并没有向法庭或仲裁庭出示对其当事人不利的证据文件的义务。然而，随着全球法律业务的重心转向大型国际律师事务所（主要在普通法系国家），另一种诉讼方式（美国式的诉讼）随之亦成为焦点，这种诉讼方式的内涵在于，仲裁庭需要扮演发现案件事实的角色。这意味着，仲裁庭采纳一套日益类似于美国法院的程序，由此，在庭审过程中便会出现大量的证人陈述、专家报告以及各种可能与解决争议相关的文件。" Bernard Hanotiau, International Arbitration in a Global Economy: the Challenges of the Future, 28 (3) Journal of International Arbitration (2011), p. 99.

[③] See Jan Paulsson, Arbitration Without Privity, 10 (2) ICSID Review (1995), p. 257.

家。既判力原则得以适用的首要条件是，前后关联之诉中的当事人必须具备同一性。问题是，如何判断此种同一性？

法国法对当事人的同一性作出了如下解释：首先，关联案件所涉之前后程序中的当事人必须一致①，一般而言，当事人仅与裁判结果有利害关系并不能使其获得既判力的抗辩权利；其次，既判力原则不仅要求前后程序的当事人一致，而且更进一步要求在前后程序所涉法律关系中，当事人的行为能力的内容也必须一致。举例而言，同一当事人在前一程序中以雇主的身份出现，而在后一程序中却以代理人身份出现，在这种情形下，前诉就无法对后诉产生既判力。针对当事人这一因素，意大利民事诉讼法要求前后程序中的当事人绝对一致。在普通法系，特别是在美国，在后诉中出现的与前诉当事人具有密切联系的人（privy）亦可被视为与前诉当事人具有同一性。在 Carl Zeiss Stiftung v. Rayner & Keeler Ltd 案中，Lord Reid 法官指出，密切联系可以三种不同的形式的呈现：第一种形式是血缘上的密切联系，如上代人和下代人之间关系；第二种形式是产权上的密切联系，如因破产而导致破产者与破产债权和债务继承者之间的关系；第三种形式是利益上的密切联系，如信托人和受益人之间的联系。② 对此，本章第一节探讨既判力的主观范围时已作了阐述。

实际上，当事人在前后关联之诉中，如果身份完全一致，且实际上亦以同样的行为能力介入相关法律关系，人们能够很快判断出此种同一性。然而，在仲裁实践中，常常出现的一个问题是，当一方当事人为一家作为母公司的大型集团公司，其子公司在后续关联案件中针对同一相

---

① 后一程序当事人如果是前一程序当事人的继承人，在一定条件下，此种情形亦可能被视为前后程序的当事人一致。

② See Carl Zeiss Stiftung v. Rayner & Keeler Ltd，[1967] 1 AC 853，at 909–910. 利益上的密切联系人是最难被界定的概念，在英国法律中，对于如何在实践中界定某人或某一实体是利益上的密切联系人，P. Barnett 作出了精练的概括，他指出，在认定关乎某一当事人的一项裁判应对其他程序中的另一当事人具有约束力之前，裁判者必须对相关当事人的利益以及当事人之间是否存在充足的同一性进行考察。此外，前一诉讼所牵涉的利益或争议主题必须受到法律的肯定或对他人具有受益性。他人对于诉讼仅表示关心或好奇或者对诉讼结果只有些许利益不能使其成为利益上的密切联系人。See Peter Barnett, Res Judicata, Estoppel and Foreign Judgments: The Preclusive Effects of Foreign Judgments in Private International Law, Oxford University Press 2001, p. 69.

对当事人提起仲裁,仲裁庭能否将该子公司视为与前案的母公司具有在当事人上的同一性?对于这一问题,目前国际仲裁界尚未有定论,而且实践中亦存在分歧,但一般认为,在此种情形下,仲裁庭必须对子公司与母公司在个案中的实际联系作具体分析,如果两者存在足够的联系,以至于人们无法对此将子公司的行为与母公司的行为在结果上作区分,那么,人们有理由在后一关联仲裁案中认定其与前一关联案件在当事人上具有同一性。[1]

另一个常被讨论的问题是,案外第三人能否援引前一关联裁判所认定的结论作为其在后一案件中的证据?换言之,前一关联裁决的终局效力能否被后一案件所援引,而不论此两案之当事人是否存在同一性?[2] 美国法院曾多次面对此一问题,而且人们对这一问题的争议比较大。这个问题实际上涉及所谓的"相互原则"(principle of mutuality),根据该原则,只有当事人在前后关联案件中都形成了同样的相互关系,相关当事人方可在后案中援引前案的结论作为抗辩依据。然而,在1942年,美国加州法院著名的 Bernhard v. Bank of America 案[3]却冲破了长久以来美国法院所奉行的"相互原则"。在该案中,法院认为,案外第三人亦可援引前一关联裁决之结论作为一项"争点禁反言"抗辩在后案中提出,以阻止对前案已决争点再作审理,并在后案中直接适用前一关联裁决之结论。不过 Bernhard v. Bank of America 案之方法后来一直受到不少人士的批评。[4]

在涉及仲裁的案外第三人问题上,美国加州法院在 Vandenberg v. Superior Court 案中给出了具有较大影响的法律意见,为后来的一些法院所借鉴与援引,其认为:"一项私人性质的仲裁裁决,即使其已获得了法院的司法确认,亦不可对第三人产生对其有利的争点效,除非在特

---

[1] 此一问题在投资仲裁中出现得更是相当频繁,这是因为作为提起投资仲裁之诉的投资者往往是知名的大型跨国公司,而这些跨国公司的母公司与其旗下的子公司都可能会不同程度地在前后关联仲裁中相继参与到仲裁程序之中。

[2] See Stavros Brekoulakis, The Effect of an Arbitral Award and Third Parties in International Arbitration: Res Judicata Revisited, 16 (1) Am. Rev. Int'l Arb (2005), p. 209.

[3] See Bernhard v. Bank of America, 19 Cal. 2d 449 (1941).

[4] See Edwin H. Greenebaum, In Defense of the Doctrine of Mutuality of Estoppel, 45 (1) Ind. L. J. (1969), p. 19; William S. Byassee, Collateral Estoppel Without Mutuality: Accepting the Bernhard Doctrine, 35 Vand. L. Rev. (1982), p. 1452.

定仲裁案中,当事人同意仲裁裁决可产生此种效果。"① 此外,案外第三人能否被前一关联裁决的排斥效力所阻断,而在后面其所参与的案件中不可再提出相关问题或请求?答案显然应为否定,因为案外第三人未参与仲裁程序,即意味着其未得到充分表达自己的辩护意见的机会,因而,由该仲裁程序所产生的裁决不可对其产生阻断效力。在新近的 Silber v. Hanover Builders 案②中,美国第二巡回法院所作出的判决对此点作了明确,其认为,针对仲裁案外第三人,涉案仲裁当事人既不可援引裁决的请求排除效,亦不可援引裁决的争点排除效。

二 诉因一致

诉因(cause of action)是普通法系重要的法律概念③,按照《牛津法律大辞典》的解释,诉因是指"某人据以行使其提起诉讼权利的某一事实或系列事实"④,《牛津现代法律用语词典》亦作此解⑤。一方面,它是指能构成通过起诉他人以实现自己的法律权利或利益的某一事实或系列事实;另一方面,它还指当事人起诉他人的法律根据,如违约、侵权,等等。因此,诉因实际上包含两个方面,即事实方面与法律方面。单纯的某一方面并不能构成诉因。诉因必须是这两方面的结合方可成就。这点不难理解,因为在日常生活中,人们所遇到的绝大多数事实或事件,如找别人借东西、在路上不小心摔倒或者遗失了某件随身物品,并不能当然地转化为诉因。当然,静态的法律规定也不能构成诉因。当事人提起诉讼,一般是将具体事实陈述出来,然后通过相关法律论证这一事实能使另一方当事人承担法律责任,从而说服法院支持其诉讼请

---

① Vandenberg v. Superior Court, 21 Cal. 4th 815, 834 (1999).
② See Silber v. Hanover Builders, Case No. B246975 (2nd Dist. Div. 7 May 12, 2014).
③ "诉因"与大陆法系德、日等国的"诉讼标的"概念存在不少关联,不过由于普通法与大陆法两大传统在法律发展路径上存在较大差异,因此两概念的具体内涵差别甚大。由于国际投资仲裁在程序上深受普通法系的影响,因此,对于诉因的理解,本书亦遵循普通法系的标准。关于何为诉因的早期论述,请参见 Silas A. Harris, What Is a Cause of Action, 16 Cal. L. Rev. (1928), p. 477。
④ [英]戴维·M. 沃克:《牛津法律大辞典》,李双元等译,法律出版社 2003 年版,第 178 页。
⑤ 参见[美]布莱恩·A. 加纳《牛津现代法律用语词典》,法律出版社 2003 年版,第 140 页。

求。在民事纠纷背景下，诉因的具体种类有很多，如违约、侵权、不当得利，等等。其中每一项还可以根据具体情形再作细分。在仲裁中，诉因的范围较之于民事诉讼要小，其主要限定在关于合同或财产的纠纷领域，涉及公共利益的民事纠纷一般会被排除在仲裁之外，此即所谓的可仲裁性（arbitrability）。

一项清晰、准确的诉因对于确定当事人的诉权、恰当的诉讼请求以及法院的审理范围具有关键的意义。没有诉因，当事人就没有诉权（locus standi），因而无法提出恰当的诉讼请求，或者其诉讼请求无法得到法院的支持。由于司法奉行不告不理的原则，如果没有诉因，或诉因不清晰，法院就无法确定审理的范围。某一事实或系列事实，根据不同性质的法律，可被识别为具有多重诉因，如存在诉因竞合的情况，此时选择一个恰当的诉因对于实现当事人诉讼利益的最大化具有相当重要的价值。值得注意的是，在诉因竞合的情形下，当事人基于其中某一个诉因提出请求，且法院所作出的裁判满足了此种请求后，由于该当事人的实体权利已经得到完全的救济，诉讼目的已经实现，此时，该当事人不可再基于另一诉因提出新的请求。诉因的重要性不仅仅体现在这些方面，它还在确定裁判的既判力的客观范围上扮演着突出的角色，因为适用既判力原则前提条件是前诉与后诉在诉因上的一致。那么，如何判断前诉与后诉之诉因具有一致性呢？

在美国法律中，法院一般同时采纳两种检验方法来判断前后两诉是否在诉因存在一致，以判断是否应将前诉判决视为对当前之诉具有终局约束力。这两种检验方法分别是"证据检验"与"交易检验"。

在"证据检验"的方法下，如果维系后诉之存在的证据同样是维系前诉之存在的证据，或者同样的事实（即事实证据）对当事人提起前后两诉具有核心意义，那么，在其他条件满足的情形下，前诉判决的既判力能产生阻却后诉进行的效果。在 American National Bank 上诉案[①]中，Robert D. McLaren 法官（代表法庭的意见）认为，原审法院错误地适用了既判力原则而导致案件被驳回，由于在前后两诉中，当事人所提出的请求存在明显的差异，而支持两种请求分别需要不同的证据，因

---

① See American National Bank & Trust Company of Chicago v. Village of Libertyville, 645 N. E. 2d 1013 (1995).

此，前诉之判决不能对后诉产生阻却效力，原审法院将案件驳回的决定是错误的。

在既判力的适用问题上，单纯的"证据检验"方法还不足以判断前后两诉是否存在诉因一致，更为重要的一种检验方法则是"交易检验"（transactional test）。理解"交易检验"方法之关键在于理解"交易"这一概念。此处的"交易"与买卖性质的交易有所区别，前者不仅仅包括所有市场性质的交易或其他类型的交易，还包括引起法律关系产生的事件（incident）、事实性情况（factual situation），因此它的外延要比一般的交易更广。对于什么可以构成此处所谓的"交易"，美国联邦第五巡回法院认为应采取一种实用主义的态度。其在 Petro-Hunt, LLC v. United States 案中指出，判断"交易"是否成立，应考虑到各种各样的因素，如"两案所涉及之事实在时间、空间、起源或动机上是否相互联系，它们是否构成一个方便的审理单元，以及将其作为一个审理单元来处理是否符合当事人的期望或者符合商业上的一般理解或惯例"。[①] 该法院在后来的 Davis v. Dallas Area Rapid Transit 案中重申了以上这一点。[②] 由此，不难发现，在"交易检验"方法下，前诉判决对后诉产生阻却效力的前提是，当事人提起后诉乃源自与当事人提起前诉相同的事实背景。

三　请求一致

在仲裁中，请求（claim）乃仲裁申请人通过仲裁申请书要求仲裁庭裁定被申请人向其满足法律上的一定利益。仲裁被申请人在一定条件下亦可向仲裁申请人提出请求，此谓"反请求"（counter claim）。[③] 在

[①] See Petro-Hunt, LLC v. United States, 365 F. 3d 395, 396 (5th Cir. 2004).

[②] See Davis v. Dallas Area Rapid Transit, 383 F. 3d 309, 313 (5th Cir. 2004).

[③] 在国际商事仲裁中，仲裁被申请人提出反请求（counterclaim）乃常见现象。但在国际投资仲裁中，作为被申请人的国家能否提出反请求，则是一个颇具争议的问题。近年的 Spyridon Roussalis v. Romania 案乃关于这一问题的焦点案件。在该案中，作为一方当事人委任的仲裁员，Michael Reisman 教授对仲裁庭的裁决提出了异议，其认为，投资者根据一项双边投资协定提起一项 ICSID 投资仲裁，即充分表明其已接受作为仲裁被申请人的国家亦可针对其提起反请求这一点，而这也是另一个焦点案件——Goetz v. Burundi 案的仲裁庭所表达的一致意见。See Spyridon Roussalis v. Romania, ICSID Case No. ARB/06/1 (7 Dec. 2011); Goetz v. Burundi, ICSID Case No. ARB/01/2 (21 June 2012).

既判力原则的适用上，请求的一致是指，当事人在后一关联仲裁中所提出的请求，须与其在前一关联仲裁（或诉讼）中所提出的请求具有同一性。倘若缺乏此种同一性，即使前后关联两案在当事人与诉因两方面具有一致性，前案所生裁判之既判力亦不得适用于后案之中。

在美国，人们习惯于将狭义上的既判力理解为"请求排除效"（claim preclusion），因为在普通法系，广义上，裁判所处理的争点在一定条件下亦可产生既判力，此即与"请求排除效"相对应的"争点排除效"（issue preclusion）。而在大陆法系，由于法律一般只认可裁判主文的既判力，既判力不及于判决理由，而裁判主文的内容限定于对相关请求所作出的最终处理，由此，确定了请求的范围，从某种意义上，即确定了既判力的范围（客观范围）。请求的类型多种多样，但在仲裁中，金钱请求乃为最常见之请求形态。判断前后关联案件所涉之请求是否存在同一性，显然不取决于前后两案中一方当事人是否请求对方作等量的金钱赔偿，而是需要结合请求所基于的原因事实作判断，因为基于不同的原因事实，一方当事人可能向对方当事人提出数项请求，且形式往往都是金钱请求。正因为判断请求的一致离不开对请求背后的原因事实，即诉因一致性的考察，因此，人们不难理解美国普通法中的"请求排除效"在大洋彼岸的英国被称作"诉因禁反言"（cause of action estoppel），两者在概念与内容上实际相差无几。

判断请求的一致，虽看似简单，但在实践中，出现与前一关联案件在表面上完全一致的请求，往往少见。颇多时候，请求的一致需要裁判者对请求的内容作仔细分析，考察前后请求是否具有实质上的同一性，或者前后请求是否在内容上具有重叠性。例如，我国法院在"中天仲裁案"中即基于后一裁决（JACC 07-11 号裁决）所处理的请求被前一裁决（JACC 04-05 号裁决）已处理的请求所包含，从而认为后一裁决违背了前一裁决的终局效力，遂拒绝承认与执行该项裁决。[①]

与此同时，在普通法系，案件的争点在特定条件下亦能产生既判

---

① 关于具体案情，可参见最高人民法院《关于不予承认日本商事仲裁协会东京 04-05 号仲裁裁决的报告的复函》（2008 年 3 月 3 日〔2007〕民四他字第 26 号）；最高人民法院《关于不予承认日本商事仲裁协会东京 07-11 号仲裁裁决一案的请示的复函》（2010 年 6 月 29 日〔2010〕民四他字第 32 号）。

力。因此，请求的一致在判断争点能否产生既判力的问题上不应当成为裁判者的桎梏。如果在适用"争点禁反言"规则上，请求的一致亦必须无条件加以满足，那么，当事人很容易通过在前后关联之诉中人为地撕裂请求（claim splitting）达到避免让前一程序所裁断的关键争点在后一程序中产生既判力的目的。例如，在1910年的英美求偿仲裁案①中，仲裁庭即认为既判力原则仅涉及两个因素，即当事人与案件所涉问题是否存在同一性。在早期常设仲裁院的Pious Fund案②中，仲裁庭同样适用了此种方法，并强调在本案中，不仅当事人具有一致性，而且本案所涉之争议主题（subject matter）在前一仲裁裁决中已被裁断。在近年的Apotex案③中，仲裁庭非常鲜明地表达了支持此种方法的意见，认为裁决的请求及其所基于的理由不应当被分开予以考察。即使当事人在后一案件中提出了新的请求，倘若此项新的请求所基于的原因争点已被前一关联裁决所裁断，那么，后一仲裁庭亦可援引前一关联裁决的相关结论，作出是否支持或拒绝新的请求的决定。这一案件极具典型意义，其与十多年前的Lauder/CME v. Czech案的裁判方法形成了极为强烈的对比，且受到国际投资仲裁界的高度关注，本书第五章对此将作更详细的探讨与解析。

---

① See Great Britain v. United States, Arbitral Tribunal constituted under the Special Agreement of August 18, 1910 (18 June 1913–1922 January 1926). Available at http：//legal. un. org/riaa/cases/vol_ VI/17-190_ Arbitral. pdf. 裁决中的相关原文如下：It is a well-established rule of law that the doctrine of res judicata applies only where there is identity of the parties and of the question at issue.
② See The Pious Fund of the Californias, PCA Award (14 Oct. 1902)。
③ See Apotex Holdings Inc. and Apotex Inc. v. USA, ICSID Case No. ARB (AF) /12/1.

第三章 比较法背景下仲裁裁决既判力

第一节 普通法系的视角

既判力原则,在英国、加拿大、澳大利亚和新西兰等普通法国家,已成为一项比较制度化的原则。① 美国与前述英联邦国家在这方面的制度大同小异,只是在某些情形下,既判力可延伸至第三人。② 在英国,裁决要获得既判力必须满足以下两个条件:第一,该裁决由具有管辖权的仲裁庭作出;第二,该裁决是对实体问题的最终裁定。在前一程序中被作出的裁决的既判力,由当事人在后一程序中以抗辩(plea)的形式提出③,这种抗辩包括下面将介绍的"诉因禁反言"(cause of action estoppel)和"争点禁反言"(issue estoppel)。如果其中某项抗辩在后一程序中被接受,该项抗辩就会产生阻止另一方驳斥或推翻已决事项的努力。除了"诉因禁反言"和"争点禁反言"这两种既判力抗辩形式外,还存在两种富有特色的既判力抗辩形式,分别是既有救济(former recovery)和滥用程序(abuse of process)。

---

① See Filip de Ly and Audley Sheppard, ILA Interim Report on Res Judicata and Arbitration, Arbitration International, Vol. 25, No. 1, 2009, p. 41.
② Ibid., p. 46.
③ 在普通法系,法院通常不会主动(by motion)适用既判力。在美国联邦规则下,既判力需要被告方通过积极抗辩(affirmative defence)的形式提出。在大多数情形下,如果被告方未提出既判力抗辩,那么,这项抗辩理由也就被其主动放弃。相关法院意见,可参见 Rotec Industries, Inc. v. Mitsubishi Corp 案(348 F. 3d 1116, 1119 [9th Cir. 2003])。

一 诉因禁反言

"诉因禁反言",美国法称为"请求排除效"(claim preclusion)[①],在仲裁语境下,可将其理解为,当事人基于某一事实或系列事实所提出的有关实体问题的仲裁请求倘已被仲裁庭裁决,裁决生效后,当事人不得再次针对相同当事人基于同一诉因提出相同请求。具体而言,一旦当事人的请求获得仲裁庭的支持,该请求即被并入裁决之中,其不可基于同一诉因再次提起其已获支持的请求;若当事人的请求未获支持,其亦被阻止再次基于同一诉因提出同一请求。

在普通法系,"诉因禁反言"构成狭义上的既判力的全部内容;广义上,"诉因禁反言"无疑是既判力的主体部分。[②]由于诉因是当事人提出诉讼请求的事实基础,故"诉因禁反言"实质上对应着美国普通法中的"请求禁反言"。

在美国普通法中,"诉因"可以理解为包括由当事人之间的全部或者部分交易或者一系列相关交易所衍生出的所有救济性权利,诉讼的发生正基于此。[③]因此,对于美国法院,如何判断交易的构成或者系列交易的构成,系列交易是否构成单独的审理单元,以及将它们作为单独的审理单元是否符合当事人的期望或者商业惯例等,都是相当重要的实践问题。[④]

理解"诉因禁反言"的另一个关键在于,必须以理解普通法系对"当事人不得再次就同一实体问题提出相同的请求"的阐释为基础,而这又需要从"诉因"切入。普通法系认为,虽然一方面诉因构成当事人据以行使其诉讼权利的理由,但是针对某一项诉讼请求的终局裁决一旦作出,则与该项诉讼请求相对应的诉因即被融入终局裁决之中。换言

---

① 需要注意的是,虽然"诉因禁反言"与"请求排除效"整体上指的是相同之事,但"诉因"与"请求"则有区别。

② 与"诉因禁反言"相对的一个概念是后面所要着重讨论的"争点禁反言"。虽然"争点禁反言"在既判力的制度实践中往往成为焦点问题,但从此种禁反言的效力本身来看,相对于裁判既判力之主要部分,即"诉因禁反言"而言,它只属于裁判的次要部分,因此后者亦被称作"collateral estoppel"("附带禁反言")。Collateral 一词乃为"附带"或"从属"之意。

③ See Filip de Ly and Audley Sheppard, ILA Interim Report on Res Judicata and Arbitration, Arbitration International, Vol. 25, No. 1, 2009, p. 47.

④ Ibid..

之，诉因因终局裁决而消失。既然诉因因终局裁决而消失，那么，当事人自当无理由再次就同一实体问题提出相同请求。然而，实践中却存在当事人（特别是败诉方）在终局裁决作出后再次针对已决实体问题提出相同请求的情况。此时，另一方当事人可提出"诉因禁反言"抗辩。如果裁判者认为该项请求确已被终局裁决，那么，他会接受另一方当事人所提出的"诉因禁反言"抗辩，将该项请求驳回。

值得注意的是，针对同一诉因，当事人可能基于不同的法律根据提出诉讼请求。例如，在某些争议中，当事人既可以基于对方违约提起诉讼请求，也可以基于对方侵权提起诉讼请求。在此情形下，诉因不因当事人可能从不同的法律角度提起请求而分离，其仍构成单一诉因。法院或仲裁机构根据具体情况选择某一角度进行裁判，都会使判决或裁决产生终局效力，诉因即行消失。

二　争点禁反言

本书第二章在讨论既判力的客观范围时曾提到大陆法系某些国家的学者受普通法系"争点排除效"的影响提出了既判力客观范围扩张理论，主张在一定条件下，赋予争点以既判力，以解决既判力的实践困境。[①] 这里的"争点排除效"实际上就是"争点禁反言"，英国称为"争点禁反言"，而大洋彼岸的美国则称为"争点排除效"（issue preclusion）。

在英国，"争点禁反言"和"诉因禁反言"两者同"既判力"在概念上有所区别。"既判力"一词如今是一般概念，它指先前的法院或仲裁庭所作出的最终裁判在涉及相同争议主题、相同法律依据以及相同当事人或其"密切关联人"的后诉案件中具有终局效力，而"争点禁反言"和"诉因禁反言"则是作为上位概念的"既判力"的两个重要方面。"诉因禁反言"前面已作阐述，其作用是阻止当事人在后诉中再次提出在前诉中已被裁断了的请求，而"争点禁反言"的作用则是阻止当事人在后诉中驳斥在前诉中被明确提出、辩论且被最终裁断了的事实或法律问题。"争点禁反言"和"诉因禁反言"既适用于法院判决，亦

[①] 参见 [日] 高桥宏志《民事诉讼法——制度与理论的深层分析》，林剑锋译，法律出版社2003年版，第516—536页。

适用于仲裁裁决，这在英国枢密院（privy council）审理的 Aegis 案中得到了确认，本书第五章将专门探讨该案。

关于仲裁背景下"争点"的既判力问题，在英国，早在1836年就出现了一个颇为有趣的案例——Sybray v. White 案①。该案中，原告的一匹母马踩到了一口老矿井的盖子，掉下去摔死了。被告是一名矿工，他否认这个矿是属于他的财产。双方同意将关于这个矿的所有权的争议提交至当地的采矿业法庭，这个法庭被称作"barmote court"，由一个采矿业仲裁官与五个矿工组成。在提交争议之时，被告承诺，如果法庭裁断该矿是属于他的财产，他将赔偿原告失去母马所遭受的损失。后来，该法庭作出了一项认定该矿所有权属于被告的裁决。然而，被告拒绝承认此项对其不利之裁决，拒绝支付赔偿款。随后，原告向德比（Derby）的巡回法官提起了诉讼，在这项诉讼中，被告试图再次提出关于矿井归属权的争议，而巡回法官并未接受被告的主张。后来案件上诉至伦敦，伦敦的法庭认为，采矿业法庭所作出的裁决等同于一项仲裁裁决，并裁定，巡回法官允许将采矿业法庭作出的裁决作为证据呈给陪审团是正确之举。后来原告赢得了这场诉讼，其损失亦得到了赔偿。由此可见，采矿业法庭针对母马归属问题所作出的判断产生了争点禁反言的效力，因是之故，这一判断能够以证据的形式被后诉裁判者采纳。

在2012年，英国法院处理了一件涉及 Yukos Capital 与 Rosneft 之间仲裁的案件，"争点禁反言"是该案核心问题之一。2007年3月 Yukos Capital 向荷兰法院申请执行四项仲裁庭于2006年9月在俄罗斯作出的、涉案金额超过4亿美元的仲裁裁决（简称"俄罗斯仲裁裁决"）。2007年5月，俄罗斯仲裁法院作出撤销前述俄罗斯仲裁裁决的裁决（简称"俄罗斯撤裁裁决"）。2009年4月，荷兰阿姆斯特丹上诉法院基于俄罗斯法院在撤裁程序中"缺乏独立与公正"的原因拒绝承认俄罗斯撤裁裁决，准许执行俄罗斯仲裁裁决。随后在2010年里，Rosneft 履行了俄罗斯仲裁裁决中的本金给付义务。后来，Yukos Capital 继续向英国法院申请执行俄罗斯仲裁裁决，要求 Rosneft 履行超过1.6亿美元的利息

---

① [1836] 1 M & W 435.

给付义务。Rosneft继续以原仲裁裁决被俄罗斯法院撤销为由提出抗辩，而Yukos Capital则认为，由于荷兰法院已对俄罗斯法院撤裁行为作出了"缺乏独立与公正"的定性，Rosneft不可再援引俄罗斯法院的撤裁事由以阻止英国法院判决其履行利息给付义务。在一审执行程序中，英国法院认为，既然荷兰法院判决认定俄罗斯法院的撤裁决定"缺乏独立与公正"，该项认定由此产生了"争点禁反言"效力，Rosneft就不可再否认荷兰法院判决的此点认定。后来案件进入上诉阶段。上诉法院认为，对于荷兰法院的那项认定是否对英国法院产生"争点禁反言"效力，一审法院意见有误，因为荷兰法院考虑的是荷兰的公共秩序，而英国法院则应考虑英国的公共政策。上诉法院据此认为，荷兰法院认定俄罗斯法院撤裁裁定"缺乏独立与公正"，对英国法院不产生"争点禁反言"效力。

"争点禁反言"旨在阻止一方当事人在随后的程序中驳斥或意图推翻相同当事人（包括"密切关联人"）之间在前一程序中已提出并被最终裁断了的争点。这些争点包括事实问题和法律问题。争点有主次之分，所谓主要争点是指对案件的裁断具有关键作用的事实或法律问题。根据普通法司法实践，只有在判案中起重大作用的争点才能在裁决作出后获得既判力。[①] 因此，判断某一争点对案件审理是否具有关键意义是适用"争点禁反言"规则的核心。正如本书第二章第一节所指出的，若不分主次地赋予所有争点以既判力，则将导致无论是当事人还是法院在程序开展过程中过于谨慎地对待每一个争点，这不仅将极大地降低程

[①] 在Mills v. Cooper（[1967] 2 QB 49）案中，Diplock法官注意到，适用"争点禁反言"的这一前提要求在其他英联邦法域都存在，只是在措辞上稍有差别。例如，印度的一个判决（Amalgamated Coal Fields Ltd v. Janapada Sobha AIR 1964 SC 1013）将这一要求表述为"（与纠纷的解决）具有直接与实质性关系的问题"（matters directly and substantially in issue）。美国普通法对此亦有同样的要求。在美国，某一问题要获得"争点排除效"，其条件是，对该问题的裁断必须对整个判决具有关键意义（essential to the judgment），某些美国法院曾表示，只有具有终极（ultimate）价值的事实或法律问题才可被赋予"争点排除效"，在判决中具有必要意义的证据事实（evidential fact）都可能不会被赋予此种效力。根据美国法律学会（American Law Institute）关于判决的第二次重述（Restatement of the Law, Second: Judgments）的意见，某一问题能否产生"争点排除效"决定于该问题的重要性是否在事实上已被前诉中的当事人所认可，或者是否被前诉法庭认为对判决的作出具有必要性。

序效率,还将导致司法资源的浪费。①

此外,在后诉中适用"争点禁反言"并不必然要求后诉争议主题或标的(subject matter)与前诉完全一致。只要后诉中出现的争点在前诉中曾被裁断,"争点禁反言"就可能得到适用。由此,普通法系由司法实践发展出的"争点禁反言"规则具有极强的实用性和明显的功能主义取向,往往能克服众多实践困境,值得大陆法系国家借鉴。

三 既有救济

在仲裁中所谓既有救济是指,一方当事人申请仲裁以实现其权利请求,仲裁庭作出了支持其请求的裁决,并且该项裁决已得到执行,换言之,其已获得了法律上的救济,在这种条件下,其不得再次向仲裁庭或法院提出执行请求。

普遍认为,前一程序结束后,诉因即行消失,一旦裁决得到执行,履行裁决的义务方(不论是金钱给付义务还是其他类型的义务)即可援用该原则,以阻止对方当事人再次申请执行案涉裁决。相对于前面所探讨的两项原则,既有救济原则更强调裁决既判力所内含的执行上的正义,这项正义要求亦即所谓的"禁止双重满足"(double satisfaction)。

兹举例说明:M 与 N 之间产生了合同纠纷,根据两者已签订的仲裁协议,M 申请通过仲裁解决此项纠纷。仲裁庭 X 组成后,M 请求仲裁庭 X 支持其要求 N 赔偿违约金 100 万美元的请求。仲裁庭 X 审理案件后,作出了裁决 Y,该裁决支持申请人 M 所提出的请求。后来裁决 Y 得到了顺利执行,M 当初请求仲裁庭所支持的请求得到了满足。在这种情况下,根据既有救济原则,M 不能向仲裁庭 X 或者当地法院再次请求执行裁决 Y。

四 禁止程序滥用

普通法系向来以注重程序正义著称。禁止程序滥用是普通法系富有

---

① 参见林剑锋《民事判决既判力客观范围研究》,厦门大学出版社 2006 年版,第 61—63 页。

特色的一项既判力制度。一般来讲,"诉因禁反言"与"争点禁反言"针对的是已被裁判者所裁决了的请求或争点,但英国法院将这两项制度的适用范围延伸至当事人能够事实上却未在前诉中提出的请求或争点。① 换言之,在前一程序中,如果当事人基于非法或者其他恶意的目的,故意保留其应该而且能够在前诉中提出的请求或者争点,待裁判作出后再行提起一项新的诉讼,请求裁判者审理该项请求或争点,那么,裁判者将认定当事人的此种行为构成程序滥用,从而拒绝审理相关请求或争点。此即禁止程序滥用原则的内涵与作用。②

禁止程序滥用在英国被称为"Henderson v. Henderson 规则"③。这一规则源自 1843 年英国法院针对 Henderson v. Henderson 案所作出的判决,该判决已有一百多年历史,至今仍被英国法院频繁援用。在该案中,James Wigram VC 法官表示:"在审理该问题时,当我表示,当任何某一给定问题成为某一具有管辖权的法院的诉讼主题或裁判主题时,法院要求当事人交代所有案涉问题,且不允许(除非存在特殊情况)同一当事人重新提出作为前诉一部分内容可被提出而仅仅由于疏忽、不慎或者甚至是意外被忽略的问题,我相信我已正确道出了法院在这个问题上所应采取的规则。除非存在特殊情况,既判力抗辩不仅仅适用于当事人实际上要求法院表态并予以裁断的问题,而且适用于每一个合理地从属于诉讼主题且当事人当时若适当谨慎则可能已经提出的问题。"

Henderson v. Henderson 案及其所产生的规则对英国法院后来处理相关既判力问题产生了极大影响。虽然该案已过去 170 多年,但我们仍能

---

① See Denis Bensaude, The International Law Association's Recommendations on Res Judicata and Lis Pendens in International Commercial Arbitration, Journal of International Arbitration 24 (4), 2007, p. 419.

② Lord Keith 在 Arnold v. National Westminster Bank plc 案([1991] 2 AC 93)中表示,既判力原则具有防止滥用诉讼(或其他纠纷解决程序)的宗旨,因此,从广义的角度看,英国普通法关于既判力原则的四项抗辩都能被冠以"禁止程序滥用"之名。

③ See Henderson v. Henderson [1843] 3 Hare 100;在澳大利亚,禁止程序滥用原则被称为"Anshun estoppel";加拿大最高法院在近年的 Toronto (city) v. Canadian Union of Public Employees 一案中运用了该项原则。See Filip de Ly and Audley Sheppard, ILA Interim Report on Res Judicata and Arbitration, Arbitration International, Vol. 25, No. 1, 2009, p. 43.

找到不少援引该案判决意见的近年案件。① 根据 Lexis 法律数据库的调查显示，近年来，19 世纪英国任何一项判例的引用率都不及 Henderson v. Henderson 案。②

在英国上议院作出 Johnson v. Gore Wood & Co 案③ 判决后，Henderson v. Henderson 规则被归入禁止程序滥用原则的范畴，不再作为"诉因禁反言"或者"争点禁反言"的延伸。上议院的判决主要体现了 Bingham 勋爵的意见。该判决详细考察了以往英国法院关于程序滥用的判例，并且强调，以往司法实践都努力在实现正义、避免被告被重复诉讼侵扰与确保拥有恰当诉求的当事人能使其诉求获得审理与裁断之间找到平衡。判决强调，人们所了解的"Henderson v. Henderson 规则"实际上经历了一个演变的过程，禁止程序滥用原则与"诉因禁反言""争点禁反言"规则虽然相似，但并不等同。与此同时，判决不愿对构成程序滥用的条件设定具体规则。Bingham 勋爵认为，在判断当事人在后诉中提出相关请求或辩护是否构成程序滥用之时，法院不可定下硬性规则，否则禁止程序滥用原则的适用将显得教条化，但法院须对相关请求或辩护可在前诉中被提出（might have been put forward）与应在前诉中被提出（should have been put forward）作区分。④

由上可知，一方面，从目的上讲，禁止程序滥用原则旨在保护一方

---

① 近几年援引 Henderson v. Henderson 案的案件有 Sarwar -v- The Royal Bank of Scotland Plc (Rev 1), ChD, Cited, (Bailii, [2011] EWHC 2233 (Ch)); Gladman Commercial Properties -v- Fisher Hargreaves Proctor and Others, CA, Cited, (Bailii, [2013] EWCA Civ 1466); Joint Stock Company (Aeroflot-Russian Airlines) -v- Berezovsky and Another, CA, Cited, (Bailii, [2014] EWCA Civ 20); Virgin Atlantic Airways Ltd -v- Zodiac Seats UK Ltd, SC, Cited, (Bailii, [2013] UKSC 46, [2013] 3 WLR 299, [2014] 1 AC 160, [2013] WLR (D) 265, [2013] RPC 29, [2013] 4 All ER 715, Baili Summary, WLRD, UKSC 2010/0013, SC Summary, SC)，等等。

② See K. R. Handley, A Closer Look at Henderson v. Henderson, L. Q. R. 2002, 118 (Jul.), pp. 397-407.

③ [2000] UKHL 65.

④ Lord Bingham 法官的经典原话如下："The bringing of a claim or the raising of a defence in later proceedings may, without more, amount to abuse if the court is satisfied …. that the claim or defence should have been raised in the earlier proceedings if it was to be raised at all … It is, however, wrong to hold that because a matter could have been raised in earlier proceedings it should have been, so as to render the raising of it in later proceedings necessarily abusive. That is … too dogmatic an approach to what should … be a broad merits-based judgment which takes account of the public and private interests involved… [O]ne cannot formulate any hard and fast rule to determine whether, on given facts, abuse is to be found or not."

当事人免受另一方当事人程序不公行为的侵害；另一方面，至于当事人的行为是否构成程序滥用，相关法院判决并未亦不宜给出具体的判断标准，其成立与否完全取决于法官根据具体案情作出判断。由此，在适用禁止程序滥用原则上，裁判者拥有相当大的自由裁量权。[1]

第二节 大陆法系的视角

在大陆法系，既判力原则是一项重要的法律原则，绝大多数大陆法系国家都以立法的形式明确既判力原则。[2] 这些国家的法律一般都规定，判决一经作出即对双方产生约束力[3]，并可阻止任何一方当事人就同一争议再行起诉。总体而言，大陆法系与普通法系对既判力的宗旨、价值以及内涵等方面的理解高度一致，所不同的是，两大法律传统对既判力的类型、既判力的范围（特别是客观范围）以及既判力的适用标准等方面的理解，存在着较大差异。究其原因，大陆法传统注重立法的严谨性和逻辑性，实践中更偏向于追求法律在形式上的正义；普通法传统则更注重法律制度的实用性。不过，两大法系并非孤立存在，两者之间在既判力的制度实践上，亦相互借鉴与吸收，特别是大陆法系对普通法系既判力规则的借鉴与吸收。[4] 此外，值得注意的是，在大陆法系内部，不同国家的既判力制度在某些方面亦可能存在较大差异。

---

[1] 然而，美国法院的实践与英国有一定差异，对于当事人能够但事实上却没有在前一仲裁程序中提出的请求或者争议点，只有在极为有限的情形下才被赋予既判力。因此，在既判力问题上，美国并没有像英国确立一般性的禁止程序滥用原则。美国普通法认为，当事人可能有诸多原因导致其未在前一程序中提出某一个争议点，比如为了节约司法资源、保持一致性、防止对方当事人的侵扰，等等。See Henry Modell & Co Inc v. Reformed Protestant Dutch Church of City of New York, 68 NY. 2d 456 at 464（1986）.

[2] 如《法国民事诉讼法典》第480条、《比利时民事诉讼法典》第23条至第27条、《德国民事诉讼法典》第322条至第327条、《意大利民事诉讼法典》第324条，等等。

[3] 在判决生效前，如果可以上诉的话，当事人仍然可以就已经作出的判决提起上诉，并不影响已经作出判决的既判力。

[4] 例如，前面曾对普通法系的"争点禁反言"规则进行了详细阐述，大陆法系并不秉持此种方法，但为了解决既判力客观范围所出现的困境，大陆法系的某些学者受到普通法系"争点禁反言"规则的启示，开始构建新的既判力理论，并已对大陆法系的司法实践产生了具体影响。参见张卫平《民事诉讼法》，法律出版社2004年版，第123、124页。

一　若干一般问题

首先，基于裁判对象不同，大陆法系对法院裁判的类型作了详细的划分，包括关于管辖权问题的裁定、关于实体问题的判决、关于程序问题的决定以及关于临时措施的决定。但并非所有这些裁判类型都当然具备既判力。一般而言，关于管辖权问题与实体问题的裁判，都具有既判力。例如，《法国民事诉讼法典》第480条规定："主文中对本诉讼之全部或一部分作出裁判的判决，或者对程序抗辩、不受理或其他任何附带事件作出裁判的判决，一经宣告，即对所裁判事项具有既判力。"[①]此处，对程序抗辩所作出的裁判主要指针对管辖权问题所作出的裁决。而在案件审理过程中，法院作出的程序性决定旨在对当下案件进行程序管理，因而不具有既判力。[②] 这点可从《法国民事诉讼法典》第481条与第488条规定中获知。至于涉及临时措施的决定，虽其并不影响当事人涉案实体权利与义务，但也很可能具有既判力。此外，法院针对某些问题作出的部分裁决同样具有既判力。

其次，在既判力产生时间问题上，在法国，判决甫一作出便产生既判力；若一方当事人提起上诉或其他救济程序，相关裁判仍具有既判力，唯该裁决的承认与执行会被中止，直至上诉裁判的作出或其他救济程序的结果已出。[③] 然而，这一问题在德国、意大利与西班牙，似乎更复杂，因为这些国家还对既判力作形式与实质上的效力划分。所谓形式既判力是指，相关裁判由于不再具备获得进一步上诉的可能而具备的效力。一般而言，形式既判力在存在以下三种情形之一时便可产生：第一种情形乃是，法院宣判后，该判决不可被上诉；第二种情形乃是，判决存在上诉的可能，然而，当事人在上诉期限届满未提出上诉；第三种情形乃是，上诉判决已被作出，而该判决已无进一步被上诉之可能。而实质既判力即通常人们所称的既判力，它指向裁判的内容，具体而言，裁判对当事人的请求所作出的裁断，应得到后面处理关联之诉的法院的尊

---

① 《法国民事诉讼法典》官方版本，请参见 https://www.legifrance.gouv.fr/telecharger_pdf.do?cidTexte=LEGITEXT000006070716，2020年2月1日最后访问。

② See Filip de Ly and Audley Sheppard, ILA Interim Report on Res Judicata and Arbitration, Arbitration International, Vol. 25, No. 1, 2009, p. 50.

③ 参见《法国民事诉讼法典》第500、501条。

重。裁判只有在具备形式既判力后方可获得实质既判力,如果裁判尚未获得形式既判力,则其不可能获得实质既判力。对于裁判的实质既判力,不同于普通法系,除非存在立法规定的特定情形,大陆法系国家一般都将既判力的范围限于裁判主文。

最后,当事人提出的既判力抗辩通常被识别为程序性事项,因而由法院地法规范。换言之,适用于既判力抗辩问题的准据法应当是法院地法,而不是案件实体问题的准据法。[1] 在国际案件中,只有终局判决才能获得承认与执行的资格,而且外国判决的既判力一般取决于该判决能否得到法院地法（lex fori）的承认。如果该外国判决具有被获得承认的资格,在此前提下,该判决的既判力一般由判决作出地的程序法予以规范。然而,对于某些大陆法系国家,如丹麦、瑞典,在国际公约缺位的条件下,外国判决无法在其境内获得既判力。此外,对于既判力是否为公共政策上的问题,大陆法系内部存在较大分歧。法国、比利时和荷兰认为既判力应由当事人援引,法院不可主动适用既判力,这些国家认为既判力更多涉及当事人的个人利益,而与国家公共政策关系不大。然而,在德国和瑞士,情况恰好相反。这些国家认为,既判力涉及公共利益,为尊重司法权威、确保法律稳定与平息争议,即使当事人未提出既判力抗辩,法院仍可主动适用既判力原则。[2]

二 "三重因素一致"标准的严格适用

大陆法系在既判力的适用标准上要严于普通法系,这主要体现在前者对传统"三重因素一致"标准的严格遵从上。所谓"三重因素一致"标准乃指,只有前后两项程序在请求、诉因和当事人这三个方面都具有一致性的前提下,既判力原则才能适用。大陆法系不少国家一般都将"三重因素一致"标准明确写入其民事诉讼法典之中。

在当事人方面,大陆法系的立法表述可分为三种类型。[3] 第一种类

---

[1] See Filip de Ly and Audley Sheppard, ILA Interim Report on Res Judicata and Arbitration, Arbitration International, Vol. 25, No. 1, 2009, p. 50.

[2] Ibid., p. 51.

[3] See Pedro J. Martinez-Fraga, Harout Jack Samra, The Role of Precedent in Defining Res Judicata in Investor-State Arbitration, Northwestern Journal of International Law & Business, Vol. 32, Issue 3, p. 424.

型是仅表述"相同当事人"（the same parties）的立法，巴西立法即为典型。《巴西民事诉讼法典》第 301 条规定："当一个诉讼与另一个诉讼有着相同的当事人、相同的诉因以及相同的请求之时，这两个诉讼即为相同之诉。"[①] 这是一种对"当事人一致"严格适用的方式，它明确排除将裁判的既判力及于第三人。第二种类型是表述为"以完全一致或相同的能力行事的相同当事人"（the same parties in the same or identical capacities）的立法。此种立法表述以法国为典型。《法国民法典》第 1355 条规定："……诉讼应在相同的当事人之间进行，并且应当是同一原告针对同一被告以同一身份提起。"[②] 此种立法表述比第一种类型更严谨，因为在第一种类型之下，如何对"当事人"这一概念作解释尚有较大空间，而要求前后两诉不仅当事人一致且该当事人须以相同能力或身份行事，显然是对"当事人一致"的限制。比利时与荷兰的立法亦属此例。[③] 第三种类型是表述为"相同当事人及其继承者"的立法。德国立法是典型。《德国民事诉讼法典》第 325 条第 1 款乃与既判力主观范围相关的条款，其规定："确定判决的效力，利与不利，及于当事人、在诉讼系属发生后当事人的继承人，以及作为当事人或其承继人的间接占有人而占有系争物的人。"[④] 日本法律深受德国影响，其关于既判力主观范围的法律规则属于此种类型。《日本民事诉讼法》第 115 条第 1 款规定："一项具有终局约束力的判决针对下列人具有效力：1. 当事人；2. 当事人以原告或被告的身份而服务的其他人；3. 口头辩论终结后，继承前两项所列之人的权利的人；4. 代表前三项所列之人而占

---

① 《巴西民事诉讼法典》第 301 条所对应的英文为：An action is identical to another when they have the same parties, the same cause of action, and the same request.

② 《法国民法典》官方版本，请参见 https://www.legifrance.gouv.fr/telecharger_pdf.do?cidTexte=LEGITEXT000006070721, 2020 年 2 月 1 日最后访问。此处规定之原文为：Il faut que la chose demandée soit la même ; que la demande soit fondée sur la même cause ; que la demande soit entre les mêmes parties, et formée par elles et contre elles en la même qualité.

③ See Filip de Ly and Audley Sheppard, ILA Interim Report on Res Judicata and Arbitration, Arbitration International, Vol. 25, No. 1, 2009, p. 52.

④ 《德国民事诉讼法典》第 325 条第 1 款所对应的英文为：A judgment that has entered into force shall take effect for and against the parties to the dispute and the persons who have become successors in title of the parties after the matter has become pending, or who have obtained possession of the disputed object such that one of the parties or its successor in title has become constructive possessor.

有请求标的物的人。"① 再如,《智利民事诉讼法典》第 177 条规定:
"在新的诉请与前诉之结果在当事人（法律意义上）、诉讼请求以及诉因具备一致性的任何时候,已获取裁判书的前诉当事人以及所有那些通过法律在裁判中被纳入的人皆可援引既判力原则作为抗辩依据。"② 该条规定中的"通过法律在裁判中被纳入的人"典型包括当事人的继承人。显然,较之于前两种类型,第三种类型在"当事人一致"的适用标准上显得较为宽松。

在诉因方面,大陆法系的立法往往都明确诉因一致乃既判力的适用条件之一。所谓诉因一致,即要求作为请求的事实与法律基础在前后程序中必须相同。如果相同当事人在前一程序结束后,以另一诉因再次就前一程序处理过的争议提起新的程序,则新的程序不受前一程序裁判的既判力约束。③ 例如,根据前述《法国民法典》第 1355 条的规定,前一判决对后一关联之诉产生既判力的条件之一是,诉讼必须基于同一缘由。前述《巴西民事诉讼法典》第 301 条、《智利民事诉讼法典》第 177 条亦明确了既判力的适用条件之一乃是两关联之诉具有相同诉因。

在请求方面,倘使前一裁判对后一关联程序产生既判力,则前后关联之诉中的同一当事人基于相同诉因还须提出相同请求,即请求亦必须具有同一性。对此,前述所涉大陆法系国家的立法皆有明确,此处不再罗列。不过,值得注意的是,这些大陆法系国家的相关立法并未明确请求的类型,而这可能导致一些问题。比如,当人们采用形式主义的方法分析前后关联之诉中的请求是否具有同一性时,请求类型的不同会导致

---

① 《日本民事诉讼法》第 115 条第 1 款所对应的英文为：A final and binding judgment shall be effective against the following persons: 1. The parties; 2. Another person for whom a party has served as a plaintiff or defendant; 3. A person who has succeeded to any of the persons listed in the preceding two items after the conclusion of oral argument; 4. A person who possesses the subject matter of the claim on behalf of any of the persons listed in the preceding three items.

② 《智利民事诉讼法典》第 177 条所对应的英文为：The doctrine of res judicata may be invoked by the litigant who has obtained a judgment at trial and all those who, by law, are included in the decision whenever the new claim and the previous result share: 1. Legal identity of persons; 2. Identity of the thing asked; and 3. Identity of the cause of action.

③ 在出现诉因竞合的情形下,当事人须选择其中一项诉因作为其请求基础。请求满足之后,若该当事人再次基于另一诉因提出相同的请求,那么,前一关联裁判亦可对该项请求产生"一事不再理"的效力,这是因为在此种条件下,当事人的诉讼目的已经实现,案件的实体权利义务纠纷已经获得了实质上的解决。

人们将前后关联之诉中的请求认定为不具有一致性，而请求类型的不同并非必然意味着其中某一类型之请求无法在实质上满足提出请求的当事人的诉讼目的。① 另外，同样值得注意的是，由于大陆法系在立法上不存在与普通法系对应的"争点禁反言"规则②，故而，既判力在实践中主要体现为阻止当事人在新的诉讼中提出相同请求。由此，请求的一致在大陆法系是既判力适用的必要条件。此种方法，在当今国际仲裁领域，特别是大型投资仲裁中，存在诸多弊端。实践中，当事人可能基于各种诉讼战术考虑故意撕裂请求，在前后不同的关联仲裁中分别提出，以此规避前一裁决在关键争点上所产生的对其不利的裁判结论适用于后一仲裁中。如果采纳大陆法系对"请求一致"的严格适用标准，则后一仲裁庭显然须重新审理与本案相同的前案关键争点，因为在前后关联仲裁中，当事人提出了不同的请求，导致既判力原则无法适用。不过，新近国际投资仲裁实践表明③，仲裁庭趋于采纳普通法系更注重实质分析的方法，并接受了"争点禁反言"规则。在既判力的适用问题上，如果前后关联仲裁的关键争点相同，那么，在排除重复审理关键争点问题上，不对请求的一致作严格要求。

三　既判力客观范围的适度扩张

本书在论述既判力的客观范围时曾指出，在大陆法系，既判力在原则上仅及于裁判主文（dispositif）。《法国民法典》第1355条规定："既判力仅及于已为判决处理之事项……"④ 比利时法律对既判力客观范围采取同法国一样的立场。《巴西民事诉讼法典》第470条亦明确规定，除法律另有要求，裁判既判力不及于裁判理由、基础事实以

---

① See Pedro J. Martinez-Fraga, Harout Jack Samra, The Role of Precedent in Defining Res Judicata in Investor-State Arbitration, Northwestern Journal of International Law & Business, Vol. 32, Issue 3, p. 427.

② 大陆法系的立法往往明确规定，判决的既判力仅及于判决主文。而判决主文乃针对诉讼请求而作出裁断的简短部分，故此，大陆法系在立法上实际上仅认可针对请求的既判力，即对应了普通法系的"请求禁反言"。

③ See Apotex Holdings Inc. and Apotex Inc. v. USA, ICSID Case No. ARB (AF) /12/1. 请参见本书第五章第二节对该案的详细论述。

④ 此处规定之原文为：L'autorité de la chose jugée n'a lieu qu'à l'égard de ce qui a fait l'objet du jugement.

及争点。

上文还提及德国法律对既判力客观范围的态度。实际上,德国的态度非常保守,其在既判力客观范围扩张问题上比较谨慎,原则上只承认裁判主文的既判力,裁判推理和案件事实仅起帮助确定裁决既判力客观范围的作用,其本身并不当然具有既判力。[1] 德国立法者在起草《德国民事诉讼法典》时曾有意缩小判决既判力客观范围。根据德国联邦法院的意见,德国立法者实际上将判决既判力限制在法院作出的产生法律后果的裁断部分(裁断部分即法庭通过将合理的法律规则适用于当事人所提交的事实而产生的结果)。[2]

不过,并非所有大陆法系国家都严格限定既判力的客观范围,西班牙即为一例。西班牙2000年对其民事诉讼法进行了改革,其中,既判力的范围在此次改革中获得了拓展。根据修订后的《西班牙民事诉讼法》第400条[3],既判力的范围并非仅限于裁判主文,而是可以拓展至当事人在前诉中本可以提起而故意未提起的相关事实与法律依据。事实上,此举在于防止当事人滥用诉讼程序,其与普通法系中的"禁止程序

---

[1] See Filip de Ly and Audley Sheppard, ILA Interim Report on Res Judicata and Arbitration, Arbitration International, Vol. 25, No. 1, 2009, p. 51.

[2] 曾有德国学者举例对此点作了生动的说明:设想原告向法院提起诉讼,声称其为被告所占有的首饰的主人,而被告乃非法占有,因而要求被告向其归还首饰。法庭作出了支持原告请求的判决,要求被告归还首饰。后来,原告再次针对被告提起另一项诉讼,要求后者赔偿其对该首饰所造成的损害及其相应利息。在此情形下,处理后诉的法庭是否应受前诉判决既判力的约束而不可作出原告非该首饰主人的认定呢? 答案为否定。根据德国法律原则,前诉法庭对该首饰的所有权的认定不能被判决的既判力所遮盖,虽然它构成判决结果的前提,但不暗含既判力。因此,后诉法庭可以重新考察该首饰的所有权归属,而且可对该问题作出不同于前诉法庭的认定。欲使前诉法庭对首饰所有权归属的认定对后诉法庭产生既判力,前提是,原告须明确请求法庭对首饰所有权归属问题进行裁断。由此,德国法上存在一种独立的诉讼类型,即确认之诉(Feststellungklage)。本案原告可对该首饰的所有权问题提起一项确认之诉,该确认之诉的结果能够对后诉法庭对该首饰所有权归属问题的认定产生既判力。

[3] 2000年修订后的《西班牙民事诉讼法》第400条所对应的英文为:1. When what is requested in the claim may be based on several facts or on different legal grounds or entitlements, the claim must include all those which are known or may be invoked when the claim is lodged, and it is not admissible to reserve an allegation for subsequent proceedings. The burden of the allegation referred to in the preceding paragraph shall be understood notwithstanding any additional allegations or new facts or news permitted under this Act at times subsequent to the claim and the defence. 2. In accordance with the provisions in the preceding paragraph, for the purposes of lis pendens and res judicata, the legal facts and the grounds put forward in a lawsuit shall be considered to be the same as those alleged in previous proceedings, if this was possible.

滥用"原则相近，故而某些学者甚至认为，西班牙的民事诉讼法改革使其既判力制度比德国等国更优越。①

司法实践中，在某些欧洲大陆国家，当法官面临前诉裁判的既判力问题时，其不仅会考虑裁判主文，还会考虑裁判主文背后必要的理由（motif）。该理由实际上就是形成裁判结果的一系列成因。在瑞士，联邦最高法院曾指出："既判力仅与裁判主文有关，并不涵盖裁判理由。但是，为确定裁判主文的意义和范围，有必要考察裁判理由。"② 意大利对待既判力客观范围的态度比较独特。作为一项法律原则，既判力局限在裁判主文。意大利的案例却承认既判力可能涵盖整个裁判理由，几乎在所有案件中，能构成裁判结果的具有逻辑性而且必要的事实基础都具有既判力。③ 在荷兰，即使裁判主文并未重述其背后的理由，但如果这些未在裁判主文中列明的理由正是促成在特定问题上形成最终决定的因素，则其也会被认为具有既判力。④ 由此，在处理既判力客观范围问题上，荷兰更注重在裁决中真正起实际作用的因素。从这方面讲，荷兰的态度比较接近普通法系。

四 既判力在仲裁中的适用

在大陆法系，不少国家同时也以立法的方式对仲裁裁决既判力作了明确规定。⑤

《法国民事诉讼法典》第 1484 条规定："仲裁裁决，自其被作出之时起，就其所已裁断之纠纷而言，即拥有既判力。"根据该法典第 1506

---

① 关于此一观点，请参见法国里昂三大比较法研究所对既判力范围的比较研究报告，该报告被法国最高法院的官方网站收录。Rapport comparatif Autorité de chose jugée，L'étendue de l'autorité de chose jugée en droit comparé，Etude réalisée par l'Institut de Droit comparé Edouard Lambert de l'Université Jean Moulin – Lyon 3，https：//www.courdecassation.fr/IMG/File/Plen-06-07-07-0410672-rapport-definitif-anonymise-annexe-2.pdf. 2020 年 2 月 4 日最后访问。
② 转引自：Filip de Ly and Audley Sheppard，ILA Interim Report on Res Judicata and Arbitration，Arbitration International，Vol. 25，No. 1，2009，p. 52.
③ See Filip de Ly and Audley Sheppard，ILA Interim Report on Res Judicata and Arbitration，Arbitration International，Vol. 25，No. 1，2009，p. 52.
④ Ibid.，p. 51.
⑤ 以下关于欧洲大陆法系国家关于仲裁裁决既判力的立法，都援引自《国际法协会关于既判力与仲裁的中期报告》。具体内容，请参见 Filip de Ly and Audley Sheppard，ILA Interim Report on Res Judicata and Arbitration，Arbitration International，Vol. 25，No. 1，2009，p. 51.

条，前述规定同样适用于在法国之外作出的裁决或国际仲裁裁决。不少中东国家，如埃及，都遵循法国对仲裁裁决既判力的态度。

《比利时司法法典》第1703条规定，仲裁裁决具有既判力，但须满足以下三个条件：裁决的作出已被告知当事人；裁决不违背公共政策；争议本身具有可仲裁性。

《荷兰民事诉讼法典》第1059条规定，只有终局裁决（不论是最终裁决还是部分裁决），才可获得既判力，且自裁决作出之日起即获得此种效力。裁决获得既判力并不以当事人将裁决提交地区法院存档为前提。荷兰法律认为，对于《纽约公约》第5条第1款第5项下的执行程序，仲裁地所在法域有必要通过立法的方式明确仲裁裁决的既判力，以使得潜在执行地法院能清晰地根据仲裁地准据法确定涉案裁决是否已具备既判力。

《德国民事诉讼法典》第1055条规定，仲裁裁决在相同当事人之间具有如同法院判决一般的终局约束力。对此，《瑞士联邦国际私法法典》第190条，《意大利民事诉讼法典》第823条第6款亦有相同规定。瑞士案例法同时还认为，既判力同样适用于关于管辖权的裁决以及关于实体问题的部分裁决，但如果裁决仅仅处理前置性实体问题，则无法构成既判力；如果在后续程序中，仲裁庭作出一项在内容上与前续程序所产生的裁决不一致的裁决，则其可能被认定为违反了程序性公共政策（procedural public policy），从而导致后续程序所产生的裁决被撤销。

《意大利民事诉讼法典》第829条规定，如果某仲裁裁决与相同当事人之间的前一法院判决相冲突，而且关于此种冲突之异议已在仲裁程序中被当事人提出却未被仲裁庭考虑，则该仲裁裁决可被撤销。一般而言，如果某外国仲裁裁决可根据《纽约公约》在意大利获得承认，则意大利法院与仲裁庭必须承认该外国仲裁裁决的既判力。

《西班牙仲裁法》第43条规定，终局裁决具有既判力，仅可根据《民事诉讼法》涉及终局裁判的程序予以修改。

在北欧的瑞典和丹麦，关于既判力的相似原则同样适用于仲裁裁决。在2003年的Czech Republic v. CME Czech Republic BV案中，瑞典上诉法院认为，既判力适用的最根本要求之一是，关联两案中所涉当事人必须一致；而且，既判力不构成公共政策，当事人可以自愿放弃既判力抗辩。不过，在这些国家，其法律是否比其他大陆法系国家更倾向于接受普通法系中的"争点禁反言"规则，尚难确定。

我国是成文法国家，拥有与大陆法系相似的法律传统。1994 年颁布的《仲裁法》并未提及"既判力"一词，但实际上肯定了仲裁裁决的既判力。《仲裁法》第 9 条规定："仲裁实行一裁终局的制度。裁决作出后，当事人就同一纠纷再申请仲裁或者向人民法院起诉的，仲裁委员会或者人民法院不予受理。"此外，《仲裁法》第 57 条规定："裁决书自作出之日起发生法律效力。"

第三节　相关国际仲裁法律及规则下的既判力

一　《纽约公约》与《华盛顿公约》

《纽约公约》第 3 条规定："各缔约国应承认仲裁裁决具有拘束力，并依援引裁决地之程序规则及下列各条所载条件执行之。承认或执行适用本公约之仲裁裁决时，不得较承认或执行内国仲裁裁决附加过苛之条件或征收过多之费用。"该条实际上肯定了国际商事仲裁裁决的既判力。它不但从正面上肯定了外国仲裁裁决的终局效力，而且还要求缔约国承担支持外国仲裁裁决承认或执行的义务，这突出体现在不得规定比承认或执行本国仲裁裁决更加繁杂的条件或更高的费用上。然而，当请求执行地法院遇到两个或两个以上针对同一争议的外国裁判（其中包含一项外国仲裁裁决）时，《纽约公约》并未明确请求执行地法院应当如何处理。[①]

另外，作为请求执行法院拒绝承认与执行外国仲裁裁决的理由之一，《纽约公约》第 5 条第 1 款 e 项规定："裁决唯有于受裁决援用之一造向声请承认及执行地之主管机关提具证据证明有下列情形之一时，始得依该造之请求，拒予承认及执行：……（e）裁决对各造尚无拘束力，或业经裁决地所在国或裁决所依据法律之国家之主管机关撤销或停

---

① See Filip de Ly and Audley Sheppard, ILA Interim Report on Res Judicata and Arbitration, Arbitration International, Vol. 25, No. 1, 2009, p. 61.

止执行者。"本书前面章节多处述及此项规定的解释与适用，特别是在既判力的地域范围方面，此项规定存在一定的模糊性。具体而言，裁决被仲裁地法院撤销是否必然使请求执行地法院承担拒绝承认与执行的义务，学界仍存在较大分歧。对此，本书第二章已作详细分析，此处不再赘述。

《华盛顿公约》（全称《解决国家与他国国民间投资争端公约》，亦称《ICSID 公约》）是专门针对投资仲裁作制度性安排的全球性公约。在各种投资仲裁机制中，该公约项下的 ICSID 投资仲裁最具影响力。[①] 对于仲裁裁决的既判力，《华盛顿公约》在其第 6 节的相关条款中作了相关规定。[②]

《华盛顿公约》第 53 条第 1 款规定："裁决对双方具有约束力。不得进行任何上诉或采取除本公约规定外的任何其他补救办法。除依照本公约有关规定予以停止执行的情况外，每一方应遵守和履行裁决的规定。"该款规定既从名义上确认裁决的既判力，又对保障裁决的既判力作了具体制度上的设计。它主要处理了三个问题[③]：第一，该款规定确定了 ICSID 仲裁裁决的终局性，即一旦裁决被作出，当事人不能在其他法律机制下针对同样的问题寻求救济[④]；第二，该条款排除了对 ICSID 仲裁裁决作外部审查（external review）的可能，这是由于该公约的第

[①] 某些地域性国际公约中的专门章节会对投资仲裁作规定，如 NAFTA（北美自由贸易协定）、CAFTA（中美洲自由贸易协定），等等。根据投资仲裁的案件管理机构是否为 ICSID，业界通常可将投资仲裁划分为 ICSID 投资仲裁与非 ICSID 投资仲裁，后者包括 PCA（常设仲裁院）管理的一般依据 UNCITRAL《仲裁规则》开展的投资仲裁和诸如 ICC、SCC、LCIA 等传统的国际商事仲裁机构受理的投资仲裁。参见 Karl-Heinz Böckstiegel, Commercial Arbitration and Investment Arbitration: How Different are they Today? Arbitration International, 2012, Vol. 28, Issue 4; Piero Bernardini, ICSID versus non-ICSID Investment Treaty Arbitration, in Liber Amicorum Bernardo Cremades 159 (M. A. Fernandez-Ballesteros and D. Arias eds., La Ley, 2010)。

[②] 《华盛顿公约》第 6 节包含 3 个具体条款，分别对裁决的约束力、裁决的承认与执行以及执行豁免问题作了规定。

[③] See Christoph Schreuer et al, The ICSID Convention: A Commentary, Cambridge University Press, 2009, 2nd edition, p. 1097.

[④] 此即意味着，ICSID 仲裁程序中的一方当事人若裁决结果表示不满，针对相同请求，其不能转向其他法律机制寻求救济，裁决一旦被作出且公约项下的裁决审查程序被穷尽，案件则产生既判力。此时，"一事不再理"原则可排除任何国家性或国际性司法途径的介入。由此，ICSID 仲裁裁决可以作为一项抗辩依据被当事人援引，以阻止另一方当事人针对同一问题在其他法律机制下提出诉讼。具体阐述，请参见 Christoph Schreuer et al, The ICSID Convention: A Commentary, Cambridge University Press, 2009, 2nd edition, pp. 1105-1106。

49 条第 2 款、第 50 条、第 51 条和第 52 条对 ICSID 仲裁裁决内部审查机制作了专门规定，而这一审查机制具有穷尽性（exhaustive）与自足性（self-contained），这使 ICSID 仲裁裁决审查机制与《纽约公约》项下的仲裁裁决审查机制之间存在实质差异①；第三，该条规定确认了 ICSID 仲裁裁决的约束力，一方当事人若不遵守并履行裁决（non-compliance），则构成对遵守裁决法律义务的违反，由于遵守并履行裁决的一方当事人都是国家，这种不遵守裁决的行为将使国家面临承担国际公法上的法律责任的后果。

《华盛顿公约》第 54 条第 1 款规定："每一缔约国应承认依照本公约作出的裁决具有约束力，并在其领土内履行该裁决所加的财政义务，正如该裁决是该国法院的最后判决一样。具有联邦宪法的缔约国可以在联邦法院或通过该法院执行裁决，并可规定联邦法院应把该裁决视为组成联邦的某一邦的法院作出的最后判决。"该处规定被视为《华盛顿公约》最重要的规定之一，其通过为 ICSID 仲裁裁决的执行提供最大方便，使裁决的既判力获得了最大限度的保障。这主要体现在，承认与履行裁决的义务主体并不限于参与仲裁程序的投资东道国以及投资来源地国，它还包括未参与程序、与案件没有任何关系的缔约第三国。在《华盛顿公约》起草之时，这是被讨论的重点问题之一。当时，各个起草版本都包含"每一缔约国"承认与履行义务之规定，Aron Broches（被誉为"《华盛顿公约》之父"）一直坚守这一点。但有些国家对此提出了反对意见。后来出现的折中建议是，与案件无关的缔约第三国可将 ICSID 仲裁裁决视为一项外国仲裁裁决，而非公约所说的"正如该裁决是该国法院的最后判决"，或者允许缔约第三国基于其本国的公共政策拒绝承认与执行 ICSID 仲裁裁决。但这些建议在最后的投票过程中都被否决，要求 ICSID 仲裁裁决在所有缔约国都具有可执行性这一点被保留

---

① 基于此点，业界人士将 ICSID 仲裁裁决视为"非内国裁决"，即裁决不受仲裁地法院的控制。然而，亦有业界人士对 ICSID 仲裁裁决的内部审查机制提出了批评，他们认为这种内部审查机制对 ICSID 仲裁裁决的终局性构成了直接挑战。关于此一问题的具体分析，可参见本书第四章第三节之 "ICSID 临时庭对仲裁裁决审查的问题"。

下。①《世界银行执行理事关于ICSID公约的报告》② 确认了这一点。③

二 UNCITRAL《示范法》

UNCITRAL《示范法》(1985年版)第35条第1款规定:"仲裁裁决不论在何国境内作出,均应被承认具有约束力,而且经向主管法院提出书面申请,即应予以执行,但须服从本条和第36条的规定。"④ 2006年《示范法》修订版对此款规定未作改动,依然照旧。

第一,该款规定与《纽约公约》第3条之规定极为相似,《示范法》起草者显然意识到了后者的相关规定。不过,根据《示范法》的《筹备工作记录》(travaux préparatoires),《示范法》起草者希望对承认与执行这两者作出比《纽约公约》更大的区分。《筹备工作记录》表示:"立法工作组针对以下这点达成了一致意见,即应当清晰地对执行与单纯的承认两者作区分。虽然仲裁裁决只有经申请才可获得执行,但承认却代表一种抽象的法律效力,此种效力可自动获取,并不必然以当事人申请为前提。"事实上,这里所说的"抽象的法律效力"指的应该就是裁决的既判力。正如P. Binder所指出的,对承认与执行两者作区分对于裁决的既判力有着重要的意义,因为后者意味着一项纠纷已被永久解决,其他法院或仲裁庭不可再次受理此项纠纷。⑤

第二,在既判力的地域范围上,相对于《纽约公约》,《示范法》采取了更为自由的态度。"不论在何国境内作出"意味着请求执行地国不可因裁决国籍而决定是否承认裁决的效力,换言之,《示范法》没有《纽约公约》所规定的"互惠"机制,因为后者允许公约成员国作出互

---

① See Christoph Schreuer et al., The ICSID Convention: A Commentary, Cambridge University Press, 2009, 2nd edition, pp. 1123–1124.

② See Report of the Executive Directors of the International Bank for Reconstruction and Development on the Convention on the Settlement of Investment Disputes between States and Nationals of Other States.

③ 该报告第42段表示:第54条要求每一缔约国承认裁决具有约束力,并将履行该裁决所加的财政义务,正如其为该国法院的一项最终判决一样。

④ 参见宋连斌、林一飞译编《国际商事仲裁资料精选》,知识产权出版社2004年版,第586页。

⑤ See Peter Binder, International Commercial Arbitration and Conciliation in UNCITRAL Model Law Jurisdictions, Sweet & Maxwell, 3rd edition, 2010, p. 407.

惠保留，只承认与执行来自公约成员国的仲裁裁决。在借鉴或采纳《示范法》的国家中，有的国家，如埃及、伊朗，在其仲裁立法中将"不论在何国境内作出"这句话删去，而有的国家，如立陶宛、突尼斯，则明确，适用该条时应附上"互惠"这一条件。即便如此，《示范法》起草者们认为，虽然为该法设计一套互惠机制并非不可能，但作为一部示范性法律，该法不应该推崇地域性连接因素的适用。[①]

第三，考察《示范法》立法史，仲裁裁决既判力的主观范围问题曾引起诸多争议，有专家建议明确规定仲裁裁决只对仲裁双方当事人产生约束力，但后来的争论结果是，暂时没必要将裁决的对人效力仅限制在当事人双方。还有一点值得注意，即《示范法》并未明确规定，在仲裁裁决与法院地先前作出的已产生既判力的裁判不一致时，是否应撤销或拒绝执行该仲裁裁决。[②]

对于裁决的承认与执行，《示范法》亦作了规定，但其内容与《纽约公约》第5条几乎完全一致。[③]《示范法》第36条第1款规定："仲裁裁决不论在何国境内作出，仅在下列任何情形下才可拒绝予以承认或执行：（a）援用的裁决所针对的当事人提出如此请求，并向被请求承认或执行的管辖法院提出证据，证明有下列任何情况：……（v）裁决对当事人尚无约束力，或者已经由裁决地所在国或裁决依据的法律的所属国的法院所撤销或中止执行……"与《纽约公约》相对应的条款作比较，需注意以下两点：第一，虽然学界对《纽约公约》中的"可拒绝予以承认或执行"之"可"（may）字的理解存在较大分歧[④]，但《示范法》仍然保留了这一充满争议的用词。在另一个关于用词的细节

---

① See Peter Binder, International Commercial Arbitration and Conciliation in UNCITRAL Model Law Jurisdictions, Sweet & Maxwell, 3rd edition, 2010, pp. 408-409.

② See Filip de Ly and Audley Sheppard, ILA Interim Report on Res Judicata and Arbitration, Arbitration International, Vol. 25, No. 1, 2009, p. 61.

③ 《示范法》的立法史显示，对于《示范法》应否纳入关于裁决的承认与执行条款，人们意见相当不一。质疑的意见主要有以下两点：一方面，对于业已加入《纽约公约》的成员国，《示范法》的此条规定乃是重复、不必要；另一方面，对于尚未批准或加入《纽约公约》的国家，它们很可能不情愿采纳《示范法》对于裁决的承认与执行如此宽松与自由的态度。See Peter Binder, International Commercial Arbitration and Conciliation in UNCITRAL Model Law Jurisdictions, Sweet & Maxwell, 3rd edition, 2010, p. 406.

④ 部分学者将其解释为执行法院对此拥有自由裁量的空间，而另一些学者将其解释为一种义务，对此本书第二部分探讨既判力的地域范围时曾详细交代。

之处，《示范法》使用了与《纽约公约》不同的表达。在《纽约公约》第 5 条下，无论是仲裁地撤销或中止执行裁决的机构，还是执行地请求承认与执行外国仲裁裁决的机构，《纽约公约》都称之为"主管机关"（competent authority）。实际上，authority 是一个抽象的用词，它能泛指一切对此有管辖权的机构；而《示范法》使用的则是"法院"（court）一词，由此将相关机构限制在行使司法权的国家公权力机关，这有益于规范各国关于裁决承认与执行的实践。第二，《示范法》这一条款的适用具有"对世性"，虽然采纳《示范法》的相关国家可以对此作保留或变通，但正如前面所指出的，"不论在何国境内作出"意味着该条款将自动适用于在任何地域作出的裁决，这无疑有利于国际仲裁程序的自由开展与国际仲裁裁决的自由流通。不过，随着《纽约公约》成员国越来越多，目前其已覆盖全球所有重要的国家，《示范法》的此种安排越来越失去其相关性。

三 UNCITRAL《仲裁规则》及若干机构仲裁规则

联合国贸易法委员会于 1976 年发布的 UNCITRAL《仲裁规则》因其广泛适用于临时仲裁（ad hoc arbitration）而常被称为临时仲裁规则。该仲裁规则在 2010 年经历首次修订。虽然该仲裁规则并非某一商事仲裁机构发布的规则，但其对全球各仲裁机构发布的规则及其修订产生了重要影响，常设仲裁院（PCA）的仲裁案件基本都是采纳根据案件具体情况稍作变通的 UNCITRAL《仲裁规则》，著名的美伊赔偿案仲裁庭（Iran-US Claims Tribunal）亦是如此。由于该规则与 UNCITRAL《示范法》在内容上具有"联姻性"，而《示范法》被不少国家或地区的立法广泛采纳或借鉴，故 UNCITRAL《仲裁规则》对仲裁裁决既判力的规定或态度具有代表意义。UNCITRAL《仲裁规则》第 32 条第 2 款规定："裁决应当以书面形式作出，并且应当是终局的和对当事人双方具有约束力的。双方必须无拖延地履行裁决。"[①] 相对于下面将要分析的仲裁

---

① 注意 1976 年版 UNCITRAL《仲裁规则》的表述是，"……双方承担立即履行裁决的义务。"将"双方必须无拖延地履行裁决"（The parties shall carry out all awards without delay）与"双方承担无拖延地履行裁决的义务"（The parties undertake to carry out the award without delay）进行比较，我们很容易发现，两者之间存在语气上的差别。

机构所发布的机构仲裁规则，UNCITRAL《仲裁规则》的该款规定显得较为简单。一方面，该款规定明确了仲裁裁决的终局性与当事人由此应承担主动履行裁决的义务，这与其他仲裁规则并无差异。另一方面，该款并未像 LCIA、ICC 等仲裁规则继续明确，当事人选择该仲裁规则仲裁便表明放弃向相关法院申请上诉、审查或追诉的权利。这大概是因为该仲裁规则只是示范性规则且主要运用于临时仲裁的缘故。临时仲裁缺乏对案件进行管理的外部机构，往往需要法院在必要时予以介入，以确保程序顺利推进。因此，UNCITRAL《仲裁规则》不宜规定当事人选择该仲裁规则便默认放弃诉诸法院的权利。不过，在选择 UNCITRAL《仲裁规则》时，当事人若需要排除针对裁决的追诉权，其可以在仲裁协议中予以明确。

大多数国际知名仲裁机构的仲裁规则都对仲裁裁决的效力作了规定，以下仅列举并分析 LCIA、ICC、ICDR/AAA 等典型的国际仲裁机构所发布的仲裁规则。

LCIA《仲裁规则》（1998 年版）第 26 条第 9 款规定："所有裁决均为终局裁决并对当事人具有拘束力。当事人同意按照本规则仲裁，即承诺无拖延地履行裁决（仅受制于第 27 条）；且在当事人可以有效放弃其权利的范围内，当事人不可撤回地放弃了向任何国家法院或其他司法机构提出任何形式的上诉、审查或追诉的权利。"[1] 理解此款规定需注意两个问题。首先，该款规定所有裁决均为"终局"（final）并对当事人有拘束力（binding），后面这一点容易理解，但对于"终局"这一点，则需要作一番考察。本书第二部分曾述及 1927 年《日内瓦公约》与 1958 年《纽约公约》涉及裁决既判力的措辞存在较大差异，前者要求裁决乃为"终局"（final），即意味着，裁决在仲裁地不可被上诉或存在上诉之可能，而此处 LCIA《仲裁规则》中的"终局"应作异于 1927 年《日内瓦公约》中的"终局"之理解。LCIA《仲裁规则》中的"终局"意味着，裁决已解决其所要解决的相关争议，即便仲裁中还存在其他争议（换言之，即使该裁决仅为一项"中间裁决"），此项裁决亦可被执行。因此，"终局"二字是相对于裁决所解决的问题，而不是相对

---

[1] 2014 年版的 LCIA《仲裁规则》进一步明确裁决理由也具有终局约束力。参见 LCIA《仲裁规则》（2014 年版）第 26 条第 8 款。

于裁决是否仍会面临外部挑战。其次，对于来自外部的挑战，根据该款后面的规定，当事人应当自主、迅速地履行裁决，且在有效的范围内，当事人放弃任何形式的上诉（appeal）、审查（review）或追诉（recourse）的权利。此种弃权规定被 1985 年版 LCIA《仲裁规则》引入，其主要基于英国法院相关判决对当事人放弃对仲裁裁决关于实体问题上诉权利的有效性的肯定。至于此种弃权能在多大程度上能获得承认，则因法域的不同而不同，应当根据相关法域的准据法来确定。不过对于存在针对裁决进行上诉、审查或追诉之可能的法域，LCIA《仲裁规则》（1998 年版）第 26 条第 9 款的宗旨应被理解为，阻止当事人通过前述方式对仲裁庭关于事实或法律问题的结论（findings of fact or law）提出异议。例如，英国 1996 年《仲裁法》第 69 条规定，法律问题具有可上诉性，但该处规定并不具有强制性。作为一种弃权表达，当事人可合意排除适用该处规定。然而，此种弃权并不具有绝对性，除了比利时、瑞士外①，其他大多数国家的法律，包括英国法律②，并未给当事人提供放弃所有裁决异议权的选项；在涉及正当程序、仲裁管辖权以及公共政策等问题上，更是如此。而且，此种弃权须以明示的方式作出。当事人通过选择相关仲裁规则，从而作出间接弃权的表示，也不被视为明示弃权。正因为如此，即便是在比利时、瑞士，LCIA《仲裁规则》（1998 年版）第 26 条第 9 款也不可解释为当事人放弃所有裁决异议权，即并非彻底的弃权（complete waiver）。

作为具有全球影响力的仲裁机构，ICC《仲裁规则》（2012 年版）第 34 条第 6 款（对应于 1998 年版第 28 条第 6 款）规定："凡裁决书对当事人均有约束力。通过将争议提经本仲裁规则仲裁，各方当事人负有毫无迟延地履行裁决的义务，并且在法律许可的范围内放弃了任何形式的追诉权，但以该放弃为有效作出为条件。"③ 从内容上看，ICC《仲裁规则》此款规定与前述 LCIA《仲裁规则》相关规定基本一致。在实践

---

① 参见《瑞士联邦国际私法》第 192 条、《比利时司法法典》第 1717 条第 4 项。从这些规定，可以得知，即使在比利时与瑞士，承认当事人针对裁决完全放弃上诉权也是有条件的，那就是当事人不能是两国的居民。
② 参见英国 1996 年《仲裁法》第 67、68 节。
③ 2017 年修订的 ICC《仲裁规则》对此未作改动。参见 ICC《仲裁规则》（2017 年版）第 35 条第 6 款。

中，对此款规定的讨论主要聚焦于如何对当事人弃权作出解释。此种弃权规定的内涵，前面讨论 LCIA《仲裁规则》的相关规定时已作解析，故下面仅探讨相关法院在具体案件中是如何理解 ICC《仲裁规则》此处弃权规定的。

在 Société Thalès Air Defence v. GIE Euromissile et Eads 案中，法国巴黎上诉法院认为，不管 ICC《仲裁规则》（1998 年版）第 28 条第 6 款给裁决赋予了何种法律效力，其无法让裁决拥有自动获得执行的地位，即该款规定既不能剥夺当事人申请撤销该项裁决的可能性，因为这是一个公共政策问题，又不能剥夺当事人援引《法国民事诉讼法》的一般准据规则以阻止裁决获得暂时执行的可能性，后者即是本案所遇到的问题。法国最高法院在 République du Congo v. SA Total E&P 案中确认了巴黎上诉法院的这一意见。法国最高法院认为，ICC《仲裁规则》（1998 年版）第 28 条第 6 款不可被理解为当事人放弃撤裁之诉（recours en annulation）所具有的中止裁决执行的效力。在法国法中，除非当事人明确同意放弃撤裁之诉的裁决执行中止效力，或者仲裁庭根据《法国民事诉讼法》第 514 条允许裁决中止执行，否则，根据《法国民事诉讼法》第 1506 条的规定，撤裁之诉可发生中止裁决执行的效力。

另一个值得探讨的相关问题是，在国家（或国家机构）作为一方当事人的商事仲裁案件中，仲裁裁决的既判力是否会因此面临困境？类似 ICC《仲裁规则》（1998 年版）第 28 条第 6 款、LCIA《仲裁规则》（1998 年版）第 26 条第 9 款的规定，是否可将其解释为作为国家的一方当事人放弃了管辖豁免与执行豁免的抗辩权？对于该问题，法国最高法院在 Creighton Ltd v. Qatar 案中表示：当国家为仲裁的一方当事人时，国家放弃豁免的意思可从该国签订仲裁协议这一事实推断出。[①] 由此，即使仲裁一方当事人为国家，该仲裁裁决的既判力不受仲裁当事人性质的影响，裁决依然可被执行，作为国家的一方当事人不可以基于其为主权国家这一事实而逃避立即执行裁决的义务。英国上诉法院在 Svenska Petroleum Exploration AB v. Lithuanian, Ab Geonafta 案中也表达了类似意见。

---

① See Annacker and Greig, State Immunity and Arbitration, (2004) ICC ICArb Bull Vol. 15 No. 2, p. 70.

再来看美国仲裁协会国际争议解决中心（ICDR/AAA）仲裁规则中的相关规定。ICDR/AAA《仲裁规则》（2014年版）第30条第1款规定："仲裁裁决应由仲裁庭及时通过书面形式作出，并且对当事人具有终局约束力……当事人承担无拖延地履行该裁决的义务。"很明显，ICDR/AAA《仲裁规则》的此处规定与前述 UNCITRAL《仲裁规则》的相关规定极为相似，不同点仅是前者要求仲裁庭承担及时（promptly）作出裁决的义务。而与 LCIA《仲裁规则》、ICC《仲裁规则》的相关规定进行比较，可以发现，以往，ICDR/AAA《仲裁规则》并未明确规定，当事人选择该仲裁规则仲裁便在有效范围内放弃对裁决提出异议的权利。某种意义上，通过肯定裁决的终局效力并对当事人的"弃权"作出规定，能清晰且强有力展现仲裁规则对维护仲裁裁决既判力的态度。基于此，美国律师往往会建议当事人在签订仲裁协议时明确仲裁裁决具有终局约束力，且具有阻止当事人对仲裁裁决提出异议的效力。[①] 不过，现今2014年版的 ICDR/AAA《仲裁规则》已经明确了裁决的异议"弃权"。

以上所列举的仲裁规则都规定了仲裁裁决具有终局约束力、当事人负有立即履行裁决的义务。从裁决既判力的角度看，这些规则是对仲裁裁决既判力的积极效力的一种确认。至于仲裁裁决既判力的消极效力，根据一般观点，其源于仲裁协议本身。[②] 当事人一旦协议将争议提交仲裁，即意味着其当然接受仲裁裁决既判力的消极效力，从而不可针对同一争议再次提起诉讼或仲裁。

另外，值得注意的是，ICC《仲裁规则》（1998年版）第25条第2款规定："裁决应说明其所依据的理由。"[③] 其他仲裁规则亦有类似规定，如 LCIA《仲裁规则》（1998年版）第26条第1款、UNCITRAL《仲裁规则》第32条第3款。V. V. Veeder 认为，ICC《仲裁规则》（1998年版）第25条第2款和第28条第6款及其他仲裁规则的类似规

[①] See P. Friedland, Arbitration Clauses for International Contracts, Juris Publishing, Huntington, NY, 2007, pp. 104-105.

[②] See Filip de Ly and Audley Sheppard, ILA Interim Report on Res Judicata and Arbitration, Arbitration International, Vol. 25, No. 1, 2009, p. 60.

[③] 参见宋连斌、林一飞译编《国际商事仲裁资料精选》，知识产权出版社2004年版，第110页。

定隐含这样一个逻辑结论，即裁决理由也具有既判力。[1] 在本书第五章所探讨的 Apotex 仲裁案中，V. V. Veeder 作为该案首席仲裁员明确表示，在判断仲裁裁决既判力的范围时，不可将裁决主文与裁决理由割裂。而伦敦国际仲裁院（LCIA）2014 年修订其仲裁规则时，则首次明确规定，裁决理由具有既判力。

四　关于处理仲裁裁决既判力问题的指南规则

虽然国际仲裁立法、机构仲裁规则都肯定了仲裁裁决的既判力，但对于仲裁庭或法院该如何具体处理仲裁裁决既判力问题，我们至今还无法找到相应的硬性规则。不过，《国际法协会关于既判力与仲裁的最终报告》及时地给出了一系列有益建议。这些建议对仲裁庭或法院处理仲裁裁决既判力问题不具有强制约束力，但因其代表国际仲裁界对既判力原则在仲裁中的适用的最大共识，在具体情形下，其可以作为指南甚至是"软法"得到间接适用。下一节将着重阐述国际法协会发布的关于既判力原则在国际商事仲裁中适用的报告，此处不作详述。

第四节　国际仲裁中既判力准据规则

一　既判力适用方式：基于职权抑或被动适用

在确定既判力准据规则前，需要解决一个前提性问题：仲裁庭面临前一关联裁决时，是应当主动援引既判力原则，还是应当基于当事人所提起的既判力抗辩而决定适用既判力原则？

事实上，这个问题又涉及另一个问题，即是否应将既判力识别为公共政策。一般而言，若将既判力识别为公共政策，逻辑的结果便是，即使当事人未提出既判力抗辩，仲裁庭也应当主动援引既判力原则；反之，若不将既判力定性公共政策，仲裁庭在当事人未提起既判力抗辩的条件下，不可主动援引既判力原则。

对于这一问题，不同国家的法律存在不同态度。埃及法律将既判力

---

[1] See Filip de Ly and Audley Sheppard, ILA Interim Report on Res Judicata and Arbitration, Arbitration International, Vol. 25, No. 1, 2009, p. 60.

界定为公共政策，英国与印度的相关案例将既判力识别为公共政策。①德国法院可基于职权（ex officio）主动援引既判力原则，以避免对已决问题或请求再审。在瑞士，既判力可以被视为程序性公共政策。②而在法国、比利时与荷兰，既判力抗辩应当由当事人提出，这一抗辩被视为当事人的一项权利，故当事人亦可放弃此项权利。实际上，据此，既判力在法国并不被视为公共政策。③不过，《国际法协会关于既判力与仲裁的最终报告》为尝试解决这一识别冲突，不建议将既判力识别为公共政策。因为在该报告看来，既判力在仲裁中的主要作用在于满足当事人对终局、公正、高效的仲裁程序的需求，换言之，其主要涉及当事人的私人利益。④基于此，仲裁庭不应主动援引前一关联裁决的既判力而阻却相同请求或争点，既判力的适用应当由当事人以抗辩的形式主动提出，而且，当事人还可以放弃提出既判力抗辩。显然，既判力的此种适用方式与仲裁的内在属性高度契合，因为在此种适用方式下，作为一项可供当事人选择援引的程序性权利，既判力抗辩能由当事人自由处置，这能最大程度地尊重仲裁的私人性与合意性，并尽量减少出乎当事人意料之外的强制性因素（即仲裁庭主动强制适用既判力）的介入。

此外，《国际法协会关于既判力与仲裁的最终报告》还根据既判力效力内涵的不同方面，对当事人援引既判力的具体方式提出了不同建议。本书第二章已对既判力效力内涵的两个方面——终局效力与排斥效力——作了具体阐述。一方面，终局效力与案件实体问题联系更为紧密，作为终局效力的重要体现，胜诉当事人可以在后诉中援引前一裁决对相关实体问题的判断以巩固其抗辩地位。基于此，只要仲裁所适用的规则（包括仲裁规则和仲裁地法）允许，仲裁申请人可以在后一程序的任何阶段援引前一裁决的终局效力。另一方面，与终局效力不同，排

---

① 关于埃及的相关立法，请参见 Art. 58（2）（a）of the Law concerning Arbitration in Civil and Commercial Matters；关于英国与印度的相关案例，请参见 Vervaeke v. Smith，[1983] 1 AC 145；E. D. & F. Man（Sugar）Ltd. V. Haryanto（No. 2），[1991] 1 Lloyd's Rep. 429。转引自何其生《国际商事仲裁司法审查中的公共政策》，载《中国社会科学》2014 年第 7 期，第 154 页。

② See Filip De Ly, Audley Sheppard, ILA Interim Report on Lis Pendens and Arbitration, Arbitration International, Vol. 25, No. 1, 2009, p. 51.

③ Ibid..

④ See Filip De Ly, Audley Sheppard, ILA Final Report on Lis Pendens and Arbitration, Arbitration International, Vol. 25, No. 1, 2009, p. 81.

斥效力与程序本身更相关，其具有阻却后一仲裁程序启动或者阻却后一仲裁庭对相关请求或争点再行处理的作用，对效率的追求决定了当事人应当尽早提出前一裁决的排斥效力。

二 既判力准据规则之确定

如果当事人在仲裁程序中提出既判力抗辩，仲裁庭将面临两个问题：一是根据什么规则判断是否应当适用既判力？二是既判力效力范围应当有多大？这都涉及既判力准据规则之确定。由于既判力适用标准及其范围在大陆法系与普通法系之间存在较大差异，而且，即使在同一法律传统下，这些问题亦因国家或地区的不同而不同，故在特定情形下，对于既判力能否得到适用及其适用范围多大（特别是前一裁决的既判力能否及于相关"争点"）等问题，仲裁庭适用不同的准据规则极可能导致明显不同的结果。[①]

在既判力准据规则的确定上，可供仲裁庭选择的方法有两种：冲突法方法与跨国统一方法。如果采用冲突法方法，首先需要解决的问题是如何识别仲裁中的既判力并合理确定应被适用的冲突规则。由于既判力在普通法系被视为证据规则并在大陆法系被纳入诉讼法典，可以合理地确定的一点是，既判力被普遍识别为程序法上的问题。由此，仲裁实体问题准据规则与既判力准据规则相关性不大，可将其排除在外。基于此，可供仲裁庭合理选择的准据法存在三个选项：前一裁决作出地法、当事人援引既判力抗辩的仲裁程序所在地法（本仲裁所在地法）以及仲裁协议准据法。仲裁庭需要从以上三个选项中作出选择，这显然又会产生一个选法问题。此外，正如前面所指出的，不同国家对于是否应将既判力识别为公共政策存在较大分歧，故仲裁庭还需要寻找冲突规则解决这一识别问题。可见，通过冲突法方法寻找仲裁中的既判力准据规则，理论上虽行得通，现实上却会给仲裁庭带来极大麻烦。

[①] Pedro J. Martinez-Fraga 等指出，虽然既判力原则已在全球范围内得到普通接受，但其适用当前依然呈现碎片化状态，因为其适用仍停留在属地层面，这与当今全球化背景下经济环境单一化趋向格格不入。因此，在投资仲裁领域，在先例原则的适用尚存在诸多模糊与争议的条件下，发展并统一既判力原则的适用规则，极有必要，而且时机已经成熟。参见 Pedro J. Martinez-Fraga, Harout Jack Samra, The Role of Precedent in Defining Res Judicata in Investor-State Arbitration, Northwestern Journal of International Law and Business, Vol. 32, Issue. 3, p. 449。

因此，第二种方法，即跨国统一方法，显然更为简单易行。《国际法协会关于既判力与仲裁的最终报告》起草委员会亦明确指出："该委员会相信，对于既判力的某些方面，通过统一的方法解决其适用问题是可行的，这样就可以避免通过前述冲突法方法解决此问题所带来的困难，并且一般而言，在确保仲裁程序的效力以及终局性等方面，相对于国内法，它还可以为人们提供更为满意的答案。"① 在该最终报告中，国际法协会对既判力在国际商事仲裁中的适用给出了一系列建议，这些建议对仲裁庭或法院在处理仲裁裁决既判力问题时不具有强制约束力，但由于其代表国际仲裁界关于既判力在仲裁中适用的最大共识，故在具体情形下，可以以指南或者"软法"的形式得到间接适用。② 该报告虽未系统建立既判力在仲裁中适用的跨国统一规则，但在某些重要方面却给予了很好的框架性指引。以下从两大方面，即既判力适用标准与既判力范围，对该报告的内容作一概述。

在既判力适用标准问题上，传统上，前一仲裁裁决对后一仲裁程序产生既判力需同时满足以下五个条件：1. 前一裁决须为具有约束力的终局裁决，且在后一程序所确定的仲裁地能够获得执行；2. 后一程序与前一裁决所属之程序从属于同一法律秩序（the same legal order）；3. 前后仲裁请求（或事项）具有同一性；4. 前后仲裁之诉因具有同一性；5. 前后仲裁当事人具有同一性。《国际法协会关于既判力与仲裁的最终报告》决定采纳上述四个条件，未采纳法律秩序同一性这项条件③。

对于第一项条件，该报告指出，判断前一裁决是否具有既判力，应根据前一裁决的仲裁地法判断，如果前一裁决被仲裁地法院撤销，则该项裁决不可被视为仍具有既判力，不可被视为在后一程序的仲裁地具有

---

① Filip De Ly, Audley Sheppard, ILA Final Report on Lis Pendens and Arbitration, Arbitration International, Vol. 25, No. 1, 2009, p. 73.

② 在本书第五章所探讨的 Apotex 案中，仲裁庭在其适用既判力原则的推理过程中即援引了《国际法协会关于既判力与仲裁的中期报告》（interim report）的有关论述，以支撑其在该案中提出的关于既判力原则适用的裁决意见。

③ 因为一方面，需要法律秩序具有同一性的这种情形，在实践中并不常见；另一方面，在涉及此一要求的投资仲裁领域，由于业界尚未形成统一的共识，为避免对未来的发展作先入为主的判断，报告起草委员会决定不将法律秩序具有同一性这一条件纳入建议之中。

执行力。

对于第三、四、五项条件，即"三重因素一致"标准，该报告认为，传统的"三重因素一致"标准应得到维护。前一裁决对于后一程序产生既判力的条件之一是，在后一程序中，当事人提出的请求与前一裁决所裁断的请求完全相同。如果当事人在后一程序中提出了新的请求，则前一裁决不能对后一程序产生既判力。不过，如果当事人在后一程序中提出了新的请求，但该请求构成程序不公或程序滥用，则该项请求仍可以被前一裁决的既判力排斥。[1] 前一裁决对于后一程序产生既判力还需满足诉因一致这项条件。换言之，前后关联仲裁中，当事人所提出的请求应基于相同的诉因，如果当事人在后一仲裁中所提出的请求与前一裁决所处理的请求完全相同，但却基于不同诉因，则该请求亦不能被前一裁决的既判力排斥。当然，在适用此项条件时，仲裁庭亦须考虑一方当事人是否存在程序滥用的情形。最后，当事人一致显然亦是前一裁决对后一程序产生既判力的必要条件，这一条件已得到普遍认可。如果后一程序所涉当事人与前一裁决所涉当事人不同，则前一裁决不能对后一程序产生既判力。至于如何判断前后关联程序中的当事人具有同一性，该报告并未给出具体判断规则。首先，该报告并未对前后程序当事人的"相互性"（mutuality）作要求。报告起草委员会注意到，虽然除美国外的许多法域对此有要求，但为了不阻止未来实践在此方面的进一步发展，不宜将该项要求纳入建议之中。其次，该报告未对"当事人"这一概念作定义，亦未对普通法系中所独有的"密切联系人"（privies）这一概念作评论，仅表示该概念的适用频率远比大陆法系律师所担心的要低。该报告认为，实践中存在许许多多涉及后一程序所涉当事人是否应受前一程序所涉当事人所负义务之约束的问题，如债的转让、继承，

---

[1] 至于应如何对待程序滥用这一问题，该报告采取了谨慎的态度。其认为，一方面，意思自治对当事人所采取的程序策略具有重要的影响，而且仲裁的费用、心理影响、对不同文化背景的考量以及政治约束等因素都可能会导致当事人未在仲裁中提出某些请求、诉因以及法律或事实问题；而另一方面，仲裁的效率以及裁决的终局性等因素应被仲裁庭纳入考虑范围之中，以此保护当事人免受多次仲裁请求的侵扰，而且为尽快结束法院对仲裁的监督以及承认与执行仲裁裁决等工作，以节约司法资源，这还涉及公共利益的维护。因此，在涉及程序滥用的情况下，仲裁庭须平衡私人利益与公共利益，以判断是否应当禁止当事人提出新的请求或问题。See Filip De Ly, Audley Sheppard, ILA Final Report on Lis Pendens and Arbitration, Arbitration International, Vol. 25, No. 1, 2009, pp. 79–80.

这些问题应留给相关准据法加以判断。此外，不同法域对于权利的继承问题存在不同的规则，这也应由相关问题的准据法加以解决。报告起草委员会注意到，实践中，特别是在涉及公司群（group of companies）以及基于双边投资协定（BIT）的投资仲裁的情形下，涉及当事人同一性的敏感问题可能会产生。这些问题过于复杂，难以在该报告中得到集中研究，相关规则的进一步发展与提炼有待未来的实践逐步完成。

　　在既判力范围问题上，《国际法协会关于既判力与仲裁的最终报告》对请求禁反言、既有救济以及争点禁反言提出了相应的适用建议。第一，该报告支持意义更为宽泛的既判力，即不应仅仅根据裁决主文确定裁决的既判力，应同时考察裁决理由。该报告不建议采纳狭隘的将既判力范围限于裁决主文的既判力理念，因为报告起草委员会认为，这一理念过于形式化。[①] 第二，该报告认为，如果当事人所寻求的救济乃基于其已获救济所基于的诉因，则此救济应被前一裁决阻断。换言之，在请求禁反言上，该报告是支持普通法系中的既有救济原则的。至于在涉及关联交易的后一程序中，前一裁决能否产生请求禁反言的阻断效力，该报告未作表态。虽然美国认可请求禁反言的阻断效力，报告起草委员会认为，仍不宜将其扩展至其他法域。[②] 第三，该报告对普通法系争点禁反言规则表示支持，其认为，虽然大陆法系对这一概念还比较陌生，但鉴于程序效率与裁决终局的重要意义，全球各地应广泛接受争点禁反言规则。[③] 该报告认为，前一裁决产生争点禁反言应满足以下两项条件：其一，特定的法律或事实问题已经实实在在地被仲裁裁决所裁断；其二，该问题对于涉案裁决具有关键意义。相反，如果某一问题不是双方当事人的辩论主题，未经前一裁决裁断，或者仲裁庭仅顺带对这一问题作出判断，那么，对此问题之判断就不能对后一程序所涉之同一问题产生阻断效力。[④] 值得注意的是，该报告指出，在满足这两项条件的前提下，争点禁反言的适用并不必然要求前后程序所涉之请求具有同一性。当然，如果前后程序所涉请求无任何相关性，"争点禁反言"可能

[①] See Filip De Ly, Audley Sheppard, ILA Final Report on Lis Pendens and Arbitration, Arbitration International, Vol. 25, No. 1, 2009, p. 77.

[②] Ibid., p. 78.

[③] Ibid..

[④] Ibid., p. 79.

无法适用。此即"争点禁反言"规则的一种例外。报告起草委员会意识到该规则的例外情形，但选择不对可能存在的例外情形表态。[①] 此外，与其在"相互性"及"当事人一致"的判断标准问题上所持立场一样，报告起草委员会不愿采纳美国将争点禁反言效力扩张至第三人的做法。根据此种做法，后一程序中的第三人，也可以针对参加前一程序的当事人援引前一裁决的争点效。报告起草委员会认为，由于将裁决争点效扩张至第三人的做法尚未获得世界各国的充分支持，对于如何处理这一问题，应待未来法律进一步发展再确定具体规则。[②]

[①] See Filip De Ly, Audley Sheppard, ILA Final Report on Lis Pendens and Arbitration, Arbitration International, Vol. 25, No. 1, 2009, p. 79.

[②] Ibid..

第四章 仲裁裁决既判力的实践问题

第一节 裁判间的既判力问题

总体上，仲裁裁决既判力大致可移植民事诉讼判决既判力理论。[①] 事实上，无论是普通法系，还是大陆法系，都明确承认仲裁裁决既判力。而且，一般而言，法院都运用处理民事判决既判力的方法来处理仲裁裁决既判力问题，并未单独为仲裁裁决既判力问题的处理开辟新的方法。[②] 不过，在实践中，仲裁裁决既判力问题与民事诉讼判决既判力问题可能出现的情形有所不同，前者主要包括部分裁决与最终裁决之间的既判力问题、不同仲裁庭所作出的仲裁裁决之间的既判力问题以及仲裁裁决与法院判决之间的既判力问题。

一 部分裁决与最终裁决之间

仲裁裁决可以分为部分裁决（partial award）和最终裁决（final a-

[①] 参见齐湘泉《外国仲裁裁决承认及执行论》，法律出版社 2010 年版，第 243 页。

[②] See Andreas Lowenfeld, Arbitration and Issue Preclusion: a view from America, ASA Special Series No. 15, 2001; Richard Shell, Res Judicata and Collateral Estoppel: Effects of Commercial Arbitration, (1998) 35 UCLA Law Rev 623.

ward)。部分裁决也被称为中间裁决或临时裁决（interim award）①，其与终局裁决相对。英国1996年《仲裁法》第47条第1款规定："除非当事人另有约定，仲裁庭可在不同时间就待决事项的不同方面作出一个或多个裁决。"② 此即对仲裁中可能出现的部分裁决的规定。UNCITRAL《仲裁规则》第32条第1款规定："除作出最终裁决外，仲裁庭亦有权作出临时裁决、中间裁决或部分裁决。"③ 而终局裁决的作出通常标志着仲裁庭职责的终止（functus officio），仲裁庭作出最终裁决后，"不能再去碰已作出的裁决书。即使其发现裁决有错漏，也只能等待法院将该裁决书'发回'（remit）"。④ 部分裁决与最终裁决都在同一仲裁中作出，两者在效力上有何联系？

（一）部分裁决是否具备既判力

从名称上看，"部分裁决"一词容易使人误认为其不具备终局效力，这很可能源于人们对"部分"二字的理解。实际上，部分裁决的全称应该是"部分终局裁决"，英文中的"partial final award"一词在仲裁中使用得很普遍，使用"部分裁决"这一词仅为表达方便起见。既然如此，是不是所有部分裁决都具有终局效力？回答此问题前，须先厘清需要以部分裁决裁定的事项。

---

① 虽然大多著作将部分裁决、中间裁决和临时裁决三个词语互换互指，但严格地讲，它们之间是存在区别的。中间裁决容易导致与仲裁中的程序指令相混淆，而程序指令不是以裁决形式作出的。至于临时裁决和部分裁决，它们两者往往可以互换互指，更严格地讲，部分裁决针对的是当事人所提出的部分请求或反请求，而临时裁决用来描述诸如针对管辖权或适用法律问题的裁决。See Final Report on Interim and Partial Awards of a Working Party of the ICC's Commission on International Arbitration（1990）2 ICC International Court of Arbitration Bulletin 26. 转引自〔英〕艾伦·雷德芬、马丁·亨特等《国际商事仲裁法律与实践》，林一飞、宋连斌译，北京大学出版社2005年版，第400页。

② 参见宋连斌、林一飞译编《国际商事仲裁资料精选》，知识产权出版社2004年版，第362页。

③ 同上书，第563页。

④ 杨良宜：《国际商务仲裁》，中国政法大学出版社1997年版，第515页。当然，杨良宜先生此处称仲裁员即使发现裁决书有错漏，他也只能是去等法院把裁决书发回，涉及的乃是裁决实质方面的错漏，而非形式上的错误，因为裁决形式上的错误，如数字计算错误、文字打印错误，根据仲裁规则，仲裁员一般可作更改。某些机构仲裁，特别是ICC国际仲裁院，它们的仲裁规则还规定了对仲裁裁决作形式审查的要求，一旦仲裁机构发现裁决存在形式方面的错误，便会通知仲裁庭作相应修改，修改后裁决方可正式发布。

1. 部分裁决所处理的事项

与最终裁决不同，部分裁决所处理的事项通常被限定在争议的某一部分或当事人所提出的部分请求或反请求。以英国1996年《仲裁法》为例，其第47条第2款对需要以部分裁决裁定的事项作了笼统规定，其内容如下："仲裁庭可就下列有关事项作出裁决：（a）能影响整个仲裁请求的事项；或者（b）当事人所提交的部分请求或反请求。"[①] 实践中，仲裁庭常常对涉及管辖权问题的事项作出部分裁决。管辖权问题无疑是能影响整个仲裁请求的事项，针对管辖权问题"作出的临时裁决，可以缩短或至少是大大地简化仲裁程序"[②]。值得一提的是，较之于商事仲裁，在投资仲裁中，管辖权问题更突出，仲裁庭面临当事人提出管辖权异议的情况甚为常见，而这些管辖权异议可能导致仲裁庭需要对整个仲裁程序作切分（bifurcation）。[③] 在此情况下，如果仲裁庭作出一项肯定其管辖权的裁决，该裁决便是一项部分裁决。[④]

除管辖权问题外，仲裁庭还可能需要区分责任问题（liability）与具体赔偿数额问题（quantum）[⑤]，以先后处理这两项分别涉及定性与定量的问题。具体而言，仲裁庭首先作出一项关于责任问题的部分裁决，确定是否存在责任以及责任在谁；然后，仲裁庭转入对具体赔偿数额的处

[①] 参见宋连斌、林一飞译编《国际商事仲裁资料精选》，知识产权出版社2004年版，第362页。

[②] ［英］艾伦·雷德芬、马丁·亨特等：《国际商事仲裁法律与实践》，林一飞、宋连斌译，北京大学出版社2005年版，第399页。

[③] 从措辞上看，程序切分（bifurcation）更多暗含仲裁庭平行地对仲裁中的系列问题作处理，而非先后对它们作处理，然而，在实践中，部分裁决大多数都涉及仲裁庭须先后对相关问题作处理的情形，因此，相对于人们所熟悉的"程序切分"之表达，有学者认为"阶段化处理"（phrasing）一词更为贴切。See Alexis Mourre and Antonio Musella, Article 13——Partial Award and Interim Award, in Chamber of Arbitration of Milan Rules: A Commentary, edited by Ugo Draetta and Riccardo Luzzatto, Juris Publishing, 2012.

[④] See Karl-Heinz Böckstiegel, Commercial and Investment Arbitration: How Different Are They Today? Arbitration International, 2012, Vol. 28, Issue 4. 关于管辖权的部分裁决，可参见2008年12月1日由Karl-Heinz Böckstiegel教授主持的仲裁庭在Chevron Corp. & Texaco Petroleum Corp. v. Ecuador投资仲裁案中所作出的临时裁决。

[⑤] 参见杨良宜、莫世杰、杨大明《仲裁法——从开庭审理到裁决书的作出与执行》，法律出版社2010年版，第466页；参见［英］艾伦·雷德芬、马丁·亨特等《国际商事仲裁法律与实践》，林一飞、宋连斌译，北京大学出版社2005年版，第401页。

理，而关于具体赔偿数额的确定，仲裁庭一般在终局裁决中予以明确。①

在国际仲裁实践中，基于以上两种情形所产生的部分裁决颇为常见。除此之外，实践中还可能存在其他需要以部分裁决先行处理的情形，包括关于仲裁准据规则、时限、费用（不是仲裁程序的费用）等仲裁庭认为适合先行处理的问题。

需要注意的是，部分裁决不同于仲裁庭发布的程序令（procedural order）。在大型仲裁案件特别是投资仲裁案件中，仲裁庭往往会发布数项程序令。程序令旨在对仲裁程序的推进作出安排以及解决程序进程中的某些问题，不涉及当事人的实体请求。发布程序令，实际上是仲裁庭行使灵活处理仲裁案件的自由裁量权的体现，它有助于仲裁以高效、有序的方式开展，避免仲裁程序产生紊乱。因此，本质上，程序令的效力是一次性的，仅约束仲裁程序参与人，不对当前仲裁程序之外的事物以及后一关联仲裁产生排斥效力。

2. 部分裁决的既判力

从理论上讲，在仲裁程序开展过程中，仲裁庭通过部分裁决提升程序效率需要以部分裁决的既判力作为后盾。如果仲裁庭作出的部分裁决不构成"一事不再理"，仅仅是一种没有任何约束力的初步判断（prima facie judgment），那么，部分裁决不可能在仲裁程序中具有划阶段的重大意义②，自然也难以成为一种"对仲裁庭而言非常有用的措施"③。

事实上，部分裁决的既判力获得了普遍肯定。部分裁决所作出的决定适用"一事不再理"是大原则，"其他仲裁庭或法院，甚至同一仲裁庭（其要继续审理其他未在仲裁中间裁决书所针对的争议），都必须尊重这一个大原则，不存在翻案"。④ 正如英国 Diplock 大法官在 Fidelitas

---

① 相关案例可参见 Tulip Real Estate Investment and Development Netherlands B. V. v. Turkey, (ICSID ARB/11/28); Toto Costruzioni Generali S. P. A. v. Lebanon (ICSID ARB/07/12)。

② 有仲裁员将按顺序所作出的裁决分别称为"第一份裁决书"（first award）"第二份裁决书"（second award）直到最后裁决（final award），由此可见，部分裁决在仲裁中委实具备划阶段之意义。参见杨良宜、莫世杰、杨大明《仲裁法——从开庭审理到裁决书的作出与执行》，法律出版社 2010 年版，第 465 页。

③ ［英］艾伦·雷德芬、马丁·亨特等：《国际商事仲裁法律与实践》，林一飞、宋连斌译，北京大学出版社 2005 年版，第 399 页。

④ 杨良宜、莫世杰、杨大明：《仲裁法——从开庭审理到裁决书的作出与执行》，法律出版社 2010 年版，第 464 页。

Shipping 案判决意见中所言:"当今,仲裁员有权针对仲裁中的特定争议作出部分裁决。据本人理解,这逻辑上包含了对这样一个事实的肯定,即如果仲裁员针对特定争议作出了部分裁决,则其所作出的部分裁决对该裁决所涉及的特定争议将产生争点禁反言效力。"[1]

在1996年英国修订《仲裁法》前,英国《仲裁法》关于部分裁决的相关表述是"临时裁决"(interim award)。虽然临时裁决与部分裁决往往互通互用,但前者在用语上暗含其不具有终局性、仲裁庭随后可对其内容再作修改的意思。基于此点考虑,当时关于英国1996年《仲裁法》草案的报告改用"部分裁决"一词,以代替容易产生歧义的"临时裁决"一词。在2012年的Sucafina SA v. Rotenberg案中,部分裁决的效力是涉案核心问题,英国上诉法院的裁判意见对部分裁决的存在价值及其约束力作了深入分析。首先,法院指出,英国1996年《仲裁法》考虑到了三种裁判形态,即决定(decisions)、裁令(orders)与裁决(awards),并赋予仲裁庭基于以下原因之一作出上述裁判的权力:(1)仲裁庭自动享有此种权力,除非当事人在仲裁协议中明确排除了此种权力;(2)当事人在仲裁协议中明确授予仲裁庭此种权力。由于"决定"仅涉及证据或程序事项,故其仅具有程序意义。"裁令"所涉及的事项包括扣押与保全。至于"裁决",法院此处特别分析了英国1996年《仲裁法》第39节项下"过渡裁决"(provisional award)这一概念,认为"过渡裁决"乃当事人明确授予仲裁庭对其在最终裁决中作出裁断的问题先行处理的裁决形态,仲裁庭作出"最终裁决"时,可以修改"过渡裁决"的实体内容。由此,"过渡裁决"有两个特征:第一,仲裁庭作出此种裁决必须得到当事人明确授权;第二,"过渡裁决"对"最终裁决"不产生既判力。"过渡裁决"与"部分裁决"在效力上存在明显差别。法院认为,英国1996年《仲裁法》第47节允许仲裁庭对各种不同问题作出部分裁决,除非当事人另有约定。而该节规定被视为"一条非常重要的规定",它鼓励仲裁庭运用此项权力,而且正如前面所指出的,此处并没沿用以前容易产生歧义的"interim"一词,而根据该法第59节,部分裁决对当事人是具有终局约束力的。

---

[1] Fidelitas Shipping Co Ltd. v. V/O Exportchleb [1965] 1 Lloyd's Rep 13 (CA).

再来考察欧洲大陆对"部分裁决"终局效力的态度。1998年版ICC《仲裁规则》第28条第6款（对应于2012年版ICC《仲裁规则》第34条第6款）规定："凡裁决书对当事人均有约束力……"然而，考察ICC《仲裁规则》修订史，可以发现，1998年以前的ICC《仲裁规则》乃规定凡裁决书皆为"final"（最后的），而非现行规则所表达的"binding"（具有约束力的）。1998年版ICC《仲裁规则》为何将裁决效力状态描述为"binding"而非"final"呢？此处便涉及部分裁决既判力的考量。

首先，并非所有的ICC裁决都必然为"final"。事实上，ICC《仲裁规则》第2条在定义"裁决"类型时，便明确包含临时裁决和部分裁决，而临时裁决和部分裁决从一般意义上讲却不是"final"裁决。然而，正如Yves Derains与Eric Schwartz所指出的，"临时"裁决虽然不是"final"，但仍应当被视为具有约束力（binding）。[①] 其次，从原则上讲，只要裁决具有约束力（binding），便可被执行，而并不要求该裁决必须为"final"。事实上，1958年《纽约公约》对1927年《日内瓦公约》的一项重大突破便是前者仅要求裁决具备约束力（binding），从而抛弃后者具有浓厚属地色彩的裁决"finality"要求。由此，部分裁决在《纽约公约》文本下具有可执行性，而在《日内瓦公约》下则会面临困境。[②]

（二）部分裁决与最终裁决之间的既判力问题

前面详细论述了部分裁决的既判力。然而，既判力问题并非孤立地产生于某一裁判之中，它总是相对地产生于前后相关联的两项程序之间。[③] 部分裁决与最后裁决之间的相同点在于，两者都由同一仲裁庭作出，不同点在于裁决作出阶段不同。

---

① See Yves Derains and Eric A. Schwartz, Guide to the ICC Rules of Arbitration, 2nd edition, Kluwer Law International, 2005, p. 320.
② 关于《日内瓦公约》与《纽约公约》相关条款的不同规定，请参见此章第一节关于仲裁裁决既判力之"终局效力"的论述。
③ 裁判的既判力与羁束力不同，裁判的羁束力是指在同一程序中作出裁判的法院或仲裁庭要受自己裁判的拘束，不得在裁判作出后改变该裁判；而裁判的既判力则是作用于其他诉讼或仲裁程序，即生效裁判程序以外的程序，也就是后诉。参见张卫平《民事诉讼法》，法律出版社2004年版，第119、120页。

然而，在仲裁程序进行过程中，新的证据可能产生。如果新的证据是在部分裁决作出之后被发现和提交的，并且一旦新的证据可能导致部分裁决被推翻，则仲裁庭可能面临如何对待部分裁决既判力的难题。原因很简单：即便新的证据足以推翻部分裁决，由于部分裁决已产生既判力，仲裁庭在作出最终裁决时尚不可轻易推翻其前面作出的部分裁决。

实践中，如果当事人向仲裁庭请求对方赔偿损失，那么，仲裁员基于对案件性质和仲裁效率的考虑，可能先行针对责任归属问题作出部分裁决，因为判断案件责任归属往往比确定赔偿具体数额容易得多。仲裁庭就责任归属问题作出部分裁决后，便着手确定赔偿具体数额并作出最终裁决；在此过程中，如果新的证据出现了并且对部分裁决的正确性构成挑战，部分裁决的既判力问题就会产生。因为在此情形下，部分裁决解决的是定性问题，如果部分裁决遭到质疑，这势必牵连涉及定量问题的最终裁决的正当性。

仲裁庭针对管辖权问题所作出的部分裁决，同样可能面临既判力困境。因为管辖权裁决可能是基于初步判断（prima facie）而作出的结论，仲裁庭在程序进行的初期阶段往往对案件了解不够深入，而随着程序的推进，仲裁庭将了解更多涉案事实，可能导致其对管辖权形成新的理解与判断。在此情况下，即使部分裁决肯定仲裁庭的管辖权，如果仲裁庭最终认定其对案件无管辖权，则仲裁庭还须谨慎考虑是否应当在最终裁决中推翻其作出的部分裁决。不过，有专家认为，除非管辖权问题与案件实体问题不可分割地连在一起，否则，"花费数月审理争议的仲裁庭，在最终裁决里裁定其无管辖权，这种行为，婉转地讲，是愚蠢的"[①]。不过，在某些法域，仲裁庭可通过程序令（procedural order）决定其对案件拥有管辖权，由此可以继续审理手头的案件。与此同时，此种决定后面尚需处理实体问题的裁决予以确认，故其仅构成初步裁令（preliminary order），不具备既判力，因为仲裁庭可以基于某些原因，如新的证据，而最终驳回案件。不过，国际法协会在其针对国际商事仲裁既判力所发布的最终报告中建议，不排除赋予关于管辖权问题的部分裁决以既判力。该报告表示，若仲裁庭基于无仲裁合意或争议事项超越仲裁协议

---

① ［英］艾伦·雷德芬、马丁·亨特等：《国际商事仲裁法律与实践》，林一飞、宋连斌译，北京大学出版社2005年版，第399页。

范围而作出拒绝管辖的决定，法院便可以行使对案件的管辖；但与此同时，若仲裁庭作出接受案件管辖的决定，这一决定亦可产生既判力。①

实际上，部分裁决与最终裁决之间的既判力问题折射了法律的形式正义与实质正义之间的矛盾。仲裁庭作出部分裁决后，一方面必须考虑已决事项的既判力；另一方面，在遇到质疑部分裁决正确性的新证据时，仲裁庭又不得不慎重对待部分裁决的既判力，以在最终裁决作出时，平衡仲裁的形式正义和实质正义。在此情形下，如果仲裁庭盲从部分裁决的既判力，虽能在一定程度上保证案件逻辑上的连续性和最终裁决形式上的正义性，但很可能以牺牲一方当事人的实质正义为代价。如果仲裁庭置部分裁决的既判力于不顾，仅凭已有证据或新的证据作出最终裁决，则其无法保证最终裁决与部分裁决的一致性，仲裁的形式正义又无法得到确切保障。故在处理部分裁决与最终裁决之间的既判力问题时，仲裁庭需平衡形式正义和实质正义两者之间的关系。②

二 仲裁庭之间

众所周知，仲裁协议是仲裁程序启动之基础，它是仲裁庭取得案件管辖权的直接依据。然而，实践中，各方当事人对仲裁协议的理解时常存在分歧，由此造成当事人提起不同类型的仲裁，则很可能导致不同仲裁庭所作出的裁决之间的既判力问题。例如，一方当事人基于本方对仲裁协议的理解提起临时仲裁（ad hoc arbitration）而另一方却提起机构仲裁（institutional arbitration）。此时，临时仲裁庭与机构仲裁庭都须考虑对方已经作出的裁决的既判力。③

还存在一种类似情形，即相同当事人之间在交易中产生了性质不同但联系密切的法律关系，比如相同当事人之间可能签订了商品批发合同，而随后他们又签订了商品零售合同或者其他与前种合同密切相关的合同。如果这些性质不同但密切联系的合同产生的争议由不同仲裁庭处理，既判力问题就可能会产生。不过，这种情形并不必然满足既判力原

---

① See Filip De Ly, Audley Sheppard, ILA Final Report on Lis Pendens and Arbitration, Arbitration International, Vol. 25, No. 1, 2009, p. 71.

② See Xavier Groussot, Timo Minssen, Res Judicata in the Court of Justice Case-Law: Balancing Legal Certainty with Legality? European Constitutional Law Review, 2007, pp. 385-417.

③ See ICC Case No. 3383 (1979).

则的适用条件，因为一般而言，既判力原则的适用发生于涉及前后关联之诉的情形中，而此处潜在的关联之诉可能同时发生，亦即可能出现平行仲裁的情况。在此背景下，平行仲裁可能导致不同仲裁庭对相同问题作出截然不同的裁断，而规避裁决不一致情形乃适用既判力原则的重要考量。由此，在平行仲裁背景下，要避免裁决结果不一致现象的发生，可通过以下两种方式实现：第一种方式是合并仲裁；第二种方式乃是通过其中某一仲裁庭对另一仲裁庭作出一定的礼让，让另一仲裁庭先结案或处理完某一问题，然后通过适用既判力原则以阻止相同问题或请求被重复争辩和处理。

第二种情形是，如果一方当事人在后诉中辩称前诉裁决未处理完当事人之间的所有争议，既判力问题也可能产生。在仲裁程序中，如果基于各种原因，如过期提出请求（late filing），当事人提出的对请求或反请求的补充不能在已组成的仲裁庭前提起时，则其可能被迫提起平行仲裁程序，既判力问题可能出现。①

一方当事人可能基于同一事实针对同一相对方向不同仲裁庭提起多项仲裁请求，也会导致既判力问题。一般来说，当事人基于费用考虑不会提起平行仲裁程序，但在某些情况下，这样做又很有必要。例如，一方当事人为保险公司，另一方为被保险人，如果两者签有多份不同的保单，且保单上的仲裁条款不同，则被保险人可能针对同一保险公司向不同仲裁庭提起仲裁请求，在此情形下，既判力问题就可能会产生。

此外，发生在不同仲裁庭间的裁决既判力问题常产生于大型投资仲裁案件中。因为投资仲裁案件所涉问题复杂，而且仲裁请求多样且容易变动，同一投资者可能针对同一东道国基于同一诉因申请多项仲裁，以实现不同的仲裁请求。Amco v. Indonesia 投资仲裁案②即为典型。该案仲裁庭（第一仲裁庭）在1984年作出最终裁决，但两年后，该裁决被ICSID专设仲裁庭撤销。后来案件被请求重审，新的仲裁庭（第二仲裁庭）由新的仲裁员组成。在裁决书中，第二仲裁庭明确指出，第一仲裁庭的相关结论对本仲裁庭具有既判力。例如，第二仲裁庭认为，第一仲

---

① See Filip de Ly and Audley Sheppard, ILA Interim Report on Res Judicata and Arbitration, Arbitration International, Vol. 25, No. 1, 2009, p. 38.

② See Amco Asia Corp. v. Republic of Indonesia, ICSID Case No. ARB/81/1.

裁庭所确定的这一点——印尼军队与警察在1980年3月31日至4月1日间的行为违反了国际法，Amco公司因此遭受了损失，印尼应承担赔偿责任——便对第二仲裁庭构成"一事不再理"。再如，加拿大Apotex公司与美国政府之间NAFTA项下的投资仲裁案也涉及前后两仲裁庭之间的裁决既判力。该案中，仲裁庭认为前一关联仲裁庭对于相关争议是否构成"投资"这一核心问题的结论构成"一事不再理"，故拒绝对案件行使管辖权。

三 法院和仲裁庭之间

仲裁裁决既判力问题在法院与仲裁庭之间的关系中颇为常见[①]。实际上，法院与仲裁庭之间的既判力问题，首先是一个管辖权问题。

在仲裁中，当事人时常对仲裁庭的管辖权提出质疑[②]，在此情形下，一方当事人可能基于各种利益考量，向相关法院起诉，而另一方当事人则坚持根据仲裁协议申请仲裁。如果仲裁庭先行对管辖权问题作出裁决，肯定自身对案件拥有管辖权，则法院将面临是否应当认可仲裁庭关于管辖权问题裁决的既判力从而拒绝受理案件的问题。[③] 如果法院不顾仲裁的开展，依然受理案件，则可能导致仲裁庭最后针对实体问题作出的裁决面临既判力考验。因为在此情形下，法院将根据

[①] 法院与仲裁庭之间的既判力问题可能存在以下两种情形：第一种情形是法院判决对仲裁庭的既判力；第二种情形是仲裁裁决对法院的既判力。第一种情形在实践中时常出现。比如，当法院对一方当事人的诉讼请求作出了判决后，仲裁庭却又受理相同的争议，后者便要考虑相关法院判决的既判力。Hemofarm仲裁案的裁决（ICC仲裁院第13464/MS/JB/JEM号仲裁裁决）即涉及仲裁庭应如何对待法院相关裁判的既判力问题。该案中，当事人Hemofarm等公司向中国法院申请承认及执行涉案裁决，但被拒绝，案件被层报至最高人民法院，后者确认了不予承认及执行之决定，并认为，该案仲裁裁决存在否认人民法院生效判决的既判力的情形。不过，由于此种情形牵涉的是法院判决的既判力，而非本书所探讨的仲裁裁决的既判力，故此处仅探讨第二种情形，即仲裁裁决对法院的既判力。关于Hemofarm案，可参见《涉外商事海事审判指导》第18辑，2009年，第124—134页。

[②] 关于仲裁管辖权的争议，往往基于以下原因产生：第一，无仲裁协议；第二，仲裁协议无效或无法执行；第三，仲裁协议已过期或者效力已经终止；第四，争议不属于法律规定的可仲裁事项；第五，争议不在仲裁协议规定的仲裁事项范围之内。

[③] 如果当事人向对其有利的法院就案件实体问题提起诉讼，其动机乃是希望通过获得法院签发的禁诉令（injunction）以阻止仲裁的继续，或者因此确保仲裁裁决在该法院所在法域无法得到执行，那么，较之于因质疑仲裁管辖权而向法院起诉，当事人的此种诉求更缺乏正当性。相关论述可参见Filip de Ly and Audley Sheppard, ILA Interim Report on Res Judicata and Arbitration, Arbitration International, Vol. 25, No. 1, 2009, p. 38。

自身判案逻辑判案,从而可能作出与仲裁裁决结果截然不同的判决。

这在采纳了"管辖权/管辖权"(competence-competence)原则的国家,通常不会成为问题,这些国家的法院都认可仲裁庭拥有自行裁决管辖权问题的权力,而且大多数重要仲裁规则都在规则层面将管辖权自裁权视为仲裁庭的一项内在权力。[①] 然而,作为一个法律拟制概念,各国关于"管辖权/管辖权"原则的制度安排仍存在细微差异。在法国,根据《法国民事诉讼法》第1448条规定,如果仲裁庭根据仲裁协议已受理相关争议,当事人仍向法院起诉,则后者必须将管辖权问题交给仲裁庭处理;如果仲裁庭尚未受理争议,法院同样必须拒绝行使管辖权,除非法院发现仲裁协议明显无效。德国作为采纳UNCITRAL《示范法》的国家,其立法明确规定,仲裁庭有权裁决自身管辖权争议,但在可能出现的裁决撤销申请的情况下,法院保留对仲裁管辖权事后审查的权力。在瑞士,根据《瑞士联邦国际私法》相关规定,仲裁庭应当对自身管辖权作出裁决[②];在一方当事人另行向法院起诉的情况下,另一方当事人可援引仲裁协议,请求相关法院中止诉讼。[③] 不过,如果瑞士法院基于仲裁协议无效而裁定对案件拥有管辖权,则仲裁庭须受该裁定之约束;如果法院裁定其对案件无管辖权,则仲裁庭还需对自身管辖权予以裁断。[④] 在英国,1996年《仲裁法》第30节明确了仲裁庭拥有自裁管辖权的权力,但该法第67节允许当事人将仲裁庭作出的关于管辖权问题的裁决诉至法院。此处没必要对"管辖权/管辖权"原则作过多论述,但值得注意的是,即便在充分贯彻该原则的国家(遑论未采纳该原则的国家或地区),仲裁庭自裁管辖权的权力也不是绝对的,司法始终保留对仲裁管辖权进行事

---

① 仲裁庭的此项权力在许多重要仲裁规则中得到了明确,如 UNCITRAL《仲裁规则》、ICC《仲裁规则》、AAA/ICDR《仲裁规则》以及 LCIA《仲裁规则》。

② 《瑞士联邦国际私法》第186条第1项。

③ 《瑞士联邦国际私法》第7条。

④ See Jean-François Poudret and Sébastien Besson, Droit comparé de l'arbitrage international,(Schulthess, Zurich, 2002) at 456; and Francois Perret, Parallel actions pending before an arbitral tribunal and a state court: the solution under Swiss law, in Arbitral Tribunals or State Courts, Who must defer to whom?, ASA Special Series No. 15 (2001), at 65. 转引自 Filip de Ly and Audley Sheppard, Final Report on Lis Pendens and Arbitration, Arbitration International, Vol. 25, No. 1, 2009, p. 27。

后审查的权力。换言之，仲裁裁决最终亦可能因缺乏仲裁合意而被撤销，从而丧失既判力。

此外，若一方当事人欲阻止另一方向法院提起平行诉讼，却未援引仲裁协议提出排除法院管辖的抗辩，或者虽已提出此种抗辩，但提出的时间点晚于相关规定，则法院可能因此获得对案件的管辖权。[①]此时，若当事人再行申请仲裁，而且仲裁庭作出支持自身管辖权的裁决，则相关法院将面临仲裁裁决中尤其是涉及管辖权事项的既判力问题。此问题曾在瑞士著名的 Fomento 案[②]中出现。该案中，巴拿马企业 Colon 委托西班牙企业 Fomento 在巴拿马建设一个港口站，合同约定相关纠纷应提交 ICC 仲裁，仲裁地为日内瓦。后来双方发生争议，Fomento 在巴拿马起诉 Colon，Colon 并未立即而是过了一段时间提出管辖权异议。巴拿马一审法院认为，根据《巴拿马民事诉讼法典》，Colon 提起管辖权异议的时间点过迟，该项异议无法成立。Colon 提起上诉，上诉法院作出了支持 Colon 的裁定。与此同时，Colon 向 ICC 国际仲裁院申请仲裁，仲裁庭作出确认自身对案件拥有管辖权的裁决。裁决作出时，仲裁庭特别考虑到巴拿马上诉法院的裁定。随后，巴拿马最高法院准许 Fomento 的上诉，认为 Colon 援引仲裁协议排除法院管辖的时间点过晚，故巴拿马法院应继续对案件行使管辖权。基于此，Fomento 向瑞士联邦法院申请撤销仲裁庭关于确认其管辖权的裁决。瑞士联邦法院后来撤销了仲裁裁决，认为由于巴拿马法院先受理该案，且案件所涉当事人、事实以及实体问题与本仲裁案完全一致，故仲裁庭原则上应作出中止仲裁程序的决定。瑞士联邦法院指出，在瑞士法律之下，不存在仲裁庭拥有对仲裁协议及仲裁管辖权作裁断的优先权利。此案中，只有仲裁庭受理的案件与巴拿马法院已受理的案件不同或者巴拿马法院在合理时间内无法作出一项可在瑞士执行的判

---

① See Filip de Ly and Audley Sheppard, ILA Interim Report on Res Judicata and Arbitration, Arbitration International, Vol. 25, No. 1, 2009, p. 38.

② See Fomento de Construcciones y Contratas SA v. Colon Container Terminal SA, 14 May 2001, ATF 127 III279, [2001] ASA Bulletin 544.

决时，仲裁庭方可继续开展程序。①

由于仲裁具有合意性，仲裁协议不对未签约的第三人产生约束力，故在涉及第三人的仲裁案件中，如果第三人无法参与仲裁程序，而其对仲裁结果存在利害关系，则其在裁决作出后可能起诉一方仲裁当事人，而该诉讼很可能涉及刚刚结束的仲裁已处理的问题或请求。在此情形下，法院是否应受仲裁庭已作出的裁决的约束？这取决于案件具体情况以及观察问题的角度。

首先，如果第三人与仲裁当事人存在密切的利益关联（如母公司与子公司），知悉整个仲裁的发展情况，且能透过与其相关联的当事人表达意见，那么，法院不妨将仲裁裁决已裁断的相关问题或请求视为对当下诉讼具有"一事不再理"的效力，以避免重复审理，节约司法资源。不过，在商事仲裁中，由于案件的保密要求，案外第三人往往无法知悉裁决的内容；而且，在现实中，基于利益等因素的考量，当事人尤其不希望与其相关联的案外第三人知悉裁决的内容。在此情形下，为保障一方当事人的程序权利，法院不可武断地将对方当事人所援引的仲裁裁决视为对当下诉讼具有当然的"一事不再理"效力，从而拒绝听取第三人对相关问题或请求的意见。

第二节 既判力在构建"多方当事人仲裁"中的考量

在当今经济全球化以及国际商务交往日益频繁的时代背景下，作为跨国经济交往基础的国际商事合同，日益呈现复杂化、专业化的发展态势。不少商事合同还涉及多方主体的利益，倘若产生合同纠纷，则可能出现多方当事人针对合同标的同时提出请求的现象。② 由于国际商事仲

---

① 瑞士联邦法院对该案的裁判方法遭到一些评论者的激烈批评，请参见 Elliott Geisinger & Laurent Levy, Lis alibi pendens in international commercial arbitration, in Complex Arbitrations: Perspectives on their Procedural Implications (ICC Special Supplement, Paris, 2003) at 53; Christian Oetker, The principle of lis pendens in international arbitration: the Swiss decision in Fomento v Colon, (2002) 18 Arbitrational International 137. 转引自 Filip de Ly and Audley Sheppard, Final Report on Lis Pendens and Arbitration, Arbitration International, Vol. 25, No. 1, 2009, p. 28。

② See Bernard Hanotiau, International Arbitration in a Global Economy: the Challenges of the Future, Journal of International Arbitration, 28 (3) 2011.

裁是广受国际商界人士青睐的纠纷解决方式，因此，在现代国际商事仲裁中，涉及多方当事人的情形时常会出现。①

一 何为"多方当事人仲裁"

顾名思义，"多方当事人仲裁"（multi-party arbitration）是一种程序参与主体多元的仲裁类型，即在仲裁程序中，不仅存在仲裁申请人与被申请人，还存在其他相关利益主体。

根据国际著名仲裁专家 A. Redfern 和 M. Hunter 的理解，在国际商务交往中，大体存在着两种需要采用"多方当事人仲裁"的情形。② 第一种情形存在于涉及多方签约主体的合同所产生的纠纷背景中。在合资企业或大型集团企业与其他商业主体订立交易合同时，由于合资企业或大型集团企业内部往往拥有两方或两方以上的独立主体参与涉案合同的签订，从而成为主合同的当事人，在此种情形下，倘若主合同附有仲裁条款，那么，当合同纠纷产生并被提交仲裁之时，很可能出现多方当事人参与仲裁的现象。

与该种情形相关且较为知名的案例是 BMKI & Sienmens v. Dutco 案③。该案中，BMKI 公司作为总承包人，与 Sienmens 公司和 Dutco 公司订立了一项工程建设合同，约定 Sienmens 公司作为建设公司，Dutco 公司司作为工程公司，共同为 BMKI 公司在阿曼建设一家水泥生产厂。该合同附有相关争议提交 ICC 国际仲裁院仲裁的条款。水泥生产厂建成投入使用后，BMKI 公司与其商业顾客之间并未产生争议。然而，Dutco 公司认为 BMKI 公司在实施该项建设工程时存在失误，给其造成了损失，因

---

① 在 2007 年，伦敦国际仲裁院（LCIA）所受理的仲裁案近 20%涉及多方当事人，与此同时，国际商会（ICC）仲裁院所受理的仲裁案超过 30%涉及多方当事人。See Adrian Winstanley, Multiple Parties, Multiple Problems: A View from the London Court of International Arbitration, in Multiple Party Actions in International Arbitration, Edited by the Permanent Court of Arbitration, Oxford University Press, 2009, p. 213; Anne Marie Whitesell, Multiparty Arbitration: the ICC International Court of Arbitration Perspective, in Multiple Party Actions in International Arbitration, edited by the Permanent Court of Arbitration, Oxford University Press, 2009, p. 203.

② See Alan Redfern, Martin Hunter, Nigel Blackaby and Constantine Partasides, Redfern and Hunter on International Arbitration, Oxford University Press, 5th edition, 2009, pp. 150–154.

③ See French Cass. Civ. 1ere, 7 January 1992（BMKI & Sienmens v. Dutco）(1992) 1 Bull Civ. 转引自 Alan Redfern, Martin Hunter, Nigel Blackaby and Constantine Partasides, Redfern and Hunter on International Arbitration, Oxford University Press, 5th edition, p. 150。

此向 ICC 国际仲裁院提起仲裁。该案中，BMKI 公司与 Sienmens 公司和 Dutco 公司订立的附有仲裁条款的建设工程合同，包含了多方签约主体，因此，当作为合同一方当事人的 Dutco 公司向 ICC 国际仲裁院申请仲裁时，虽然其主要针对 BMKI 公司，但在程序进程中，裁决不可避免会牵涉 Sienmens 公司的利益。因此，"多方当事人仲裁"很自然地可能在该案中发生。

另一种情形远比前一种情形复杂。较之于前者，此种情形的复杂之处在于，正在进行中或者即将开始的仲裁程序，虽涉及多方主体的利益，但这些主体并非为同一主合同的当事人，而仲裁庭希望将案外相关者纳入当下进行的仲裁程序中。这显然并非易事。这种情形多见于工程承包合同或者批发销售合同中，因为此类合同纠纷很可能出现层层分包或分销的现象。[①] 例如，在工程承包合同中，业主与工程承包商签订附有仲裁条款的工程承包合同后，承包商将其承包的工程分包给次级承包商，并在次级承包合同中同样附有仲裁条款。因此，当业主与工程承包商因工程质量问题发生纠纷，而工程承包商否认其对工程质量问题负责并认为质量问题应由次级承包商负责时，若纠纷被提交仲裁，则仲裁庭将面临是否能将次级承包商纳入仲裁程序的问题。

此种情形正发生在 Abu Dhabi Gas Liquefaction Co Ltd v. Bechtel Corp 案[②]中。Abu Dhabi Gas Liquefaction Co Ltd（下称"ADG 公司"）是阿拉伯海湾一家液化天然气加工厂的拥有者，它与 Bechtel Corp（下称"Bechtel 公司"）曾签订工程承包协议，约定 Bechtel 公司为其建设大型气罐以储存天然气，而 Bechtel 公司将该项工程却分包给了日本的一家公司（下称"J 公司"）。当 ADG 公司基于与 Bechtel 公司签订的合同所附带的仲裁条款在伦敦提起仲裁时，Bechtel 公司随之基于其与 J 公司签订的合同之所附带的仲裁条款，针对 J 公司在伦敦单独提起另一项仲裁。然而，这两项仲裁实际上源于同一争议，因此，若将这两项仲裁合并审理，形成一项"多方当事人仲裁"，客观来讲，显然更合理。

[①] See John Marrin, Multiparty Arbitration in the Construction Industry, in Multiple Party Actions in International Arbitration, Edited by the Permanent Court of Arbitration, Oxford University Press, 2009, p. 395.

[②] See Abu Dhabi Gas Liquefaction Co Ltd v. Bechtel Corp [1982] 2 Lloyd's Rep 425, CA.

二 既判力考量：通过"多方当事人仲裁"避免裁决冲突

"多方当事人仲裁"具有多重制度意义，如避免重复委任仲裁员，避免重复调查取证、质证，避免重复适用法律，以及避免裁决间的冲突。总体而言，"多方当事人仲裁"的制度意义可归结为以下几个方面：提高仲裁效率、避免裁决冲突、实现仲裁程序的参与主体与涉案实体权利义务主体在范围上的功能平衡，以及间接扩大可仲裁事项的范围。其中，避免裁决冲突这项意义便涉及既判力，因为"多方当事人仲裁"存在的必要性，不仅仅源于对仲裁效率的追求，而且源于对裁决一致性的追求。通俗地讲，裁决一致性即所谓的"同案同判"。针对争议内容完全一致的两项纠纷，倘若最终由不同仲裁员组成的相互独立的仲裁庭审理，而这些相互独立的仲裁庭最终作出不同的，甚至截然相反的裁决，这不仅有损于仲裁裁决的既判力，还会招致对裁决不服的当事人和对裁决具有审查权的法院的质疑。[①]

以下举例对此点意义作一说明：A 为批发商，B 为销售商，A 与 B 签订一份附有仲裁条款的销售合同，约定 A 与 B 之间产生的任何基于该销售合同的履行争议，都提交 M 仲裁机构解决；随后，B 与终端销售商 C 也签订了一份附有仲裁条款的销售合同，约定 B 与 C 之间产生的任何基于该销售合同的履行争议，同样都提交 M 仲裁机构解决。不言而喻，这两份销售合同之间存在着密切的联系，至少在两个方面，它们具有一致性，即两份合同的标的物相同以及销售商 B 都是两份合同的当事人。后来，C 基于产品质量问题要求 B 作出相应赔偿，B 否认其对产品质量负责，认为产品质量应当由批发商 A 负责。C 于是向 M 仲裁机构申请仲裁，请求 B 赔偿相应损失；与此同时，在通过私人努力无法解决争议的情形下，B 亦向 M 仲裁机构申请仲裁，要求 A 对产品质量问题负责。

在此例中，如果 A 与 B 之的争议由 E 仲裁庭解决，B 与 C 之间的争议由 F 仲裁庭解决，而组成 E、F 仲裁庭的仲裁员都不相同，那么，在

[①] 实践中，不少基于同一交易或项目而联系紧密的争议，由于仲裁协议约束范围的有限性，而分别被提交仲裁与诉讼，因此，"多方当事人仲裁"亦能够有效规避仲裁裁决与法院判决在结果上的不一致。

此种情形下，E 仲裁庭和 F 仲裁庭对 B 所提出的关于产品质量问题的争议，可能作出不同的认定结论。特别是当争议问题本身具有模糊性时，E 仲裁庭和 F 仲裁庭作出不同结论的可能性会更大。因此，若能以某种方式将 E、F 仲裁庭合并，形成一项由 A、B、C 多方参与的仲裁，则可有效避免就 A、B、C 三者间实质上相同的争议作出不同的裁决。

前面在分析 Abu Dhabi Gas Liquefaction Co Ltd v. Bechtel Corp 案时，曾提及将 ADG 公司与 Bechtel 公司间的仲裁同 Bechtel 公司与日本 J 公司间的仲裁进行合并的客观必要性。此案中，ADG 公司与 Bechtel 公司之间的争议内容与 Bechtel 公司与日本 J 公司之间的争议内容不仅一致，而且 ADG 公司、Bechtel 公司、日本 J 公司三方还由于 Bechtel 公司的媒介作用，紧密联系在一起。此外，ADG 公司与 Bechtel 公司间的仲裁条款与 Bechtel 公司与日本 J 公司间的仲裁条款，关键点相同，即都约定伦敦为仲裁地。因此，在这种对合并两项涉案争议颇为有利的背景下，若将两项涉案争议分开仲裁，则不仅需要更多的时间与费用，而且难以保障各仲裁庭所作出的裁决相关结论一致。丹宁爵士（Lord Denning）在英国上诉法院的判决中，曾直接表达了以法院令的方式合并两项仲裁的意愿，他表示："正如我们所常常指出的，在类似该案的情形下，如果由两个独立的仲裁庭审理案件，那么，这将会导致一个重大隐患的产生，即当这两项独立的仲裁程序由不同的仲裁员主持时，他们很可能针对同一争议作出不同的事实认定。许多的案件都曾经提及这一隐患……人们最不希望看到是，在相互独立的仲裁程序中，不同仲裁员在几乎完全相同的问题上（如案件的起因）作出了不一致的事实认定。人们都希望采取一切措施避免此种情况发生。"[①]

著名的 Lauder/CME v. Czech 案乃是如何通过多方当事人仲裁以避免裁决产生既判力问题的经典反面之例，遗憾的是，涉案仲裁庭失去了通过合并仲裁以避免裁决冲突的机会，最后导致两案出现了同案不同判的荒谬结果，招致广泛批评。实际上，涉案仲裁庭并非没有意识到两仲裁庭的裁决可能出现不一致的潜在可能。处理 Lauder v. Czech 案的伦敦

---

① Abu Dhabi Gas Liquefaction Co Ltd v. Bechtel Corp ［1982］2 Lloyd's Rep 425，CA. 转引自 Alan Redfern, Martin Hunter, Nigel Blackaby and Constantine Partasides, Redfern and Hunter on International Arbitration, Oxford University Press, 5th edition, p. 153。

仲裁庭表示："本仲裁庭与荷兰—捷克双边投资协定项下的斯德哥尔摩仲裁庭所作出的裁决可能会对一些事项作出相冲突的认定。很明显，在这两项仲裁中，仲裁申请人是不同的。然而，本仲裁庭明白，在本仲裁中，Lauder 先生提出的请求乃先于 CME 公司在斯德哥尔摩仲裁中所提起的请求。而且，特别值得注意的是，通过坚持要求不同的仲裁庭来审理 CME 公司所提出的请求，被申请人（捷克）本身是不同意在事实上实现这两项仲裁合并的。"① 由此可见，伦敦仲裁庭实际上希望通过先受理原则将 CME 公司随后所提起的请求合并至该仲裁庭，然而，合并的提议却因为捷克的反对而无法实现。② 正因为合并这两项仲裁由于当事人捷克的反对而在现实上无法实现，才导致斯德哥尔摩仲裁庭后面认为捷克实际上已经放弃了提出裁决不一致风险之异议的权利，进而导致斯德哥尔摩仲裁庭认为其有权根据自己对案件的理解独立作出裁决，不受先前伦敦仲裁庭已作出的裁决的既判力约束。

第三节　国际投资仲裁裁决既判力的困境与挑战

国际投资仲裁是近几十年蓬勃发展的仲裁类型，其在当代国际仲裁版图上占据着相当重要的位置。近些年，国际投资仲裁的规则与实践甚至反过来对国际商事仲裁产生了一系列重要的影响。③ 然而，与商事仲裁明显不同的是，投资仲裁涉及主权国家的公共利益，而且案件标的甚大，因此受到公众更为广泛的关注。④ 近些年，投资仲裁遭到了来自主权国家、学者以及公共媒体等强烈的批判，其被描述为服务于商界利益，忽视主权国家的公共福利，约束主权者正当管制权的不合理的纠纷

---

① Lauder v. Czech Republic, 14 WORLD TRADE & ARB. MATERIALS, No. 3 at 35 (UNCITRAL 2001).

② See Pedro J. Martinez-Fraga, Harout Jack Samra, The Role of Precedent in Defining Res Judicata in Investor-State Arbitration, Northwestern Journal of International Law & Business, Vol. 32, Issue 3, 2012, p. 438.

③ See Neil Kaplan, Investment Arbitration's Influence on Practice and Procedure in Commercial Arbitration, [2013] Asian Dispute Review, pp. 122-125.

④ 关于投资仲裁与商事仲裁的差异，请参见 Karl-Heinz Böckstiegel, Commercial and Investment Arbitration: How Different Are They Today?, Arbitration International, 2012, Vol. 28, Issue 4。

解决机制。① 激进的批评者主张彻底废除国际投资仲裁机制,严格奉行卡尔沃主义,通过主权国家内部的司法系统解决投资者与东道国的相关争议,或者构建一个独立且常设的国际投资法庭,以代替由当事人临时委任的与商界有着密切联系的仲裁员组成的仲裁庭。② 温和的批评者则主张在现行的投资争端解决体制的基础上作改良,其提出的建议包括建立投资仲裁上诉机制,增加仲裁程序的透明度,适当将对案件结果具有利害关系的第三人引入仲裁程序,等等。③ 目前来看,激进的批评者所提出的主张很难得到实施,至少短期而言,在全球化方兴未艾的当代,各国不至于完全退回 19 世纪卡尔沃(Carlo Calvo)提出其著名构想的年代。④ 温和的批评者所提出的主张,特别是建立投资仲裁上诉机制的构想,虽然仍需各国在修改现行多边投资条约,包括《华盛顿公约》上达成新的共识,难度亦相当大,但总体上可能会获得越来越多的支持,特别是 WTO 上诉机制所取得的成功能提供现成参照的条件下,情形更是如此。下面将结合当代国际投资仲裁中的重大现实问题,包括近些年主权国家通过其具体行为或言辞声明拒绝执行相关投资仲裁裁决,以及国际投资仲裁领域广受批评的同案不同裁现象,对涉及投资仲裁裁决的既判力问题作探讨与分析。

---

① 就主权国家而言,南美洲的阿根廷、委内瑞拉以及厄瓜多尔已宣布退出 ICSID 协定,澳大利亚已决定拒绝在其今后缔结的投资协定中将仲裁机制纳入。就学界而言,2010 年加拿大投资法专家 Gus van Harten 教授召集全球相关学者发布了一份名为《关于国际投资体制的公共声明》的文件,对国际投资仲裁机制进行了猛烈的批评与反思,这份名单签名中包括三名中国学者,分别是中南财经政法大学的刘笋教授、厦门大学的韩秀丽教授与蔡从燕教授。就公共媒体而言,2012 年由欧洲的 CEO(Corporate Europe Observatory)与 TNI(Transnational Institute)两家非政府组织发布的一份名为《谋利于"非正义":律所、仲裁员以及金融家是如何在助推投资仲裁热的?》揭露了国际投资仲裁界的各种利益关联与消极方面,在业界引起了极大的反响。

② See Gus van Harten, A Case for an International Investment Court,(June 30, 2008),Society of International Economic Law (SIEL) Inaugural Conference 2008 Paper. Available at SSRN: http://ssrn.com/abstract=1153424 or http://dx.doi.org/10.2139/ssrn.1153424.

③ 关于建立投资仲裁上诉机制的构想,请参见 Asif H. Qureshi, An Appellate System in International Investment Arbitration? The Oxford Handbook of International Investment Law Edited by Peter Muchlinski, Federico Ortino, and Christoph Schreuer。

④ 关于"卡尔沃主义"的相关论述,请参见单文华《"卡尔沃主义"死了吗?》,载《国际经济法年刊》2008 年第 2 期。

一　主权国家拒绝执行裁决：裁决终局效力之现实考验

任何一项仲裁裁决，若无法得到相关国家的承认与执行，那么，从某种程度上讲，谈论它的既判力将不具有任何实际意义。在商事仲裁领域，虽然裁决执行地国有权对裁决作公共利益审查，但由于参与仲裁程序的当事人为私人[①]，且裁决所处理的事项限定在主权国家所允许仲裁的范围之内（可仲裁性），一般不涉及国家公共利益，而且《纽约公约》为裁决在全球范围内的承认与执行提供了法律上的保障，因此，裁决一般都会得到顺利执行，仅存在极少的例外。

然而，在投资仲裁领域，裁决所处理的事项以及裁决的执行机制却与商事仲裁存在明显的差异。首先，对于投资仲裁裁决，如果是在ICSID机制下的裁决的话，那么，该裁决实际上是一项"非国内裁决"，仲裁地无权对裁决作审查，换言之，当事人不可在仲裁地申请撤销裁决。然而，事实是，执行地国往往是被起诉的东道国，而《华盛顿公约》规定公约成员国须将ICSID仲裁裁决视为其国内法院的一项判决而将裁决中的财政义务切实履行。与此同时，由于投资仲裁皆是投资者单方面享有对东道国的起诉权，任何附有财政义务的裁决都是针对东道国作出的，东道国须承担将其履行的强制性义务。其次，从案件所涉赔偿金额来看，投资仲裁裁决动辄要求东道国向投资者赔偿数亿、数十亿、甚至数百亿美元，这对于经济实力不强的发展中国家（目前投资仲裁大多数都是针对发展中国家），显然是一项极大的财政负担。而东道国所采取的相关措施，不少时候是从维护和促进其本国公共福利的角度出发的，因此，在性质上，其具有正当性，至少在东道国本身看来是如此。[②] 基于这一系列原因，近些年，一些国家通过其行动或发表声明，

[①] 在商事仲裁中，主权国家亦能以纯民事主体的身份参与仲裁。

[②] 例如，烟草业巨头Philip Moris公司根据相关双边投资协定针对澳大利亚、乌拉圭分别提起了投资仲裁，原因是两国颁布的反吸烟法案强制要求烟草公司在烟盒上贴上警告语，而这在Philip Moris公司看来，阻止了其在烟盒上展示商标，对其市场份额造成了严重的消极影响。再如，瑞典跨国公司Vattenfall向德国提起了一项投资仲裁，要求德国政府向其赔偿37亿美元的损失，原因是日本福岛核事故发生后，德国政府决定逐步放弃使用核电，而这一政策给Vattenfall公司两座在德核电站造成了巨大的利润损失。以上两例典型体现了以下这一点，即政府所作出的决定或颁布的政策，即使给外国投资者造成了相当大的损失，它们本身并非必然不具有正当性或合理性，因为政府的决策往往需要考虑如何增进本国国民的公共福利。

明确表示拒绝执行相关投资仲裁裁决。如在2001年阿根廷发生金融危机后，该国遭受如潮水般的投资仲裁之诉。[①] 由于赔偿金额巨大的裁决将对该国构成极大的财政压力，阿根廷政府最近表示将拒绝履行针对该国的投资仲裁裁决的赔偿义务。在2014年，历时长达10年之久的著名的Yukos案仲裁裁决已经被作出，根据该案裁决，俄罗斯政府须承担高达500亿美元的赔偿义务，而俄罗斯政府并未主动履行裁决，目前正谋求在相关法院申请撤销该裁决。据Yukos公司一方的代理律师表示[②]，俄罗斯政府若不主动履行裁决的义务，那么，另一方将寻求在全球范围内执行相关裁决，只要哪里存在俄罗斯政府的财产，哪里就存在执行裁决的可能。然而，从现实的角度看，若俄罗斯不主动执行裁决，投资者在全球范围内寻求执行赔偿金额如此庞大的裁决，任何一个国家都难免会面对俄罗斯——一个具有全球影响力的国家的强烈反对。Yukos案裁决的执行尚处于开始阶段，未来的发展仍有待观察，不过可以断言的是，执行这一系列裁决的道路一定不会平坦。

上述主权国家拒绝履行裁决义务的行为意味着，在投资仲裁领域，仲裁裁决的终局效力无法得到相关国家的认可，从这个角度上讲，投资仲裁裁决的既判力已经开始经受现实的严峻考验。

此外，不少对投资仲裁体制持强烈批评态度的学者们，更是建议主权国家在针对该国所作出的裁决损害该国公共福利的实现之时，应拒绝执行相关裁决。这些学者认为，对于解决投资者与主权国家之间的投资纠纷，以仲裁这种方式进行解决，从本质上讲，是非正当的。他们认为，一方面，仲裁员存在反复被委任且与投资者存在千丝万缕的利益联系的情况，不少仲裁员们对投资仲裁体制存在相当的利益依赖，因而对投资条约相关之处常采取宽泛的有利于投资争议成立以及有利于支持投资者仲裁请求的解释，这显然是一个具有"偏见"（biased）的体制；另一方面，投资仲裁体制限制了主权国家的立法与政策实施空间，阻碍

---

① 阿根廷2001年经济危机发生后，该国被投资者起诉超过40次，截至2008年年底，已被作出的仲裁裁决要求阿根廷向相关投资者赔偿的金额达到11.5亿美元，到目前为止，还有相当数量的涉及阿根廷的仲裁案件尚未了结。

② 对该案的相关报道，请访问 http：//www.litigationdaily.com/id = 1202665481755/Litigators-of-the-Week-Emmanuel-Gaillard-and-Yas-Banifatemi-of-Shearman--Sterling? slreturn = 20141114081752. 2014年12月24日最后访问。

了社会公共福利的实现,特别是,仲裁庭往往不考虑人权、环境保护以及维护弱势群体的利益等公共因素,而一味偏袒于投资者权利的保护。事实上,近些年国际投资仲裁已经面临所谓的"合法性危机",即使是国际仲裁界的业内人士也都承认这一点。在这种背景下,如委内瑞拉、厄瓜多尔、玻利维亚等发展中国家已经终止了好几项双边投资协定,并且退出了《华盛顿公约》,而澳大利业作为一个发达国家,则于2011年宣布今后不会在其签订的贸易协定中纳入投资者—国家争议解决机制条款。所有的这些现实情形都预示着,在今后,投资仲裁裁决的既判力将可能面临着越来越广泛的挑战。即使主权国家负有执行相关裁决的公约义务,但如果对投资仲裁机制合法性的质疑已转化成为一种普遍共识,那么,主权国家拒绝执行裁决的行为亦会获得相当程度的道义支持,而这显然会从实质上危机投资仲裁裁决的既判力。[1]

二 同案不同裁问题:投资仲裁上诉机制之评估

对于晚近投资仲裁所受到的批评,Lauder 与 CME 分别诉捷克共和国两案(合称"Lauder 案")[2] 所产生的南辕北辙的"荒谬"结果乃批评者们所常援引之例。在1993年,美国公民 Lauder 先生透过其设立的德国公司向捷克私营电视广播公司 CNTS(旗下 Nova 电视台)进行投资,该德国公司后来被荷兰的 CME 公司所继承。后来因捷克政府传媒委员会的相关行为造成了 CME 在捷克的投资损失,该损失最终传导至 Lauder 先生。1999 年 8 月,作为 CME 的多数股权持有人,根据美国—捷克双边投资协定在伦敦提起了一项适 UNCITRAL 仲裁规则的仲裁,与此同时,2000 年 2 月,CME 则根据荷兰—捷克双边投资协定在斯德哥尔摩提起了一项同样是适用 UNCITRAL 仲裁规则的仲裁。两起仲裁案涉及几乎完全

---

[1] 不过,在形式上,只要现行的投资仲裁机制不发生变化,投资仲裁裁决的既判力不受影响。以 ICSID 投资仲裁为例,一项 ICSID 仲裁裁决,在被作出后即产生既判力,《华盛顿公约》缔约国应将其视为该国作出的一项法院判决予以切实执行,除非颠覆《华盛顿公约》,在现行制度框架下,ICSID 仲裁裁决的既判力至少在形式上是不会动摇的。

[2] See Lauder v. Czech Republic, 14 WORLD TRADE & ARB. MATERIALS, No. 3 at 35 (UNCITRAL 2001); CME v. Czech Republic, Partial Award, 14 WORLD TRADE & ARB. MATERIALS, No. 3 at 109 (UNICITRAL 2001); CME v. Czech Republic, Final Award, 15 WORLD TRADE & ARB. MATERIALS, No. 4 at 83 (UNICITRAL 2003).

相同的事实及仲裁请求，涉及互为关联的仲裁请求人，仲裁请求乃针对同一对象，即捷克共和国，然而，两仲裁庭针对相关事实的认定及其所作出的裁决却出现了迥然不同的结果，这在业界引发了极大的批评与争议。①

如果说主权国家拒绝执行裁决直接威胁到裁决的终局效力，那么，同案不同裁则威胁到裁决既判力的另一个方面——排斥效力。同案不同裁这种荒谬现象，虽然并不常见，但同样对当代投资仲裁机制构成重大考验。为避免 Lauder 案"闹剧"再度重演，有学者呼吁建立投资仲裁上诉机制。② 投资仲裁上诉机制具有以下一系列优点：首先，上诉机制可以使仲裁庭所作出的裁决受到更大的监督，那些在法律或事实问题上存在明显误判的裁决，因此可以获得更正。因为在现行 ICSID 投资仲裁制度框架下，临时庭对仲裁庭作出的裁决仅在满足《华盛顿公约》第 52 条③所列情形下方可被撤销，而这些情形不包括仲裁庭对法律或事实所作出的认定，因而即使临时庭发现裁决在此方面存在问题，亦无权将其撤销或修正。④ 其次，透过上诉机制，投资仲裁领域可建立起一系列有效的判例，通过这些判例的指引，可避免针对同样的问题，不同仲裁庭作出相左的认定；透过上诉机制，还可以避免同案不同判的问题产生，从而很好地维护裁决的既判力。最后，建立上诉机制存在现存的参照，因为 WTO 上诉机制的实践被公认为取得了极大的成功，在此条件下，WTO 上诉机构完全可以为在 ICSID 体制下建立上诉机制提供各方

---

① 两仲裁庭针对相关问题作出了什么评论，以及它们是如何作出截然不同的裁决的，此处从略。

② 需要注意的是，建立投资仲裁上诉机制的关键考量在于防止仲裁庭针对相同问题作出不同的认定或裁判，相同问题在涉及裁决既判力的关联仲裁下当然会产生，然而其并不必然产生于关联仲裁背景之下。实际上，建立投资仲裁上诉机制的核心目的在于，通过上诉庭逐步建立起统一完善的判例系统，结束当前国际投资法的碎片化状态。

③ 根据《华盛顿公约》第 52 条的规定，专设委员会仅在仲裁庭组成违法、越权仲裁、严重背离基本程序、未说明裁决理由或者存在腐败的情形下，才可能撤销裁决。

④ 当前《华盛顿公约》所建立的裁决审查机制的局限性在 CMS Gas Transmission Co. v. Argentine Republic 案中被典型地暴露出来。该案中，裁决审查专设委员会表示："经对裁决之通盘考察，委员会找出了一系列的错误与问题。裁决包含明显的法律错误，且存在一些漏洞与缺陷。所有的这些问题都被委员会确定下来并得到强调。然而，委员会清醒意识到以下这一点，即其仅在《华盛顿公约》第 52 条所赋予的狭窄且有限的权限基础上对案件行使管辖权。此种权限之范围仅允许特定条件存在时方可撤销裁决。正如前面所述，在（本案）此种情形下，委员会无法简单地将其关于法律问题的观点与对案件事实问题的理解代替仲裁庭已在裁决中所表达的观点与理解。"

面的协助与支持，特别 WTO 上诉机制的成功能为说服各国在修改《华盛顿公约》而建立上诉机制方面达成全球共识提供极好的帮助。

不过，从仲裁裁决既判力方面来看，建立投资仲裁上诉机制并非完全有利无弊。一方面，投资仲裁上诉机制能够有效避免关联案件的不同仲裁庭作出的裁决出现冲突，进而维护裁决的既判力，此点前面已经指出。另一方面，建立投资仲裁上诉机制意味着对当前投资仲裁体制的颠覆，仲裁庭作出的裁决将不再是终局裁决，其效力取决于上诉庭进一步的实体评估，这违反了仲裁裁决"一裁终局"的普遍要求。而这却又极可能会引起一连串的消极效果，如拖延纠纷的解决时间，影响仲裁庭对案件作独立判断的能力，等等。实际上，建立全球性的多边投资仲裁上诉机制的最大现实困境在于，缔约国难以在此点上达成共识，以实现对《华盛顿公约》所建立的投资仲裁体制的根本性修订，因为这涉及资本输出国与资本输入国之间的重大利益博弈，资本输出国为保护本国投资者的海外投资显然不会在此方面轻易作出让步。

既然如此，那应当采取何种措施切实维护投资仲裁裁决的既判力？首先，需要意识到，虽然当前国际投资仲裁机制存在着各种可能通过上诉机制予以解决的问题，然而，单纯从维护裁决的既判力的角度出发，透过上诉机制解决此一问题未必是唯一的选择。

在现行机制下，投资仲裁裁决的既判力问题可从以下几个方面着手解决：第一，适当扩大仲裁庭的权力，鼓励仲裁庭通过引用各种程序性技术，如同时审理、平行仲裁以及多方当事人仲裁等方式，避免裁决不一致的情况发生。作为当事人的东道国与投资者应尽量在此方面达成一致意见[①]，若当事人无法在此方面达成一致意见，仲裁庭对此应当享有最终决断权。第二，出现平行仲裁的情形时，其中某一仲裁庭可基于受理时序之先后或者何者更为方便审理案件的原则，本着礼让的精神，暂停或终止其中一项仲裁。第三，在 ICSID 投资仲裁机制下，各国可以在修订《华盛顿公约》方面达成如下共识，即如果仲裁裁决违背前一关联裁决的既判力，那么，该种情形亦可构成专设委员会的撤裁理由；在 UNCITRAL 投资仲裁机制下，则仲裁地法院应享有基于此种情形撤销裁决的权力。

---

① 在 Lauder 案中，东道国一方对合并仲裁较为抵触。

第五章 仲裁裁决既判力典型案例的实证分析

第一节 "争点禁反言"的典型运用
——以 European Re 案为例

一 案情介绍

作为上诉至英国枢密院（Privy Council）的案件，该案主要涉及两大问题，其中之一是仲裁裁决既判力问题。该案脉络清晰，颇具典型性。[1]

（一）本案发展过程

Associated Electric & Gas Insurance Services Ltd（下称"Aegis"）与 European Reinsurance Company of Zurich（下称"European Re"）在 1980 年签订了一份包含仲裁条款的自动临时再保险（Automatic Facultative Reinsurance）协议。仲裁条款规定，协议项下的纠纷在百慕大（Bermuda）[2] 通过仲裁解决。

后来，两公司间产生了涉 European Re 对 Aegis 履行补偿义务的两项争议（下称"争议 A"和"争议 B"）。根据仲裁协议，两项争议都被提交仲裁。[3] 争议 A 被提交至由 Stewart Boyd QC 主持的仲裁庭（下称

---

[1] See Associated Electric & Gas Insurance Services Ltd v. European Reinsurance Company of Zurich（Bermuda），[2003] UKPC 11.

[2] 百慕大作为英国海外自治领地，其经济主要依赖旅游业、国际金融业和保险业。保险和再保险资产规模仅次于伦敦和纽约。因不课所得税，遂成为国际著名"避税地"。

[3] 百慕大以 UNCITRAL《示范法》规范国际商事仲裁。See Bermuda International Conciliation and Arbitration Act 1993，Section 23 and Schedule 2。

"Boyd 仲裁"），该仲裁庭于 2000 年 1 月作出了仲裁裁决。争议 B 被提交至由 Phillippa Rowe 主持的仲裁庭（下称"Rowe 仲裁"）。

在 Rowe 仲裁中，European Re 认为，Boyd 仲裁庭针对"如何正确理解和适用仲裁条款"这一问题的决定具有终局效力。鉴于 Aegis 在 Rowe 仲裁中又提出这一问题，European Re 欲援引 Boyd 仲裁裁决阻止 Rowe 仲裁庭再次审理这一问题，因为 Rowe 仲裁庭若再次审理这一问题，则将违反"争点禁反言"规则。而 Aegis 却认为，European Re 在 Rowe 仲裁中不可援引 Boyd 仲裁裁决，否则将违反仲裁保密要求。接着，Aegis 成功获得限制 European Re 援引 Boyd 仲裁裁决的法院禁令（injunction）。European Re 申请撤销该禁令，被法院驳回。随后，European Re 提起上诉，上诉法院作出了撤销禁令的裁定。Aegis 不服，上诉至英国枢密院。在枢密院上诉程序中，为支持该禁令，Aegis 提出了两项理由：第一，如前所述，向 Rowe 仲裁庭披露 Boyd 仲裁裁决或者裁决的任何部分将违反仲裁中普遍适用的保密要求，且将违反双方在 Boyd 仲裁中明确同意、禁止将裁决内容在任何时候透露给任何人的约定（该约定由双方当事人和仲裁员签了字）；第二，European Re 提出的"争点禁反言"抗辩（plea of collateral estoppel）的实体理由非但站不住脚，反而构成程序滥用。

European Re 认为，Boyd 仲裁庭针对"如何正确理解和适用仲裁条款"作出的裁定具有"争点禁反言"效力，可在 Rowe 仲裁中援引，而 Aegis 在 Rowe 仲裁中再次提出这一问题则构成拒绝承认与执行 Boyd 仲裁裁决的行为，故在正确理解双方签订的仲裁保密协议的前提下，European Re 并未违反仲裁保密要求。

（二）判决意见

英国枢密院最后驳回了 Aegis 的上诉，维持上诉法院的裁决。主要理由有如下几点[①]：第一，由于前后仲裁程序中的当事人完全一致，且后一仲裁程序也适用不公开审理原则，因此一方当事人在后一仲裁程序中合理利用前一仲裁裁决结果并不违反仲裁保密要求；第二，在理解双方当事人签订的仲裁保密协议时，应考虑到该协议的根本目的

---

① See Associated Electric & Gas Insurance Services Ltd v. European Reinsurance Company of Zurich (Bermuda), [2003] UKPC 11.

并非阻止一方当事人行使由裁决所衍生的既判力抗辩权；第三，不能毫无限制地解释仲裁保密协议，否则，这将导致任何裁决无法得到执行；第四，"争点禁反言"不仅适用于诉讼，而且同样适用于仲裁，如果双方当事人选择以仲裁的方式解决纠纷，则仲裁庭针对相关争点所作出的裁决具有约束双方当事人的效力；第五，European Re 在 Rowe 仲裁中提出的"争点禁反言"抗辩，实际上是 Boyd 仲裁裁决赋予 European Re 的一项具有可执行性的权利，一旦仲裁庭对系争案件的某项争点作出了裁定，双方当事人就不可再次对该争点提出异议；第六，"如何正确理解和适用仲裁条款"在 Boyd 仲裁中是一项关键争点，Boyd 仲裁庭针对该项争点所作出的裁决构成整个案件处理的一部分。

二 既判力原则的适用与本案的分析

（一）既判力原则适用的基本条件

既判力原则的适用涉及前、后关联两诉。如果当事人在后诉中提出了既判力抗辩，那么，既判力原则的适用前提是，后诉中的当事人、诉因以及诉讼（或仲裁）请求与前诉中的当事人、诉因以及诉讼请求一致。这一条件，无论是在大陆法系国家，还是在普通法系国家，基本上都相同。只不过大陆法系在三重因素一致标准的适用上采取更加严格的态度，并且基于法典化的传统，大陆法国家一般都将这一条件在其相关法典中直接列明。如《法国民法典》第 1355 条规定："……请求之物应为同一物；诉讼请求应基于同一原因；诉讼应在相同当事人之间进行，并且应是同一原告针对同一被告以同一身份提起。"对此，普通法国家则无成文规定，但通过考察普通法系围绕既判力原则发展出来的一系列具体规则，可以得知，前后关联之诉中的当事人、诉因以及诉讼（或仲裁）请求三要素的一致亦是普通法系中既判力原则适用的基本条件，仅当适用"争点禁反言"规则之时，请求的一致这项要求被争点的一致所替代。与此相关的内容，本书第三章已作系统阐述，此处不赘。

本案 Boyd 仲裁在前，Rowe 仲裁在后。前后两仲裁中，当事人都是 Aegis 和 European Re 两公司。两公司之间的关系都是基于自动临时再保险协议而产生的保险法律关系，故前后两仲裁的诉因也一致。至于仲裁请求，由于该案涉及的是争点的既判力问题，在此背景下，需要考察的是前后两关联仲裁中相关争点是否具有同一性，而非相关请求是否具有同一性。在 Boyd 仲裁中，"如何正确理解和适用仲裁条款"这一问题作为一项单独争点得到了明确，而在 Rowe 仲裁中，Aegis 再次请求仲裁庭裁断"如何正确理解和适用仲裁条款"这一问题，故而前后两仲裁所涉及的相关争点完全一致。

（二）争点既判力问题

在商事仲裁中，双方当事人针对具体问题可能存在诸多争议，相应地，仲裁庭要对与案件实体问题相关的诸多争议作出裁断，但其裁断并非都能产生"争点禁反言"效力。次要的或仅起辅助作用的事实及法律问题，虽与案件可能存在这样或那样的关系，但都不在"争点禁反言"效力覆盖范围内。而且，传统上，英国普通法认为，针对程序事项所作出的裁决或决定也不产生"争点禁反言"效力。[1] 至于一方当事人在后一仲裁程序中提出"争点禁反言"抗辩是否符合相应条件，则由后一仲裁程序中的仲裁庭判断。

回到本案中，European Re 在后一仲裁程序，即 Rowe 仲裁中，提出"争点禁反言"抗辩，认为关于"如何正确理解和适用仲裁条款"这一问题作为一项争点，已在 Boyd 仲裁中得到处理，故该争点已产生既判力，另一方不得在以后的程序中再行请求仲裁庭审理。而 Aegis 对此作出反驳，认为该争点尚不满足产生"争点禁反言"效力的内在要求，换言之，其认为该项争点不够产生既判力的资格，因而认为其有权在 Rowe 仲裁中再次请求仲裁庭明确"如何正确理解和适用仲裁条款"。由此，在 Rowe 仲裁中，Aegis 和 European Re 双方之间的争议焦点在于：在 Boyd 仲裁中已得到处理的"如何正确理解和适用仲裁条款"这一问题能否对 Rowe 仲裁产生"争点禁反言"效力。

为进一步分析在 Boyd 仲裁中已得到处理的这一争点能否产生既判力，有必要先考察双方所签订的仲裁协议，因为该争点正是基于双方当事人对仲裁协议的不同理解而产生的。在 Aegis 和 European Re 签订的仲

---

[1] See Filip de Ly and Audley Sheppard, ILA Interim Report on Res Judicata and Arbitration, Arbitration International, Vol. 25, No. 1, 2009, p. 42.

裁协议中，双方除规定以仲裁的方式解决相关争议外，还特别对仲裁的法律适用作了约定。问题在于，仲裁协议的其中一处规定，相关争议应根据再保险惯例而非严格根据法律条文予以解决，而另一处却明确规定，应适用再保险公司所在地法律，亦即 Aegis 所在地百慕大的法律。由此，对于仲裁的法律适用，仲裁协议产生了显而易见的矛盾，导致双方在如何适用法律上各执一词。

事实上，该争点的重要性不言而喻。Aegis 和 European Re 双方法律关系为再保险法律关系，适用不同的法律将会导致案件的处理出现截然不同的结果，从而对双方的利益产生重大影响。由此可以断定，该争点并非如 Aegis 所言在实体上无法满足产生"争点禁反言"的资格。

既然该争点对涉案仲裁具有重大意义，且构成仲裁裁决结果的前提条件，Rowe 仲裁庭理应给予 Boyd 仲裁庭对"如何正确理解和适用仲裁条款"这一争点的裁断以既判力。实际上，前一程序中某项争议点能否满足产生"争点禁反言"效力的条件，也完全由后一程序中的裁判者判断。英国枢密院的判决意见强调了这一点。赋予已被裁断了的重要争点以既判力的法理依据在于：一方面其能避免前后程序产生相互冲突的裁判结果；另一方面又能避免因赋予每一争点以既判力可能导致的程序效率的低下。

(三) 程序滥用问题

本案中，Aegis 认为 European Re 在 Rowe 仲裁中提起的"争点禁反言"抗辩非但无法成立，反而有滥用程序之虞。关于 European Re 提起的"争点禁反言"抗辩能否成立，上面已作充分论证。然而，该抗辩是否真如 Aegis 所言存在滥用程序之虞？

这实际上牵涉普通法系（特别是英联邦国家）既判力制度中很重要的一项原则——禁止程序滥用原则。本书论述该原则时曾提到"Henderson v. Henderson 规则"①，本案当事人 Aegis 亦援引了该规则。根据该规则，当事人不得在随后的另一程序中提出其在前一仲裁程序中能够事实上却未提出的请求或争点。该规则与"争点禁反言"存在相似之处，但亦存在明显差异。实际上，它是"争点禁反言"的一种延伸。② 两者

---

① See Henderson v. Henderson [1843] 3 Hare 100.
② See Aluma Systems v. Cherubini Metal Works [2000] PESCAD 9 at par. 19.

差异在于，"争点禁反言"适用于在前一程序中已被裁断了的争点；禁止程序滥用原则针对的则是"当事人能够但事实上却未提出的请求或者争点"。换言之，这些争点未在前一程序中得到裁断。由此可见，European Re 提出的"争点禁反言"抗辩并不构成程序滥用，因为"如何正确理解和适用仲裁条款"这一争点事实上已为前一程序即 Boyd 仲裁所裁断，并且已经在事实上产生了"争点禁反言"效力，故 European Re 完全有权利提出该项抗辩。

值得进一步指出的是，禁止程序滥用原则的适用实际上具有极强的自由裁量性，这也是其和"争点禁反言"不同之处。适用"争点禁反言"规则时，仲裁庭或者法院需要严格考量可以被量化的相关因素，而在适用禁止程序滥用原则时，裁判者可以作出相关价值判断。实际上，当事人在后一程序中再次提出某一争点的行为，其本身并不构成滥用程序；如果当事人的这种行为乃出于诸如不正当骚扰（unjust harassment）等不良动机，则这种行为就可能构成滥用程序。① 至于应当如何判断这些主观性相当强的各种动机，则完全属于仲裁庭或者法院自由裁量的范围。说到底，禁止程序滥用原则之目的在于保障各方当事人在程序上的公正、公平。②

（四）"争点禁反言"的新理解

早在 1783 年英国就有案例明确"诉因禁反言"和"争点禁反言"同样适用于仲裁。③ Diplock 大法官在 Fidelitas Shipping Co Ltd. v. V/O Exportchleb 案中表示："争点禁反言不但适用于诉讼判决，亦适用于仲裁裁决。当事人一旦同意将双方有关法律权利和义务的争议提交仲裁，他们就要接受仲裁庭对与争议有关的任何问题的裁定的约束。"④ 一项国际商事仲裁裁决要在英国境内获得既判力，相关条件和外国法院判决相差无几。其一，该仲裁裁决须为具有管辖权的仲裁庭就实体问题所作出

---

① See Bradford & Bingley Building Society v. Seddon [1999] 1 W. L. R. 1482 (C. A.) at 1491.
② See Ernst & Young v. Central Guaranty Trust Company [2001] ABQB 92 at par. 23.
③ See Mustill and Boyd, Commercial Arbitration, Butterworths London 2nd edn, pp. 409-415.
④ Fidelitas Shipping Co Ltd. v. V/O Exportchleb [1965] 1 Lloyd's Rep 13 (CA).

的终局裁决。① 其二，该仲裁裁决须得到英国法院承认。

但值得注意的是，本案中，英国枢密院认为，European Re 在 Rowe 仲裁中提出的"争点禁反言"抗辩实际上是 Boyd 仲裁裁决赋予 European Re 的一项具有可执行性的权利。② 这一观点颇为新颖，因其将"争点禁反言"效力视为一种权利执行类型。此种理解不无道理。理论上，既判力在效力上可分为终局效力（conclusive effect）与排斥效力（preclusive effect）。其中，排斥效力为既判力的主要方面，亦可被称为消极效力。这种效力并不具有"进攻性"，它是指当事人在后一程序中不得再行提起在前一程序中已被裁断的事项。举例而言，如果仲裁庭就 A、B 间的争议 C 作出了一项裁决，则在随后的程序中，任何一方当事人都不得再次对争议 C 予以争论，仲裁庭或者法院亦不得再次审理争议 C。如果针对争议 C 的裁决是部分裁决，则任何一方当事人在部分裁决作出后不得再次请求仲裁庭对争议 C 予以裁断。显然，排斥效力具有程序法的性质，与当事人的实体权利义务并不存在直接联系。但排斥效力通过阻却裁判者对已决事项再行处理，从而使既判力在仲裁或者诉讼中具有重要的程序意义。实际上，既判力问题被广泛识别为程序问题。在普通法系，既判力原则被纳入证据规则的范畴；而在大陆法系，既判力原则一般直接规定在诉讼法中。因此，从"争点禁反言"这项抗辩的实际效果来看，完全可将其视为一项程序性权利。

显然，该案中 European Re 所提出的"争点禁反言"抗辩，完全可将其理解为 Boyd 仲裁裁决赋予 European Re 的一项程序性权利。虽其不会对 European Re 的实体权利与义务产生直接影响，但通过阻止 Rowe 仲裁对"如何正确理解和适用仲裁条款"这项已决争点再行处理，其能间接影响 European Re 的实体权利和义务。由此可见，该案法官将"争点禁反言"效力视为一种权利执行形态，有其内在逻辑根据。

---

① 针对外国法院判决，"英国普通法上所指的终局性判决是指享有管辖权的外国法院作出的终审判决，必须是已经解决了当事人之间的所有争议且不会变更的判决；是偿付税后金钱和利息已经在判决中确定的判决；是没有对判决的事实或适用的法律提起上诉，并且上诉期已经届满的判决。"钱锋：《论外国法院民商事判决的承认与执行》，中国民主法制出版社 2008 年版，第 60 页。

② See Associated Electric & Gas Insurance Services Ltd v. European Reinsurance Company of Zurich（Bermuda），[2003] UKPC 11.

第二节 "三重因素一致"标准的理性突破

一 "三重因素一致"标准的机械适用：以 Lauder 案为例

Lauder v. Czech 案[①]与 CME v. Czech 案[②]是国际投资仲裁领域涉及既判力问题的著名案例。[③] 在这两起仲裁案中，Lauder 先生（Ronal S. Lauder）与 CME 公司分别对捷克共和国提起了两项仲裁，仲裁地分别位于伦敦与斯德哥尔摩，所适用的仲裁规则皆为 UNCITRAL《仲裁规则》。[④] 两起仲裁案涉及几乎完全相同的事实及仲裁请求，涉及互为关联的仲裁请求人，仲裁请求乃针对同一对象，即捷克。然而，两仲裁庭

[①] See Ronal S. Lauder v. The Czech Republic, UNCITRAL Rules (1976), Available at www.italaw.com/cases/documents/611.

[②] See CME Czech Republic B. V. v. The Czech Republic, UNCITRAL Rules (1976), Available at www.italaw.com/cases/documents/282.

[③] 在 Lauder v. Czech 案中，组成仲裁庭的三位仲裁员分别是 Robert Briner（瑞士）、Lloyd Cutler（美国）、Bohuslav Klein（捷克），其中，Robert Briner 为首席仲裁员。在 CME v. Czech 案中，组成仲裁庭的三位仲裁员分别是，Wolfgang Kühn（德国）、Stephen M. Schwebel（美国）、Jaroslav Hándl（捷克），其中，Wolfgang Kühn 为首席仲裁员。值得注意的是，在 CME v. Czech 案中，仲裁程序被划分为两个阶段：前一阶段，仲裁庭对案件实体问题作审理，明确责任归属，作出部分裁决；后一阶段，仲裁庭对赔偿数额作审理，明确具体赔偿额，作出最终裁决。在前一阶段作出的部分裁决中，捷克方面委任的 Jaroslav Hándl 对裁决结果强烈不满，并辞去该案仲裁员一职，后来，捷克方面委任英国的 Ian Brownlie 代替 Jaroslav Hándl。虽然仲裁庭作出的最终裁决乃为一项一致裁决，但 Ian Brownlie 单独发表了一份个人意见，针对裁决赔偿数额计算的许多方面提出了质疑。

[④] 根据投资仲裁的案件管理机构是否为总部设在华盛顿的 ICSID（国际投资争端解决中心），业界通常将投资仲裁划分为 ICSID 投资仲裁与非 ICSID 投资仲裁，后者包括 PCA（常设仲裁院）受理的一般依据 UNCITRAL《仲裁规则》开展的投资仲裁（PCA 的主要角色乃在指定仲裁员委任机构）、诸如 ICC、SCC、LCIA 等传统国际商事仲裁机构受理的投资仲裁，以及无任何案件管理机构并通常依据 UNCITRAL《仲裁规则》开展的临时仲裁（ad hoc arbitration）。非 ICSID 投资仲裁与 ICSDI 投资仲裁最大不同之处在于，当事人可针对非 ICSID 裁决在仲裁地向当地法院提起撤销裁决的诉讼，而 ICSID 裁决仅受《华盛顿公约》下内部审查机制的监督，主权国家不能受理 ICSID 裁决的撤销申请。就 Lauder v. Czech 案与 CME v. Czech 案而言，两者都属于非 ICSID 投资仲裁案，因此裁决都受仲裁地法院的监督。前者仲裁地位于英国伦敦，后者仲裁地位于瑞典斯德哥尔摩。因此，在仲裁庭作出裁决后，当事人可分别向英国法院和瑞典法院申请撤销相应的仲裁裁决。虽然两案仲裁地分别位于英国与瑞典，但是仲裁庭的组成人员却来自全球不同的国家，这在国际投资仲裁中是常态。对于仲裁程序的开展，在尊重当事人意思自治的基础上，仲裁庭拥有相当大的裁量权。在诸如既判力原则的适用等问题上，仲裁庭亦存在极大的解释空间，并不会因为仲裁地位于某国而必然受到该国程序法的约束。

针对相关事实的认定及其所作出的裁决却出现了完全不同的结果,引发了极大争议,有著作甚至将这一起仲裁裁决冲突事件形容为"投资仲裁的终极惨败"(ultimate fiasco in investment arbitration)。[①]

(一) 案情介绍

1989 年天鹅绒革命(Velvet Revolution)后,为吸引外国投资,当时的捷克斯洛伐克与其他国家签署了好几项双边投资协定,包括 1991 年分别与美国以及荷兰签订的双边投资协定。同年,该国通过了一项新的传媒法案。根据该法,该国政府设立了传媒委员会,以审查与批准广播许可申请。1993 年,捷克斯洛伐克一分为二,新成立的捷克共和国继承了原先捷克斯洛伐克所签订的双边投资协定。

1992 年,一群捷克公民创立了一家名为 CET21(Central European Television 21)的公司,以申请获取广播许可。CEDC(Central European Development Corporation)是一家事实上由 CME 公司所控制的公司,而 CME 公司的多数股权持有人是美国公民 Lauder 先生。此时,CET21 公司与 CEDC 公司正开展合作。然而,捷克政府传媒委员会担心外国投资者直接入股全国性广播许可持有人 CET21 公司,因此,反对 CEDC 直接持有 CET21 公司的股份。于是,CET21 公司、CEDC 公司与一家捷克银行一起创立了一家名为 ČNTS(Česká nezávislá televizní společnost)的合作公司。CET21 公司以广播许可权入股,占 CNTS 公司股权的 12%,而 CEDC 公司与捷克银行以出资的形式入股,CEDC 公司股权占 66%,捷克银行股权占 22%。Vladimír Železný 则是 CET21 公司与新成立的 ČNTS 公司的最高负责人。ČNTS 公司新开播的 TV Nova 电视台颇受欢迎,因此收益率也非常高。

1995 年,捷克传媒法被修订,该法对与本案有关的两个方面作了修改:第一,传媒委员会在决定批准一项广播许可申请时,不得在许可中纳入条件项;第二,新法对"广播者"(broadcaster)一词作了更为狭窄的定义,规定其必须是广播许可的被授予对象。法律被修订后,CET21 公司被要求去掉其广播许可证中的第 17 项条件,该条件项可确保广播许可的持有者与广播运营商在管理结构上可被分离。传媒委员会

[①] See International Law Between Universalism and Fragmentation, Edited by Isabelle Buffard, James Crawford, Alain Pellet and Stephan Wittich, 2008, Brill Nijhoff, pp. 107-127.

对此请求捷克学者 Jan Barta 博士提供专家意见,该专家意见作出了以下结论：CET21 公司从未经营广播活动,而 ČNTS 公司则是在未获授权的条件下经营广播活动。

为应对这一专家意见,这些公司对它们的关系重新作了安排,最终,在 1996 年 5 月对它们的法律关系达成了如下协议：实质上,CET21 既是广播许可证的持有人,亦是广播活动的经营人；而 ČNTS 公司的角色则转变为对广播活动作安排。然而,同年 6 月,捷克传媒委员会告知 CET21 公司,后者由于未向其通报新协议在注册资金、立约过程以及公司的注册办公处的变化事项,因而违反了广播许可证的规定。捷克传媒委员会指令 CET21 公司与 ČNTS 公司向捷克商业局更改它们的注册登记,并更改 ČNTS 公司的关于"电视广播"的经营活动。同时,捷克开始向 CET21 公司与 ČNTS 公司管理 TV Nova 电视台的活动进行刑事调查；同年 7 月,捷克传媒委员会针对 ČNTS 公司的未获授权经营广播活动的行为提起了行政诉讼。同时,在该年 8 月,CME 公司与 Vladimír Železný 达成了一项借款协议,由前者向后者出借 470 万美元,以使后者从 CET21 公司的其他个人股东中收购该公司 47% 的股份。该协议规定,在贷款还清前,Vladimír Železný 应按照 CME 公司的指示行使他所拥有的所有的股东投票权。在 11 月,各个相关公司之间业已达成的协议得到进一步补充,ČNTS 公司获得了无条件、不可撤销且独享的使用、维护与广播许可相关的技术并以此为该公司获利的权利。此外,ČNTS 公司还获得了在法律管制规则及法律界对此作出的主流解释出现变化时,从 CET21 公司处购得广播许可证的权利。然而,1999 年,Vladimír Železný 被解除了其在 ČNTS 公司的职务,随后,CET21 公司因 ČNTS 公司未向其提交其为第二天广播所准备的日志,而解除了其与 ČNTS 公司的合同关系。这造成了 CME 公司在捷克的投资损失,该损失最终传导至 Lauder 先生。

根据 CME 公司及其多数股东持有人 Lauder 先生的意见,捷克政府传媒委员会需要对其在捷克的投资损失负责,因为无论是该委员会在 1992—1993 年审查与批准广播许可之时,还是在新传媒法于 1996 年生效之时,还是最后在 1999 年 CET21 公司与 ČNTS 公司间出现违约情形之时,捷克政府传媒委员会一直试图影响 CET21 公司与 ČNTS 公司之间的关系。1999 年 8 月，Lauder 先生，作为 CME 公司的多数股东，在伦敦根据美国—捷克双边投资协定针对捷克提起了一项适用 UNCITRAL 仲裁规则的投资仲裁（即 Lauder v. Czech 案，简称"伦敦仲裁庭"）；同时，2000 年 2 月，CME 公司在斯德哥尔摩根据荷兰—捷克双边投资协定针对捷克提起了另一项平行的适用 UNCITRAL《仲裁规则》的投资仲裁（即 CME v. Czech 案，简称"斯德哥尔摩仲裁庭"）。

（二）互相冲突的两项裁决

对于以上所述案情，伦敦仲裁庭与斯德哥尔摩仲裁庭对诸多关键之处作出了明显不同的认定。

伦敦仲裁庭认为，所有的事实都容易让人们对 ČNTS 公司与 CET21 公司所扮演的角色产生模糊感，而捷克传媒委员会可合理怀疑以下情形，即 CET21 公司的广播许可在事实上（de facto）已经转让给了 ČNTS 公司。捷克传媒委员会因 ČNTS 公司涉嫌无权广播而针对该公司所提起的行政诉讼乃捷克传媒委员会正常行使其管制性职权的体现，而不是随意的行为。捷克传媒委员会指令 CME 公司、CET21 公司以及 ČNTS 公司对它们之间的协议作修改，其中的主要原因与捷克传媒委员会提起行政诉讼的原因是相同的，即捷克传媒委员会担心模糊的法律与事实情状可能实际上构成了 CET21 公司在事实上将其广播许可转让给了 ČNTS 公司，而这是违反传媒法的。然而，斯德哥尔摩仲裁庭则认为，1996 年所发生的事件强有力地支撑了以下这一结论，即捷克传媒委员会在 1996 年强迫 ČNTS 公司与 CME 公司达成减损对 CME 公司的投资进行保护的协议。所有这些行为的目的在于使捷克传媒委员会重新确立其对 CET21/ČNTS 广播运营的控制，因为新修订的捷克传媒法剥夺了捷克传媒委员会有条件地批准广播许可的权力，致使后者失去了对 CET21/ČNTS 广播运营控制。斯德哥尔摩仲裁庭甚至还认为，在基于原先在 1993 年确立的 ČNTS/CET21/CEDR 的合作结构而成功吸引外资进入捷克之后，捷克传媒委员会有义务确保与维护此种结构。而逼迫 CME 公司与 ČNTS 公司放弃对 CME 公司在捷克投资的法律安全保障，这违反了荷兰—捷克双边投资协议。

伦敦仲裁庭认为，捷克在任何时期都未采取任何对 Lauder 先生的财产进行征收或无异于征收的措施，因为对于 Lauder 先生对其财产的使用与受益，捷克并未作直接或间接的干涉，捷克传媒委员会的作为与不作为都未给 Lauder 先生的投资造成直接或间接的损失，而事实上，造成 Lauder 先生的投资受到部分损失的原因是，1999 年 CET21 公司解除了其与 ČNTS 公司之间的合同关系。然而，斯德哥尔摩仲裁庭则认为，1999 年 CET21 公司解除了其与 ČNTS 公司之间的合同关系导致 CME 公司在捷克投资的毁灭，其正是捷克传媒委员会的作为与不作为所造成的后果。

这两项仲裁一直平行进行着，直到 2001 年 9 月 13 日，伦敦仲裁庭作出了最终裁决，认为捷克（虽然其在 1993 年的行为存在违背美国—捷克双边投资协定的情形）不需为其行为负责，并驳回仲裁申请人的所有赔偿请求。仅 10 天过后，斯德哥尔摩仲裁庭作出了一项部分裁决，得出了与伦敦仲裁庭所作出的最终裁决完全相反的结论，认为捷克需要对其违反荷兰—捷克双边投资协定的行为负责。在 2003 年 3 月 14 日作出的最终裁决中，斯德哥尔摩仲裁庭作出了一项要求捷克向 CME 公司支付高达近 2.7 亿美元赔偿金的最终裁决。

（三）裁决冲突原因之分析：传统"三重因素一致"标准的适用陷阱

Lauder/CME v. Czech 案裁决不一致的荒谬结果引来了人们的广泛评论，该案至今已过去 10 年有余，人们对其反思依然未停止。不少评论人士常援引此案对当前国际投资仲裁体制进行猛烈的批评，并呼吁建立投资仲裁上诉机制[1]，甚至建立国际投资法庭[2]。然而，如果仔细考察该案中伦敦仲裁庭与斯德哥尔摩仲裁庭对相关程序问题所发表的意见，我们很容易发现，在现行国际投资仲裁体制下，该案裁决不一致的结果，未必不可避免。究其原因，两仲裁庭对传统"三重因素一致"标准的适用过于机械，导致既判力原则或平行诉讼原则（lis pendens）最终无法得到适用，进而无法避免裁决不一致结果的产生。

首先，两仲裁庭对案件所涉及的既判力问题都发表了意见，它们都采纳了传统"三重因素一致"标准来分析适用既判力原则的可能性。

---

[1] See Asif H. Qureshi, An Appellate System in International Investment Arbitration? in The Oxford Handbook of International Investment Law (Peter Muchlinski et al. eds., Oxford University Press 2008), p. 1171.

[2] See Gus van Harten, A Case for an International Investment Court, in Society of International Economic Law (SIEL) Inaugural Conference (Archive) (Working Paper, No. 22/08, 30 June 2008).

在对待传统"三重因素一致"标准问题上,斯德哥尔摩仲裁庭甚至声称,既判力原则的适用要求前后关联案件涉及相同的争议、相同的当事人、相同的请求以及相同的诉因。该仲裁庭得出了如下结论:"Lauder v. Czech 仲裁案所涉当事人不同于本仲裁案的当事人。Lauder 先生是 CME Media Ltd 公司的控股股东,而本仲裁案中,CME 公司作为 CME Media Ltd 公司的一部分的荷兰持股公司,是仲裁申请人。两项仲裁乃基于不同的双边投资协定,虽然两项双边投资协定在给予投资保护方面具有可比性,然而,两者并非完全相同……由于两项双边投资协定创立了一些并非在所有方面都严格相同的权利,这必然意味着仲裁申请人所提出的请求不同。"①

此种结论显然经不起推敲,因为 Lauder v. Czech 仲裁案与 CME v. Czech 仲裁案所涉及的当事人虽然在表面上不同,但斯德哥尔摩仲裁庭并未注意以下这点,即 CME 公司作为 CME Media Ltd 公司的荷兰持股公司,它事实上是 CME Media Ltd 公司无可争议的控股公司。而 Lauder 公司又是 CME 公司的控股股东,因此,如果对两案所涉及的当事人作实质性分析,那么,既判力适用的条件之一,即当事人具有同一性,显然能够得到满足。还有,斯德哥尔摩仲裁庭认为,在这两项关联仲裁案中,仲裁申请人所提出的请求乃基于不同的投资仲裁协定,因此,这必然意味着他们所提出的请求不同。此种分析显然也是停留在表面,因为请求的不同,并非单纯源于其所依据之法律的不同,其更是源于请求本身的内容及其所基于的案件基本事实的不同。例如,在出现侵权与违约竞合的情形时,当事人通过选择侵权作为依据向对方当事人提起诉讼,获得救济后,该当事人随后再次向相同的对方当事人以违约为依据提起诉讼,如果后案法官认为本案的请求与前案的请求所依据的法律基础不同而拒绝适用既判力的话,这会导致极为荒谬的结果。

伦敦仲裁庭在机械适用传统"三重因素一致"标准的路上甚至行得更远。该仲裁庭表示:"仲裁庭认为,被请求人提出适用平行程序原则的请求毫无意义,因为所有其他法院与仲裁程序②都牵涉不同的当事人

---

① CME Czech Republic B. V. v. The Czech Republic, under the UNCITRAL Rules 1976 (14 March 2003), paras. 432-433.

② 该案还牵涉除 Lauder/CME v. Czech 两仲裁案外其他数 20 项的法院诉讼与仲裁。

与不同的诉因……"① 伦敦仲裁庭所发表的此番意见，单纯从形式上来看，并没有错，因为表面上该案的确牵涉与其他程序不同的当事人与诉因。然而，正如前面所分析的，如果对这些关联程序所牵涉的当事人与诉因作一番实质分析，很容易发现，就伦敦仲裁庭所处理的 Lauder v. Czech 仲裁案与斯德哥尔摩仲裁庭所处理的 CME v. Czech 仲裁案而言，两案在当事人与诉因方面完全具有一致性，满足适用既判力原则或平行程序原则的相关条件。伦敦仲裁庭进而指出："因此，该案不存在任何其他法院或其他仲裁庭会作出一项与本仲裁庭将会作出的裁决相似或不一致的裁判的可能……"② 然而，现实的结果显然背离了此一判断，因为正如前文所描述的，最后，伦敦仲裁庭与斯德哥尔摩仲裁庭分别作出的裁决在结果上存在显著的冲突。

实际上，对于其所处理的 Lauder v. Czech 案与斯德哥尔摩仲裁庭所处理的 CME v. Czech 案是否会出现裁决不一致的后果，伦敦仲裁庭的态度是矛盾的。前面该仲裁庭指出，不存在任何其他法院或仲裁庭会作出一项与该仲裁庭将会作出的裁决不一致的裁判的可能。然而，后面该仲裁庭却又表达了此种忧虑，其表示："本仲裁庭与荷兰—捷克双边投资协定项下的斯德哥尔摩仲裁庭所作出的裁决可能存在对一些事项与问题出现冲突认定的可能性。"③ 其接着表示："很明显，这两项仲裁程序的仲裁申请人是不同的。然而，本仲裁庭明白，在本仲裁中，Lauder 先生提出的请求乃先于 CME 公司在斯德哥尔摩仲裁中所提起的请求。而且，特别值得注意的是，通过坚持要求不同的仲裁庭来审理 CME 公司所提出的请求，被申请人（捷克）本身是不同意在事实上实现这两项仲裁程序的合并的。"④ 由此可见，伦敦仲裁庭实际上希望通过先受理原则将 CME 公司随后所提起的请求合并至该仲裁庭，然而，合并的提议却因捷克的反对而无法实现。

不过，对于该案，合并仲裁并非避免裁决冲突的唯一途径，既判力

---

① Ronal S. Lauder v. The Czech Republic, under the UNCITRAL Rules 1976 (3 Sept. 2001), para. 171.
② Ibid..
③ Ibid., para. 173.
④ Ibid..

原则的适用便是避免此案出现裁决冲突的另一极为合适的途径。由于既判力原则乃一项由后诉裁判者针对前诉裁判所适用的原则，因此，本案中，受理案件、作出裁决以及结案在先的伦敦仲裁庭在事实上无法针对斯德哥尔摩仲裁庭尚未作出的裁决适用既判力原则，只有后者方可针对伦敦仲裁庭事先作出的裁决适用既判力原则，以避免其作出的裁决与伦敦仲裁庭的裁决发生冲突。[①] 但正如前面所述，斯德哥尔摩仲裁庭对既判力原则的适用条件——"三重因素一致"标准的过于形式化的分析，导致其认为伦敦仲裁庭作出的裁决无法对本案相关问题的裁断产生既判力，最终作出了与伦敦仲裁庭相冲突的裁决。

二 "三重因素一致"标准的理性突破：以 Apotex 案为例

如果说十多年前著名（抑或"臭名昭著"）的 Lauder/CME v. Czech 案所出现的严重背离裁决一致性的荒谬结果促使着国际仲裁界人士对既判力原则在国际仲裁领域的适用进行反思与研究，并通过国际法律组织对此发布相应的指南建议[②]，那么，后来的 Apotex Holdings Inc. & Apotex Inc. v. USA 案[③]则是仲裁庭通过既判力原则的巧妙适用，从而避免了裁决不一致情形出现的极佳案例。[④] 虽然既判力原则的价值远不止于保证裁决的一致性，但在当今裁决一致性问题备受关注的背景

[①] 事实上，倘若斯德哥尔摩仲裁庭通过适用既判力原则，从而在此案中遵循伦敦仲裁庭先前作出的裁决的判案路径，那么斯德哥尔摩仲裁庭将面临一个棘手的问题，因为在伦敦仲裁庭作出的最终裁决数天之后，斯德哥尔摩仲裁庭便事先作出了一项部分裁决，而该部分裁决对责任问题的认定即已与伦敦仲裁庭的最终裁决存在冲突，如果斯德哥尔摩仲裁庭希望避免两仲裁庭的裁决最终出现不一致的情形的话，那么，它必须在其将要作出的最终裁决中决定推翻其业已作出的部分裁决，而这显然对其是一项重大挑战。

[②] See Filip De Ly & Audley Sheppard, ILA Recommendations on Lis Pendens and Res Judicata and Arbitration, 25 (1) Arbitration International (2009), p. 85; Filip De Ly & Audley Sheppard, ILA Interim Report on Lis Pendens and Arbitration, 25 (1) Arbitration International (2009), p. 66; Filip De Ly & Audley Sheppard, ILA Final Report on Lis Pendens and Arbitration, 25 (1) Arbitration International (2009), p. 43.

[③] See ICSID Case No. ARB (AF) /12/1.

[④] 该案仲裁裁决被认为是首个适用了既判力原则的 NAFTA 项下的仲裁裁决。请参见 Nicole Thornton, Apotex III's Application of Res Judicata Ensures Finality: Legal Security and Judicial Economy, Oct. 13, 2014. http: //kluwerarbitrationblog.com/blog/2014/10/13/apotex-iiis-application-of-res-judicata-ensures-finality-legal-security-and-judicial-economy/，2020 年 1 月 4 日最后访问。

下，既判力原则在此方面的价值不应被轻易忽视。该案中，仲裁庭①确认了先前 Apotex Inc. v. USA 案②的仲裁庭于 2013 年 6 月 14 日对相关问题已作出裁断的仲裁裁决（下称"前一 Apotex 裁决"）对该案中相关问题之判定的既判力。该案仲裁庭对既判力原则的适用具有典型性，且极可能在相当大的程度上通过间接的方式影响未来国际投资仲裁领域关于既判力原则适用的实践。

（一）基本案情

在 2008 年、2009 年，为回应美国的患者、医生以及药剂师等对 Apotex 药物的投诉，美国食品药品管理局（FDA）对 Apotex Inc. 在加拿大安大略省 Etobicoke 与 Signet 两处制造工厂进行了检查。检查结果显示，两处药品制造工厂的作业都明显偏离了当前被普遍采纳的良好制造惯例。2009 年 8 月，FDA 对该两处制造工厂实施了进口警报（import a-lert）制裁，同时对 FDA 在美国各地区的办公处传达了如下通告：从上述制造工厂进口的药物被视为掺假药物，并且可以被边检在不作物理检查的前提下扣留。

2012 年 2 月，Apotex Holdings Inc. 与 Apotex Inc.（分别为第一、第二仲裁请求者；若不对两者作单独区分，下面则将其合称为"Apotex 公司"）针对美国提起了一项基于 NAFTA 协议、由 ICSID 进行管理、适用 ICSID 附加便利规则的仲裁，并声称，美国 2009 年课加于 Apotex 公司在加拿大两处制造工厂的进口警报，违反了根据 NAFTA 协定第 11 章美国给予 Apotex 公司及其在美投资以国民待遇与最惠国待遇的义务。Apotex 公司还声称，美国未遵守正当程序（due process）的要求而采取进口警报，有违习惯国际法上的最低待遇标准。

在投资仲裁中，为判定其对案件是否拥有管辖权，仲裁庭首先需要判定的一个问题是，作为"投资者"的相关活动是否真正构成"投

---

① 仲裁庭由 John R. Crook，J. William Rowley 与 V. V. Veeder（首席仲裁员）组成。J. William Rowley（系申请人委任的仲裁员）对这一问题提出了异议，其倒不认为"前一 Apotex 裁决"对此案中的相关问题已作出了裁断。

② 该仲裁案为 NAFTA 协定下根据 UNCITRAL《仲裁规则》进行仲裁的案件。在该案中，Apotex Inc. 向仲裁庭先后提出了两项请求，最终仲裁庭对管辖权以及仲裁请求的可接受性作出了否定性的裁定。仲裁庭由 Clifford M. Davidson，Fern Smith 与 Toby Landau（首席仲裁员）组成，仲裁庭作出了意见一致的裁决。

资"。对此，Apotex Inc. 声称，根据 NAFTA 协定第 1139 条，该公司已被 FDA 最终批准了的某些"简化新药申请"（Abbreviated New Drug Applications，以下简称 ANDAs）构成了"投资"，而 FDA 的行为构成了对其投资利益的侵害，据此，仲裁庭对此案完全拥有管辖权。而美国则对 Apotex 公司的仲裁请求提出了管辖权异议，认为仲裁庭不可基于 Apotex 公司的此点声称而拥有审理 Apotex 公司在本案中提出的请求的管辖权，其提出的理由有如下几项：第一，仲裁申请人 Apotex 公司无法确立以下这一点，即 Apotex Inc. 在美国已经作出或寻求作出 NAFTA 协定第 11 章项下的投资；Apotex Inc. 并未声称在美生产或只是试验任何药品，也未声称在美拥有任何营业所或雇员；Apotex Inc. 并未对其所谓的投资（包括与 ANDA 相关的活动）向美国缴纳税款。[①] 第二，仲裁庭对 Apotex Inc. 是否拥有管辖权，关键取决于对 ANDAs 性质的识别，而无论是暂时被批准的 ANDAs 抑或是最终被批准的 ANDAs，在 NAFTA 协定第 11 章的相关项下皆不能构成"投资"，即使 ANDAs 获得了批准，其也可被 FDA 撤销；ANDA 只不过是一个外国药品生产厂家为获得向美国出口药品的许可而作出的一项申请。第三，"前一 Apotex 裁决"已对 Apotex Inc. 提出的与暂被批准的 ANDAs 有关的请求作出了裁决，而该裁决认为暂被批准的 ANDAs 不构成"投资"；在考察"前一 Apotex 裁决"之时，应将裁决的理由纳入考虑范围之中，对于该裁决对暂被批准的 ANDAs 的定性，实际上同样适用于本案中对最终被批准的 ANDAs 的定性；至于未参加前一仲裁的 Apotex Holdings，其提出的相关（虽非全部）请求亦能被"前一 Apotex 裁决"的既判力所排斥。

（二）仲裁庭的裁决意见

仲裁庭在其作出的裁决中支持了美国所提出的驳斥意见。颇为引人注意的是，仲裁庭在其裁决书中从既判力的角度出发，单辟一章对仲裁庭的管辖权问题进行了详细的分析，并且对一般国际法、NAFTA 协定以及 UNCITRAL 仲裁规则背景下既判力原则的地位及其相关适用作出了重要的阐明与裁断。

[①] 在美国看来，FDA 针对 Apotex 公司在加两处制造工厂所实施的制裁乃一项贸易措施，而 Apotex 公司将可能在 NAFTA 协定第 20 章项下成立的与贸易相关的请求转化成一项在 NAFATA 协定第 11 章项下方能成立的投资请求。

第一，对于仲裁申请人声称 NAFTA 协定第 1136 条第 1 项①具有阻止既判力原则适用之效力的意见，仲裁庭不予接受。根据该项规定，仲裁庭作出的裁决仅在争议当事人之间以及仅对于当下的特定案件具有约束力。该项规定与《国际法院规约》第 59 条②极为相近，后者被解释为国际法院不受先例之约束（stare decisis）。然而，国际法院不受先例之约束，并非意味着国际法院在特定案件中亦不受既判力原则之约束。鉴于国际法院曾适用过既判力原则这一事实③，仲裁庭认为，NAFTA 协定第 1136 条第 1 项亦不排除在该协定背景下仲裁庭适用既判力原则的可能。倘若不作此种解释，那么，接受仲裁申请人的意见则意味着它可以一而再再而三地在不同的关联仲裁中针对相同的当事人反复提起相同的请求，这无疑会导致仲裁程序出现荒谬的结果。

第二，仲裁庭认为，既判力原则乃一项一般法律原则，因而，在 NAFTA 第 1131 条（准据法条款）背景下，其可以作为准据法规则得到适用。至于传统的关于既判力原则适用的"三重因素一致"标准，即当事人、请求与诉因的一致，仲裁庭对每一重因素的判断逐一表达了意见。对于当事人这一因素，仲裁庭认为，Apotex Inc. 与美国皆为前仲裁与本仲裁中的当事人，这一点毫无争议，而 Apotex Holdings 则构成 Apotex Inc. 的密切联系人（privy），只要 Apotex Holdings 的请求有赖于 ANDAs 为 NAFTA 协定下的投资这一点主张，那么"前一 Apotex 裁决"的既判力就可以及于 Apotex Holdings。对于请求与诉因这两点因素，仲裁庭注意到，要求后一仲裁与前一仲裁中的请求与诉因完全一致，很容易导致当事人通过在后一仲裁中稍微改变其请求之救济内容或请求之法律根据，而规避既判力原则的适用。④ 考虑到这一点，仲裁庭并未严格适用"三重因素一致"的标准，而是采用一种只要求当事人与诉因两重因素一致的标准，以此判断是否应适用既判力原则。⑤

---

① NAFTA 协定第 1136 条第 1 项规定："仲裁庭裁决仅对争端双方和所涉特定案件具有约束力。"
② 《国际法院规约》第 59 条规定："法院之裁判除对于当事人及本案外，无拘束力。"
③ 早在 1928 年的 Chorzow Factory 案中，常设国际法院 Anzilotti 法官作出了既判力原则为文明国家中的一项一般法律原则的经典论断。
④ 人们把此种战术称为"撕裂请求"（claim-splitting）。
⑤ 仲裁庭援引了 Pious Fund of the Californias 案的裁决以论证此种标准之合理性。

第三，仲裁庭发现，国际法院与国际仲裁庭常会考察前一关联裁决的理由部分以判断裁决主文的范围及排斥效力。在此点上，仲裁庭认为，根据1976年UNCITRAL《仲裁规则》第32条①，为适用既判力原则，"前一Apotex裁决"的相关理由可与裁决主文联系起来作解读。换言之，在适用既判力问题上，仲裁庭不应将裁决理由与裁决主文人为地撕裂。除了从仲裁庭所适用的UNCITRAL《仲裁规则》寻找根据外，仲裁庭还援引了NAFTA协定第1131条第1项②以及相关国际法规则，以支撑其所得出的以下结论，即"前一Apotex裁决"的裁决主文连同裁决理由在本仲裁中对双方当事人皆产生既判力。

第四，仲裁庭便开始分析"前一Apotex裁决"是如何对本仲裁中Apotex公司提出的请求产生阻却效力的。首先，Apotex Inc.在"前一Apotex裁决"中所提出的特定请求与其在本仲裁中所提出的请求存在差异，即前者涉及暂时被批准的ANDAs，而后者涉及最终被批准的ANDAs。对于这一差异，仲裁庭表示认可。然而，在对"前一Apotex裁决"的裁决理由进行分析时，仲裁庭表示，"……当事人清晰地从一般意义上将ANDAs作为争议问题提出，换言之，当事人提出的争议问题不局限于暂时被批准的ANDAs，而是还包括最终被批准的ANDAs；前案仲裁庭事实上亦对那一问题作了裁断；而且，在其看来，对这一问题的裁断，对解决当事人所提交给其解决的纠纷具有必要意义……"③据此，仲裁庭认为，"前一Apotex裁决"的理由应适用于所有关于ANDAs争议问题中。而"前一Apotex裁决"对ANDAs的根本性质作了判定，认为其不过是作为支撑Apotex公司向美国输出在加拿大生产的医药产品的准进口许可而发挥作用，Apotex公司出售或转让ANDAs的行为，即使其可被撤销以及仍然在地域上仅针对指定的生产厂商，亦不会改变这些ANDAs的内在性质，它在美国境内不构成商品。由此，仲

---

① 根据1976年UNCITRAL《仲裁规则》第32条（2010年修订版的第34条），仲裁裁决是终局的，对各方当事人均具有拘束力，而且仲裁庭应说明裁决所依据之理由，除非各方当事人另有约定。
② NAFTA协定第1131条第1项规定："根据本节组成的仲裁庭，应当依据本协定和可适用的国际法规则对争端的争议事项进行裁决。"
③ ICSID Case No. ARB (AF) /12/1, para. 7.50.

裁庭便适用争点禁反言（issue estoppel）规则①，阻止当事人所提出的新的请求，因为其请求之依据已被前面的关联仲裁裁决判定为不能成立。

（三）分析与评论：对传统"三重一致标准"的扬弃

将 Lauder/CME v. Czech 案与本案的处理方式作对照，人们似乎可以得出这样的结论，即既判力原则的适用在实现国际投资仲裁裁决的一致性方面能够起到独到的作用。然而，问题不在于仲裁庭是否认识到既判力原则的此种价值，事实上，在 Lauder/CME v. Czech 案中，仲裁庭也承认既判力原则在避免裁决冲突中的作用。问题在于，通过何种标准适用既判力原则。如果该案能够持续给人们带来启示，那么，最大的启示莫过于仲裁庭在适用既判力原则时，宜采用实质主义的判断方法，而不是教条地遵从形式主义色彩浓厚的"三重因素一致"标准。

仲裁庭在考察当事人一致这一条件时，运用了普通法系关于既判力原则的适用方法，即后诉当事人若构成前诉当事人的"密切联系人"（privy），则在既判力原则的适用上，仲裁庭可将前诉与后诉的当事人视为一致。本案中，Apotex Holdings 通过间接的方式控制了前一仲裁的 Apotex Inc.，且 Apotex Inc. 为本仲裁的第二请求人，因此，将 Apotex Holdings 视为 Apotex Inc. 的密切联系人完全合适，两公司之间实际上是通过利益的方式紧密相连。

不过，Apotex Holdings 与 Apotex Inc. 相互之间存在密切的联系，以至于两者构成"密切联系人"，这并非必然意味着未将 Apotex Holdings 列为当事人的"前一 Apotex 裁决"必然会对其产生既判力，因为当事人的同一性仅为既判力原则得以适用的必要条件，而非充分条件。仲裁庭随即对传统"三重因素一致"标准的另外两重因素，即诉因与请求进行了考察。在考察这两重因素之时，仲裁庭发现了传统"三重因素一致"标准的缺陷。

首先，对于前后两项关联之诉，诉因与请求两者间常常产生分离。即在同一诉因之下，当事人可能基于某种诉讼战术考量而将请求人为地

---

① 在该仲裁案中，仲裁庭虽并未明确使用"争点禁反言"这一词语，但其实质上采纳了"争点禁反言"的法理。

分裂，分别在前后不同程序中提出。此种做法所导致的逻辑后果是：如果法庭或仲裁庭采用传统的"三重一致标准"来判断是否应当适用既判力原则，那么，既判力原则将无法得到适用。对此，仲裁庭援引了相关学者的论述加以论证。例如，Christoph Schreuer 等曾指出："国际仲裁庭已经意识到此种风险，即如果他们对诉因与请求这两项因素采纳过于严格的适用标准，那么，既判力原则几乎无法被适用。如果在后诉中，只有基于与前诉完全一致的法律理由而提出与前诉完全一致的诉求，才能被前诉裁判既判力的排斥效力所阻却，那么，诉讼申请者很容易通过对其诉求或诉求所依赖的法律理由稍作修改而逃避既判力的约束。"[1] William Dodge 亦曾表达同样的担忧，其同时指出，国际仲裁庭从未允许申请人为避免前系裁决排斥效力的适用而作出"撕裂请求"之举[2]。

其次，从裁判实践角度来看，仲裁庭注意到，在以往的案件中，不少仲裁庭在考虑既判力原则的适用时，都曾抛弃传统的"三重因素一致"标准，而采纳仅考虑两重因素一致性的更简单而又合理的做法。例如，在美英求偿仲裁案中，仲裁庭将既判力原则的适用视为仅涉及两重因素的问题，并明确表达了以下意见，即当仅存在当事人一致以及争议问题一致之时，既判力原则亦得适用。[3] 在常设仲裁院早期著名的 Pious Fund 案[4]中，仲裁庭也运用了两重因素一致标准，并且强调，在前一关联仲裁裁决中，不仅当事人与本诉一致，而且被裁判了的争议主题亦与本诉一致。显然，此处两重因素一致乃为当事人的一致以及诉因的一致。综合考察这两个案例，很容易发现，处理两案的仲裁庭所分别适用

---

[1] Christoph Schreuer & August Reinisch, Legal Opinion 80, CME Czech Republic B. V. v. Czech Republic, UNCITRAL (20 June 2002). Available at http：//www.italaw.com/sites/default/files/case-documents/ita0960.pdf.

[2] See William Dodge, National Courts and International Arbitration: Exhaustion of Remedies and Res Judicata under Chapter 11 of NAFTA, 23 Hastings Int'l Comp. L. (2000), p.366.

[3] See Great Britain v. United States, Arbitral Tribunal constituted under the Special Agreement of August 18, 1910 (18 June 1913-1922 January 1926). Available at http：//legal.un.org/riaa/cases/vol_ VI/17-190_ Arbitral.pdf.

[4] See The Pious Fund of the Californias (United States of America v. Mexico), PCA Award (14 Oct. 1902). Available at http：//legal.un.org/riaa/cases/vol_ IX/1-14.pdf. 该案为常设仲裁院适用既判力的第一个案件，且被视为早期在此方面非常突出的案件。

的两重因素一致标准都未要求前后裁决中的请求亦必须一致。

第三节 从"中天仲裁案"看我国法院处理仲裁裁决既判力问题的方法

一 前项关联仲裁：JCAA（东京）04-05 号裁决

（一）案情①

江苏中天科技股份有限公司（下称"中天公司"）是中国光纤产品主要生产厂商，日本信越化学工业株式会社（下称"信越会社"）是国际上唯一向中国出口匹配型单膜光纤预制棒的厂商。2001 年 11 月 27 日，信越会社与中天公司签订《长期销售及采购协议》（下称《长期协议》）一份，约定中天公司自 2003 年 1 月 1 日起以最高每克 70 日元的价格，每月按 2000 公斤量（另有情形除外）向信越会社购买匹配型单膜光纤预制棒。自《长期协议》签订始，5 年内持续有效，协议约定每年度的价格及调整依据，并在第 4 条"不足量"条款中约定：如中天公司的消费量在任何一个月内不足预定当月购买量，则需经信越会社同意，并就减少部分按每克 40 日元支付给信越会社。双方在一般交易条件第 10 条约定：本协议由日本国的法律进行管辖和解释。由本协议产生以及与本协议相关的所有纠纷，在双方无法协商解决的情况下，根据《日本商事仲裁协会商事仲裁规则》（下称《仲裁规则》）在日本东京进行仲裁。仲裁裁决应是终局的，对双方当事人均有约束力。2003 年 10 月 9 日，双方约定将协议期限修改为从 2004 年 1 月 1 日至 2008 年 12 月 31 日。

2003 年 5 月 7 日，中国商务部收到长飞光纤光缆有限公司和江苏法尔胜光子有限公司代表国内非色散位移单模光纤（即常规单模光纤）产业正式提交的倾销调查申请，并发出 2003 年第 24 号公告，决定于 2003 年 7 月 1 日起对原产于美国、日本和韩国的进口常规单模光纤进行反倾销立案调查，确定倾销调查期为 2002 年 4 月 1 日至 2003 年 3 月 31

---

① 具体案情可参见《涉外商事海事审判指导》第 16 辑（04-05 号裁决）与第 19 辑（07-11 号裁决）的相关内容。

日，产业损害调查期为2000年1月1日至2003年3月31日。商务部2004年第28号公告初裁决定对上述三国的进口常规单模光纤征收保证金。2005年1月1日，终裁决定对上述三国进口常规单模光纤征收7%—46%不等的反倾销税，其中对从日本进口的常规单模光纤全部征收46%的反倾销税。本案长期买卖合同标的，即为上述进口产品的原材料。2003年中国国内光纤市场平均价格为每公里119元，2004年则为100元。如果照此合同履行，中天公司生产光纤的总成本则分别达到每公里175.46元和167.47元。

鉴于光纤价格所发生的巨大变化，中天公司就价格问题要求信越会社作出修订，但双方未能达成一致意见，中天公司遂决定不予履行《长期协议》。2004年4月12日，信越会社依据合同约定的仲裁条款向日本商事仲裁协会（JCAA）提出仲裁请求。该仲裁请求内容如下：1. 中天公司必须支付信越会社15.2亿日元（计算期限为自2004年1月至2005年7月），并按照每年6%的利率支付上述金额的利息，利息计算期间为从仲裁立案之日（2004年4月12日）起至完全支付之日止；2. 如果前述请求因任何原因未能得到支持，则中天公司必须支付26.25亿日元，并按照每年6%的利率支付上述金额的利息，利息计算期间为从仲裁立案之日（2004年4月12日）起至完全支付之日止；3. 双方签订的《长期协议》在2004年1月至2008年12月31日的协议期间依其条款可执行。

（二）裁决内容

2006年2月23日，仲裁庭作出裁决。裁决认为，中天公司与信越会社之间的《长期协议》第4项不能直接适用于该案件；《长期协议》因情况确实发生改变使双方当事人根据最初条件履行协议变得不实际也很困难，双方不能对新的条件进行约定，彼此已经失去信心，这种长期协议所依赖的必需的信赖关系在经历了为解决问题所进行的谈判失败后，即在仲裁质证结束后（2005年7月结束质证）被破坏殆尽。如果让申请人继续对其遭受的损失提出赔偿要求，这似乎是不公平的；同时裁决认为，支持申请人要求弥补自2004年1月至2005年7月所遭受的损失是合理的，虽然《长期协议》第4项不能直接适用于该案，但可以假定根据申请人在其简述中和通过木下显先生证词所提出的主张，《长期协议》第4项可以在本案中被用作清偿损失条款,没有任何证据表明以每克40日元清偿损失是不合理的。仲裁裁决驳回申请人的其他请求,并最终裁定:中天公司向信越会社支付15.2亿日元,并支付自2004年4月12日至给付之日按年利率6%计算的银行利息;中天公司向信越会社支付317万日元的仲裁费用。

(三) 裁决的承认与执行情况

信越会社依据《纽约公约》,在中国民事诉讼法规定的期限内,向江苏省南通市中级人民法院(下称"南通中院")申请承认日本商事仲裁协会作出的东京04-05号仲裁裁决。南通中院拟依据《纽约公约》第5条第1款(丁)项的规定拒绝承认该仲裁裁决。江苏省高级人民法院经审查,同意南通中院的意见,并认为该裁决还存在《纽约公约》第5条第2款(乙)项规定的情形。该案被上报至最高人民法院。

最高人民法院作出的答复认为:首先,本案仲裁裁决在裁决作出期限上与《仲裁规则》不符,仲裁庭违反《仲裁规则》以及《日本仲裁法》的行为构成了《纽约公约》第5条第1款(丁)项规定的"仲裁机关之组成或仲裁程序与各造间之协议不符,或无协议而与仲裁地所在国法律不符"的情形;其次,仲裁庭没有按照《仲裁规则》的规定决定再次延期并通知当事人,构成《纽约公约》第5条第1款(乙)项规定的"受裁决援用之一造未接获关于指派仲裁员或仲裁程序之适当通知,或因他故,致未能申辩者"的情形。基于此,最高人民法院同意江苏高院上报的意见,认为本案仲裁裁决存在《纽约公约》第5条第1款(乙)(丁)项规定的情形,不应予以承认。

二 本案之仲裁:JCAA(东京)07-11号裁决

本案所涉仲裁缘起之争议事实与上述前项关联仲裁完全一致。2007年8月22日,信越会社再次依据双方的《长期协议》向日本商事仲裁协会申请仲裁。2008年3月28日,信越会社修改了起初的仲裁请求的内容,并获得了仲裁庭的许可,仲裁请求最终确定的内容如下:1.中天公司赔偿2005年8月至2008年3月的合同期间违约而产生的损失赔偿25.6亿日元,并按照每年6%的利率支付上述金额的利息,利息计算期间为从变更申请递交之日（2008年3月28日）起至完全支付之日止；2. 如果前述请求因任何理由没有或不能获得准予，则中天公司向信越会社支付40.95亿日元，并按照6%的年利率支付上述金额的利息，利息计算期间为从变更申请递交之日（2008年3月28日）起至完全支付之日止。

仲裁庭作出的07-11号裁决最终认定：双方已正式签署《长期协议》，但中天公司从一开始就拒绝履行，明显违约；中天公司的违约行为是因为产品的市场价格突然急剧下降而非任何有意或不当行为；虽然原仲裁庭在最初裁决中宣告《长期协议》不再依其条款执行，但信越会社遭受了一定的财务损失，即在本次仲裁的相关期限（即2005年8月至2008年3月）内因违约所导致的利润损失，所以判定对本次仲裁所涉期间内产生的一定损害给予赔偿是公正合理的。裁定中天公司向信越会社支付6.4亿日元，作为从2005年8月1日至2008年3月31日合同期间的实际损害赔偿金，并按年利率6%支付从2008年3月28日起直至付清款的利息。

（一）双方关于04-05号裁决既判力的辩护意见

裁决生效后，中天公司未履行裁决。信越会社遂依据《纽约公约》于2008年11月6日向南通中院申请承认裁决。中天公司请求拒绝承认，其提出了几项理由，其中突出包括涉及前项关联裁决既判力的理由。中天公司认为，本案仲裁庭再次审理作出04-05号裁决的仲裁庭业已处理的争议，并且作出明显与04-05号裁决相违背的裁决，违反了仲裁条款关于仲裁裁决约束力和终局性的规定。

《长期协议》第10条规定："由本协议产生的和与本协议相关的所有纠纷在双方无法协商解决的情况下，根据日本商事仲裁协会规则和程序在日本东京进行仲裁。仲裁裁决应是终局的、对双方当事人均有约束力。"中天公司认为该条规定意味着，一旦日本商事仲裁协会就《长期协议》项下的争议作出了裁决，当事人不得就同一争议再次提起仲裁。04-05号裁决已明确驳回了信越会社关于该协议在2004年1月至2008年12月31日是可执行的这一仲裁请求，并明确指出："鉴于在2005年7月底之后，双方的信任关系不再存在，允许申请人继续就所遭受的损害提出索赔看来是不公正的。"所以该裁决明确认定仅就2004年1月至

2005年7月时间段内提出的赔偿诉求乃为合理。在04-05号裁决已生效的情况下,信越会社再次以违约赔偿之诉提请仲裁,07-11号裁决违反了04-05号裁决的上述仲裁结论,再次支持了信越会社的请求,从而再次审理了04-05号裁决所涉事项,与仲裁协议、仲裁规则和仲裁终局性原则不符,符合《纽约公约》第5条第1款(丁)项之情形,得拒绝承认。

信越会社则认为:其一,本案审查对象是07-11号裁决,仲裁规则规定裁决具有约束力且为终局,针对的是该项裁决,仲裁规则并未对仲裁过程中如何认定其他仲裁裁决的效力作出指示;其二,仲裁裁决的既判力并非绝对,04-05号裁决未获得中国法院承认即在中国境内丧失了既判力,当事人可以再次针对这一纠纷提起仲裁;其三,04-05号裁决与07-11号裁决针对的并非同一事项,信越会社在两次仲裁中提起赔偿的期间并不相同,故其本身不存在既判力问题;其四,既判力问题是实体问题,不在《纽约公约》所准许的司法审查范围内。

中天公司提出如下反驳:其一,04-05号裁决未被中国法院认可并不意味着它在其他国家亦丧失了既判力;其二,《仲裁规则》和任何日本法律均未对仲裁裁决的既判力范围作出规定,而依照双方约定,仲裁程序中仅能适用日本实体法,故仲裁庭引用《日本民事诉讼法》第114条(依照仲裁裁决书的翻译,该条款意为,"只有终审判决的主文具备既判力效力")不当,该条款不能作为确定仲裁裁决既判力的依据。依照仲裁终局性原则,仲裁裁决应当从整体上具有终局性;其三,从07-11号裁决的论述来看,裁决首先解决了既判力程序上的问题才转入实体问题,既判力毫无疑问应当是程序问题,应在司法审查范围内。

(二) 我国相关法院对04-05号裁决既判力的意见

1. 南通市中级人民法院

南通中院认为,仲裁庭对本案进行审理违反了《仲裁规则》规定的终局性原则,而这构成了《纽约公约》第5条第1款(丁)项规定之情形,理由如下:

首先,由于存在04-05号裁决,仲裁庭对本案是否有管辖权系属程序性问题,本法院应当对此进行审查。在07-11号裁决书中,仲裁庭将其对本案争议是否具备管辖权排列于"待审定的事项"之首,把该事项的具体内容简述为"有了最初裁决,本仲裁庭是否仍对当前争议具备管辖权",并明确指出"只有在对本事项有肯定的结论之后,仲裁庭才需要对下列其他事项进行审定""相关的既判力原则是指,在法律程序中已获判决的诉求,不能在随后的法律程序中重新提出起诉。如果同一方重复起诉同一诉求,法庭必须驳回此类诉求,而无须审查其实体问题"。可见,仲裁庭是将管辖权问题以及既判力问题作为本案仲裁的先决程序问题加以判断,法院有权对此进行审查。

其次,《长期协议》第 10 条规定:"由本协议产生的和与本协议相关的所有纠纷在双方无法协商解决的情况下,根据日本商事仲裁协会规则和程序在日本东京进行仲裁。仲裁裁决应是终局的、对双方当事人均有约束力。"依据该条规定,信越会社已于 2004 年 4 月 12 日就《长期协议》项下的争议向日本商事仲裁协会提起仲裁申请,仲裁庭在 04-05 号裁决中对此争议作出了裁决。在该裁决第二部分"事实认定与推理认定"中,分四个部分分别就《长期协议》约束力、第 4 条的适用范围、遭受损失的金额进行了论述,指出"鉴于在 2005 年 7 月底之后,双方的信任关系不再存在,允许申请人继续就所遭受的损害提出索赔看来是不公正的",并在此基础上认定"允许申请人寻求其自 2004 年 1 月至 2005 年 7 月的损失是合理的行为","由于缺少根据,申请人提出的其他请求被驳回"。可见 04-05 号仲裁裁决已就双方争议的合同的解除及赔偿请求的合理时间范围都作出了明确的结论性意见。本案 07-11 号裁决的仲裁庭认为,"由于缺少根据,申请人提出的其他请求被驳回"具有既判力,其包含了驳回信越会社关于该协议在 2004 年 1 月至 2008 年 12 月 31 日是可执行的这一仲裁请求,而"鉴于在 2005 年 7 月底之后,双方的信任关系不再存在,允许申请人继续就所遭受的损害提出索赔看来是不公正的"同样也是经过论证的结论性意见。鉴于 04-05 号裁决已对信越会社是否有权请求 2005 年 7 月后的赔偿进行了判断,依照仲裁终局性原则,信越会社不得就上述请求再次向仲裁庭申请仲裁。07-11 号裁决再次对该问题进行了审理,违反了双方在《长期协议》中约定的对双方当事人具有约束力的终局性条款。

2. 江苏省高级人民法院

由于南通中院作出了拒绝承认与执行本案 07-11 号裁决的决定，因此须将案件层报至其上一级法院，即江苏高院。江苏高院认为，仲裁庭对本案进行审理违反了《仲裁规则》规定的终局性原则，而这构成《纽约公约》第 5 条第 1 款（丁）项规定之情形。

首先，07-11 号裁决明确表示，仲裁庭将其对本案争议是否具备管辖权排列于"待审定的事项"之首，把该事项的具体内容简述为"有了最初裁决，本仲裁庭是否仍对当前争议具备管辖权"，并明确指出"只有在对本事项有肯定的结论之后，仲裁庭才需要对下列其他事项进行审定"。因此，仲裁庭将其对本案争议是否具有管辖权作为仲裁先决程序问题予以审查，故法院有权对仲裁裁决中所涉管辖问题，即是否存在违反仲裁裁决终局性的问题进行审查。

其次，本案仲裁裁决违背了仲裁规则关于仲裁裁决终局性的规定。《仲裁规则》第 54.6 条规定，"仲裁裁决是终局的，对当事人具有拘束力"。就《长期协议》项下的争议来说，信越会社已经于 2004 年 4 月 12 日向日本商事仲裁协会提起了仲裁申请，04-05 号裁决指出"鉴于在 2005 年 7 月底之后，双方的信任关系不再存在，允许申请人继续就所遭受的损害提出索赔看来是不公正的"，并进而认定"由于缺少根据，申请人提出的其他请求被驳回"，即 04-05 号裁决已经驳回了申请人关于"双方签订的《长期协议》在 2004 年 1 月至 2008 年 12 月 31 日的协议期间依其条款可执行"的请求。

江苏高院认为，"双方签订的《长期协议》在 2004 年 1 月至 2008 年 12 月 31 日的协议期间依其条款可执行"的请求一方面包含请求认定双方签订的《长期协议》是合法有效的协议，双方当事人均有履约的义务，另一方面也包含请求认定若一方当事人违反该协议约定的义务，另一方当事人可依照约定主张违约赔偿。鉴于 04-05 号裁决已经驳回了信越会社提出的关于"双方签订的《长期协议》在 2004 年 1 月至 2008 年 12 月 31 日的协议期间依其条款可执行"的请求，故 07-11 号仲裁裁决再次审理并裁决中天公司需承担信越会社在 2005 年 8 月至 2008 年 3 月因违约所导致的利润损失，违反了仲裁裁决的终局性。

3. 最高人民法院

最高法院根据江苏高院上报的案件，针对该案所涉既判力问题，给出了如下意见：日本商事仲裁协会仲裁庭在 07-11 号裁决前曾作出 04-05 号裁决，该裁决驳回了信越会社关于确认 2004 年 1 月至 2008 年 12 月 31 日的《长期协议》可履行的仲裁请求，其理由为自 2005 年 7 月后双方当事人之间已丧失信任关系、允许信越会社继续请求 2005 年 8 月之后的损失不公平。信越会社在本次仲裁中的请求是 2005 年 8 月至 2008 年 3 月的违约损失，其隐含了该时间段协议的可履行请求。因此，本次仲裁事项与前次仲裁程序中信越会社关于协议可履行的请求属同一仲裁事项，构成重复受理。本案当事人之间的仲裁协议（条款）中明确约定了仲裁终局力原则，07-11 号裁决的作出违反了该原则，构成仲裁程序与当事人协议不符，应适用《纽约公约》第 5 条第 1 款（丁）项之规定予以拒绝承认。

三 对我国法院处理该案既判力问题的总结与评价

中天仲裁案是近年我国法院处理外国仲裁裁决的承认与执行案中影响较大的案件，该案所涉问题不仅包括既判力问题，还包括公共利益问题，但最高法院最终仅以既判力为由拒绝执行该案 07-11 号裁决。下面将分别从实然与应然两个角度对我国法院处理该案既判力问题的方法作一总结与评价。

（一）总结

从实然角度看，我们可以从该案中总结出我国法院处理仲裁裁决既判力问题的三个要点：（1）我国法院拒绝承认与执行的外国仲裁裁决，并不代表我国法院否定该裁决的既判力；（2）我国法院将违背既判力原则视为构成拒绝承认与执行外国仲裁裁决的理由；（3）我国法院将外国仲裁裁决违背既判力原则的情形纳入《纽约公约》第 5 条第 1 款（丁）项下。

04-05 号仲裁裁决为日本商事仲裁协会下的仲裁庭所作出的外国仲裁裁决，其已经被我国法院以《纽约公约》第 5 条第 1 款（乙）（丁）项下的程序性理由拒绝承认与执行。在后来的关联仲裁中，日本商事仲裁协会下的仲裁庭针对相同当事人所提出的与 04-05 号仲裁裁决内容具有重叠性的请求作出了 07-11 号裁决。虽然 04-05 号裁决已被我国法院拒绝承认与执行，但我国法院，包括所有的三级法院，都认为 07-11 号裁决裁定中天公司应赔偿信越会社在 2005 年 8 月至 2008 年 3 月的违约损失与 04-05 号裁决裁定 2004 年 1 月至 2008 年 12 月 31 日的《长期协议》不具有可履行性在裁决意见上相左，从而以 07-10 号裁决违背 04-05 号裁决的既判力拒绝将其承认与执行。由此，显而易见，我国法院拒绝承认与执行的外国仲裁裁决，并不代表我国法院否定该裁决的既判力。

在作出拒绝承认与执行 07-11 号裁决的决定时，南通中院所给出的理由不仅仅包括与 04-05 号裁决的既判力相关的原因，还包括其他程序性原因，以及特别包括承认 07-11 号裁决将违反我国公共利益这项原因，江苏高院亦认为 07-11 号裁决首先违背了 04-05 号裁决的既判力，同时承认与执行该项裁决亦将违反我国的公共利益。然而，最高院在对该案作审查时认为，公共政策问题应仅限于承认仲裁裁决的结果将违反我国的基本法律制度、损害我国根本社会利益的情形，考虑到本案存在其他得拒绝承认情形，不宜再适用公共政策原则拒绝承认涉案仲裁裁决。此处最高院所言之"其他得拒绝承认情形"即外国仲裁裁决"违背既判力原则"的情形。最高院最终仅以后者这一项原因作出了不予承认与执行 07-11 号裁决的批复。由此可见，在 07-11 号裁决承认与执行案中，"违背既判力原则"这一情形所扮演的并不是一个辅助原因的角色，实际上，它是我国法院拒绝承认与执行涉案仲裁裁决最重要且最终是唯一的原因。

作为《纽约公约》缔约国，我国法院拒绝承认与执行在另一缔约国作出的裁决须符合该公约的相关规定。《纽约公约》在第 5 条中以穷举的方式将所有可援引拒绝承认与执行外国仲裁裁决的理由列明，其具体内容如下：

一、裁决唯有于受裁决援用之一造向声请承认及执行地之主管机关提具证据证明有下列情形之一时，始得依该造之请求，拒予承认及执行：

（甲）第二条所称协定之当事人依对其适用之法律有某种无行为能力情形者，或该项协定依当事人作为协定准据之法律系属无效，或未指

明以何法律为准时,依裁决地所在国法律系属无效者;

(乙)受裁决援用之一造未接获关于指派仲裁员或仲裁程序之适当通知,或因他故,致未能申辩者;

(丙)裁决所处理之争议非为交付仲裁之标的或不在其条款之列,或裁决载有关于交付仲裁范围以外事项之决定者,但交付仲裁事项之决定可与未交付仲裁之事项划分时,裁决中关于交付仲裁事项之决定部分得予承认及执行;

(丁)仲裁机关之组成或仲裁程序与各造间之协议不符,或无协议而与仲裁地所在国法律不符者;

(戊)裁决对各造尚无拘束力,或业经裁决地所在国或裁决所依据法律之国家之主管机关撤销或停止执行者。

二、倘声请承认及执行地所在国之主管机关认定有下列情形之一,亦得拒不承认及执行仲裁裁决:

(甲)依该国法律,争议事项系不能以仲裁解决者;

(乙)承认或执行裁决有违该国公共政策者。

显然,我们无法从《纽约公约》第5条中找到将"违背既判力原则"明确列为缔约国可据以拒绝承认与执行外国仲裁裁决的理由。虽然如此,由于该公约第五条项下的理由仍存在缔约国可加以解释的空间,故缔约国法院可将"违背既判力原则"识别为该公约第五条某一项下的具体情形,从而使其构成法院拒绝承认与执行相关裁决的理由。从第五条项下各理由的内容与目的看,似乎只有第1款(丁)项与第二款(乙)项才可能涵盖"违背既判力原则"。由于裁决既判力往往直接为仲裁协议所明确,或者间接为仲裁协议所指定的仲裁规则所规定,故"违背既判力原则"似乎可被视为"仲裁程序与各造间之协议不符"的情形。此外,由于裁决既判力本身亦可能被认为涉及公共利益,故缔约国似乎亦可以将"违背既判力原则"视为"承认或执行裁决有违该国公共政策者"的情形。通过考察我国法院处理该案既判力问题的意见,很容易发现,无论是南通中院、江苏高院,还是最高法院,它们都将"违背既判力原则"视为《纽约公约》第5条第1款(丁)项之情形。

(二)评价

上面对我国法院在该案中处理仲裁裁决既判力问题的方法作了归纳

与说明。现在有必要从应然的角度对其作一番规范分析。

首先，我国法院将外国仲裁裁决"违背既判力原则"视为拒绝承认与执行的理由，颇值得肯定。一方面，承认与执行一项违背既判力原则的裁决，即意味着对裁决不一致这一事实表示默认，这与法律所追求的可预见性与裁判一致性相左；另一方面，从结果上看，承认与执行一项违背既判力原则的裁决还可能构成重复执行与关联裁决相同的仲裁请求，对败诉当事人的利益构成不当侵害。因此，如果一项外国仲裁裁决的裁决内容或其认定的问题与前一关联裁决存在相反之处，则执行地法院应当仔细考察前一关联裁决与当前裁决在内容上的矛盾之处。如果执行地法院发现承认与执行当前裁决将显然对一方当事人的合法利益构成不当侵害，那么，在既判力原则适用条件具足的情况下，执行地法院可以援引"违背既判力原则"这一理由拒绝承认与执行当前裁决。这既有利于维护裁决的一致性，又有利于保护当事人的合法利益，而且，这与国际仲裁界已形成的共识是一致的。

其次，我国法院将外国仲裁裁决违背既判力原则的情形纳入《纽约公约》第5条第1款（丁）项下，亦颇值得肯定。前面曾指出，外国仲裁裁决违背既判力原则这种情况既可能被纳入《纽约公约》第5条第1款（丁）项下，亦可能被纳入第二款（乙）项关于"公共政策"的理由项下。如果我国法院将其识别为"公共政策"，这并非完全毫无道理，因为维护裁判权威、节约司法资源乃至保护当事人的私人权益都可以被认为涉及一国公共利益，况且有的国家将仲裁裁决既判力识别为公共政策事项。然而，仲裁毕竟是一种以当事人合意为基础的私人纠纷解决机制，若执行地国法院扩大公共政策的理解范围，将仲裁裁决既判力识别为公共政策，这可能会无意中打开自由解释公共政策的"潘多拉魔盒"，导致其他一系列程序性问题亦可被纳入公共政策的范围，进而可能让人产生该国对国际仲裁不甚友好的印象。实际上，该案中，最高人民法院特别对公共政策作了极为严格的解释与限定，其表示，公共政策应仅限于承认仲裁裁决的结果将违反我国的基本法律制度、损害我国根本社会利益的情形。①

上面肯定了我国法院处理仲裁裁决既判力问题的两个方法要点，即将违背既判力原则视为构成拒绝承认与执行外国仲裁裁决的理由，并且将该理由纳入《纽约公约》第5条第1款（丁）项。然而，对于另一个方法要点，即我国法院拒绝承认与执行外国仲裁裁决，并不代表我国法院否定该外国仲裁裁决的既判力，却让人费解。

该案中，作为前一关联裁决的04-05号裁决已被我国法院拒绝承认与执行（姑且不论作出拒绝承认与执行的决定是基于何种理由），这逻辑上意味着，即使其他国家可能承认或执行该项裁决，该裁决在我国境内亦不产生既判力。而在本案中，我国法院却认为07-11号裁决违背04-05号裁决已裁事项的既判力，从而间接承认04-05号裁决的效力，显然与我国法院拒绝承认04-05号裁决的决定相矛盾。

此处，与其批判我国法院处理该案在逻辑上的自相矛盾，不如深入挖掘这一逻辑矛盾的潜在原因。虽然我国法院在该案中援引既判力原则拒绝承认与执行07-11号裁决存在逻辑悖论，但该案又从一般意义上反映了法院援引既判力原则拒绝承认与执行外国仲裁裁决的一个困境，这一困境与其说是源自既判力原则本身，毋宁是拒绝承认与执行理由项在实践中往往被限定于程序性理由所致。这一困境在于，执行国往往以《纽约公约》第1款所列举的程序性理由拒绝承认与执行相关裁决，但事实是，基于程序不当的原因无法获得相关国家承认与执行的裁决，其在裁决实体方面未必全然不合理。如此一来，在裁决的承认与执行问题上，将产生涉案裁决的程序合理性与实体合理性的分离。

回到该案中，04-05号裁决被我国法院基于程序不当原因拒绝承认与执行，而我国法院在涉及07-11号裁决案中却肯定04-05号裁决中仲裁庭对相关实体问题的认定，这表明我国法院将04-05号裁决的程序合理性与实体合理性分开予以评价与考察。然而，这种方法看似合理，

---

① 值得注意的是，虽然该案中当事人提出了针对对方当事人申请承认与执行07-11号裁决提出了既判力抗辩，我国法院最后亦是以裁决违背既判力原则这一理由拒绝承认与执行该项裁决，但我们仍无法判断我国法院是否认为其能够主动适用既判力原则。本研究认为，既然我国法院并未将仲裁裁决的既判力识别为公共政策事项，那么，若当事人未提出裁决违背既判力原则的抗辩以阻止裁决的承认与执行的话，我国法院不宜主动适用既判力原则作出拒绝承认与执行涉案裁决的决定。

但在实践中，可能造成对胜诉仲裁当事人不公的后果。法院基于程序不当的原因作出拒绝承认与执行一项外国仲裁裁决的决定，其不仅仅否定该项裁决的程序合理性，实际上，亦将导致该项裁决的实体内容无法得到执行，即使该项裁决在实体方面具有合理性。故此，已被拒绝承认与执行的仲裁裁决，不应当被认为对请求执行地国仍具有既判力，否则，由新组成的仲裁庭对同一争议与请求重新作出的裁决可能被该国基于前项已被该国拒绝承认与执行的裁决的既判力，而永远无法在该国获得承认与执行。这对于实体权利遭受损害的一方当事人是不公平的。而且，如果只有该国境内存在可供执行的财产，则很可能导致当事人永远无法获得救济。

结　语

至此，本书已经对仲裁裁决既判力的相关理论与实践问题作了较为全面的探讨，部分章节因问题的突出程度不同或因其他原因而详略有别，但总体而言，本书对构成其主体的五大部分仍然作了较为均衡的论述。然而，这并非意味着本书对相关问题的探讨流于教科书式的叙述，更不是意味着本书不存在作者所希望论证的核心观点。实际上，本书所主张的最为重要的一个论点乃涉及仲裁裁决既判力的适用标准，此一问题亦是既判力在实践运用中的核心问题。下面将对这一核心论点作一提炼，并同时对我国法院处理仲裁裁决既判力问题的方法提出几点建议。

一　确立传统"三重因素一致"标准的分析框架

当事人、诉因以及请求的一致乃既判力原则适用的传统标准。这一标准在大陆法系更是被不少国家以立法的方式予以确认。在国际层面，无论是国际法院的判决、常设仲裁院的裁决，抑或诸如国际法协会等组织所发布的具有指南意义的相关文件，都确定了以下这一点，即裁判者在处理涉及前一关联裁判的既判力之时，应当考虑这三重因素在前后案件中是否具有一致性。如果在具体案件中，前一关联案件与当下仲裁庭所处理的案件在当事人、诉因与请求这三方面具有完全的同一性，在此种条件下，前一关联案件的裁判毫无疑问能够对当下案件产生包括积极与消极两方面的既判力。然而，实践中极难出现前一关联案件与当下案件在这三方面具有完全同一性的情形。首先，由于实践中经常出现母公司与子公司或者隶属同一集团不同的子公司分别作为当事人参与前后关联案件的情形，因而，针对当事人的一致，如果法院或仲裁庭采纳绝对的标准，那么，此种情形下，前后关联案件所涉相关当事人基本上无法被认为具有同一性。其次，即使前后当事人一致已被确定，由于当事人可能基于各种利益考虑而人为地将请求撕裂，而分别在前后不同的程序中提起相关请求，这会使得请求的一致无法得到满足。最后，即使诉因的一致这项较为容易判断的要求，在实践中，也可能由于当事人故意保留某些其能够在前一程序中提出而未提出的争点或事实，而变得扑朔迷离。基于此，如果在仲裁实践中，法院或仲裁庭机械地适用传统的"三重因素一致"标准，那么，这极易导致既判力原则无法得到合理的适用，从而无法借此避免重复裁判，减少裁决不一致的风险，以及提高仲裁的效率。

故此，我们需要对传统"三重因素一致"标准重新定位。一方面，传统"三重因素一致"标准有其内在合理性，乃为人类法律文明在适用既判力原则的长年历史积累中所形成的共识；另一方面，正如实践显示，机械适用"三重因素一致"标准的后果乃是既判力原则在绝大多数情形下无法得到适用。因此，人们需要寻找一个平衡点。本研究认为，法院或仲裁庭在具体案件中分析既判力原则能否得到适用时，不应当寻求当事人、诉因与请求这"三重因素"的绝对同一性，而应当对既判力原则背后所涉之深层次价值因素与既判力原则之外的其他价值因素作一平衡考量，以定夺前一关联裁决能否对当下案件的处理产生既判力。[①]

实际上，传统"三重因素一致"标准的最大意义在于，其能够为判断既判力原则的适用提供一个整体的分析框架，法院或仲裁庭在分析前后关联案件所涉既判力问题之时，应以这"三重因素"为出发点，对其同一性进行实质考察，并对背后所涉及的价值因素进行综合分析，而

[①] 例如，当事人一致这一要求的核心考量在于，每一位当事人都有权利参与程序，并在程序中表达自己的法律意见，因而，后案中的当事人如果未能参与前案之程序，那么，将前案裁判之既判力强加诸该当事人存在违反正当程序之虞。然而，实践中，正如前面所述，实践中可能存在此种情形，即前后两案相关当事人乃母公司或子公司之关系，或隶属同一集团的子公司，而且它们在前一程序进行过程中都能以这样或那样的方式间接参与，因而，在此种情形下，即使将前后两案相关当事人视为同一当事人，亦不存在违反正当程序的情形，或者仅为一种细微的程度问题，而非实质违反正当程序。相反，如果将裁判者以前后两案当事人不一致而排出既判力原则的适用，那么，这显然会导致对相同问题或请求的重复审理，进而可能造成裁判的冲突以及效率的损失。

不应当教条地适用传统的"三重因素一致"标准。

二 对传统"三重因素一致"标准的合理突破

确定了传统"三重因素一致"标准作为既判力原则适用的分析框架后，在个案中，裁判者考察既判力的适用条件时须意识到，当事人、诉因与请求这"三重因素"并非在和任何条件下都应当具有同一性。

首先，同一性不能从表面上去判断，而应当从前后关联案件所涉及的当事人、诉因以及请求这三项因素的实质方面去判断，如此方可避免当事人为防止前一关联裁决对后案产生既判力而故意在后案中变通这三项因素中的任意一项。从裁判者的角度观之，采用实质主义的方法判断这三项因素的同一性，从而合理地适用既判力原则，还可以达到避免重复裁断、节约审理时间的效率目的，并且还可以因此避免裁决不一致结果的发生以及保护前案胜诉当事人的既得合法利益。

其次，在普通法系，"争点禁反言"规则乃其既判力制度的重要构成。法院或仲裁庭在判断前一关联裁决的关键争点对后案是否产生既判力时，无须考察这两项关联案件在请求方面是否具有一致性。只要两案中的关键争点一致，而且涉及相同当事人，"争点禁反言"规则即可适用。另外，虽然大陆法系一般将裁判既判力限于主文，因而认为裁判理由不具有既判力，争点亦不具有既判力，但事实上，某些大陆法系国家的司法实践也承认，在考察裁判既判力的范围时往往需要考察裁判理由，并且承认，在一定条件下，案件重大争点亦可产生既判力。因此，在争点既判力问题上，要求前后关联案件在请求上具有同一性，往往没有必要。大陆法系之所以严格适用"三重因素一致"标准，其中一个关键原因在于，大陆法系国家不存在普通法系的"争点禁反言"规则，而将既判力理解为普通法系中的"请求禁反言"，如此，当事人、诉因以及请求这三方面的一致性缺一不可。总之，法院或仲裁庭在考虑将既判力适用于案件关键争点时，理应突破传统"三重因素一致"标准的界限，主要考察当事人与诉因这两项因素，并考察本案关键争点与前案关键争点是否具有一致性。

最后，在仲裁中，仲裁庭或相关法院在适用既判力原则时，应考虑仲裁的双边性及保密性等特点，在决定是否应当在个案中合理突破传统

"三重因素一致"标准时,应特别注意前后关联案件所涉当事人是否具有足够的同一性。仲裁不同于诉讼,双边性与保密性意味着,非仲裁协议签约主体既无法参与仲裁程序,亦无法得知裁决内容。因此,在判断后案当事人与前案当事人是否具有同一性时,裁判者应考虑前者与后者在参与前一仲裁程序时是否形成了实质上的"你中有我、我中有你"的密切关联。若不存在此种实质关联,则不宜认定前案裁决对后案当事人具有既判力。

三 对我国法院处理仲裁裁决既判力问题的建议

我国是成文法国家,一切法律问题的处理原则上皆依成文法律法规。对于仲裁裁决的既判力,《中华人民共和国仲裁法》第9条规定:"仲裁实行一裁终局的制度。裁决作出后,当事人就同一纠纷再申请仲裁或者向人民法院起诉的,仲裁委员会或者人民法院不予受理。"该条是对仲裁裁决既判力作出的原则性规定,它肯定仲裁裁决具有同法院判决一样的终局效力,且不同于法院诉讼的是,仲裁还实行一裁终局。然而,该条规定过于原则,没有确定既判力原则的适用条件和既判力效力的涵盖范围。具体来讲,第一,由于仲裁裁决既判力一般涉及前后两仲裁(或者诉讼),前一裁决在什么条件下对后一裁决产生既判力,这未得到明确;第二,裁决理由是否具有既判力,该条未作回答。这反映了"宜粗不宜细"的立法价值取向,为法官结合个案利用司法解释阐明既判力原则预留了充分空间。然而,我国法院似乎并未充分利用粗糙的立法所预留的司法解释空间。比如,北京市中级人民法院(2009)二中民特字第13538号民事裁定书在处理仲裁裁决"一事不再理"时,仅仅罗列相关事实,并对其作简单说明,再援用上述第9条对前述事实作出裁定。在裁定书中,完全无法找到既判力原则或"一裁终局"规则适用的阐释过程。在前面所分析的"中天仲裁案"中,虽然我国法院明确基于既判力的原因拒绝承认与执行在日本作出的仲裁裁决,但仔细考察我国法院特别是最高人民法院所给出的意见,不难发现,我国法院并未利用该案对既判力原则适用的重要问题作出系统解释,因而错失了一个通过此案为既判力原则在仲裁中的适用提供可供参考的规则的机会。

回顾前面英国法院对 Associated Electric v. European Re 案的处理,

虽然英国不是成文法国家，枢密院在处理该案时未引用成文法条，但整个法律推理过程清晰流畅、说服力强。枢密院首先从三个不同角度说明了当事人在 Rowe 仲裁中援引 Boyd 仲裁裁决并不违反仲裁保密性原则，这为既判力原则的适用"扫清"了第一道障碍；紧接着其对"争点禁反言"规则予以说明，指出"争点禁反言"抗辩实际上是一项可执行性的权利；最后点出"如何正确理解和适用仲裁条款"的问题在 Boyd 仲裁中意义重大，这一点至为关键，它实际上意味着该案已具备适用既判力原则的充分条件。再回顾 Apotex 案仲裁庭对既判力原则的运用，仲裁庭未被传统"三重因素一致"标准所束缚，而是采纳实质主义的方法考察当事人、诉因以及请求的同一性，并考察其中某一因素的同一性是否具有必要性，与此同时，采纳普通法系的"争点禁反言"规则，从而避免因请求的不一致而导致既判力原则无法适用。

法律，无论成文抑或不成文，从某种意义上讲，皆处于沉睡之状态，有待法官结合个案，利用司法解释去激发它们的活力。期望成文法国家对任何法律原则细化再细化，这不现实；过于抽象的规则在一定条件下亦具有相当的潜在优势。然而，俾使这种潜在优势化为现实的前提是，法官必须具备高度的司法能动性，唯其如此，才能寄望其将正义输送至每一案件之中。倘使法官不具备这种素质，则恐还需将立法进一步明确、进一步细化为好。撰诸以上分析，普通法系的经验为我国法官在个案中适用既判力提供了良好参考。我国法官在遇到仲裁裁决既判力问题时，可尝试吸纳普通法系的经验，采用更灵活、更具体的规则来阐释既判力原则，比如引入以争点为核心的既判力分析框架，在此框架下，对案件的处理具有实质影响的争点亦可被赋予既判力，这或许更有助于法律的形式正义与实质正义达致统一。[①]

[①] 既判力原则很大程度上代表法律的形式正义，维护了法的稳定性，然而过于僵硬地适用既判力原则有损害法律的实质正义之嫌。任何裁判的效力并非绝对，应赋予法官足够的自由裁量权去平衡这两种正义之间的关系。See Xavier Groussot and Timo Minssen, Res Judicata in the Court of Justice Case-Law: Balancing Legal Certainty with Legality? European Constitutional Law Review (3), 2007, pp. 385-417.

参考文献

中文类

(一) 著作

常廷彬：《民事判决既判力主观范围研究》，中国人民公安大学出版社 2010 年版。

陈荣宗：《民事诉讼法》，台湾三民书局 1996 年版。

丁宝同：《民事判决既判力研究》，法律出版社 2012 年版。

丁颖：《美国商事仲裁制度研究：以仲裁协议和仲裁裁决为中心》，武汉大学出版社 2007 年版。

杜新丽：《国际商事仲裁理论与实践专题研究》，中国政法大学出版社 2009 年版。

韩健：《现代国际商事仲裁法的理论与实践》，法律出版社 2000 年版。

韩健主编：《涉外仲裁司法审查》，法律出版社 2006 年版。

黄进、宋连斌、徐前权：《仲裁法学》，中国政法大学出版社 2008 年版。

黄进主编：《国际商事争议解决机制研究》，武汉大学出版社 2010 年版。

姜霞：《仲裁司法审查程序要论》，湘潭大学出版社 2009 年版。

林剑锋：《民事判决既判力客观范围研究》，厦门大学出版社 2006 年版。

林一飞：《仲裁裁决抗辩的法律与实务》，武汉大学出版社 2008 年版。

林一飞编著：《最新商事仲裁与司法实务专题案例》，对外经济贸易大学出版社 2008 年版。

刘想树：《中国涉外仲裁裁决制度与学理研究》，法律出版社 2001 年版。

刘晓红：《国际商事仲裁专题研究》，法律出版社 2009 年版。

马占军：《仲裁法修改新论》，法律出版社 2011 年版。

乔欣：《比较商事仲裁》，法律出版社 2004 年版。

乔欣主编：《和谐文化理念视角下的中国仲裁制度研究》，厦门大学出版社 2011 年版。

沈宗灵：《比较法研究》，北京大学出版社 1998 年版。

石现明：《国际商事仲裁：当事人权利救济制度研究》，人民出版社 2011 年版。

史飚：《商事仲裁监督与制约机制研究》，知识产权出版社 2011 年版。

宋连斌：《国际商事仲裁管辖权研究》，法律出版社 2000 年版。

宋连斌主编：《仲裁法》，武汉大学出版社 2010 年版。

宋连斌主编：《仲裁理论与实务》，湖南大学出版社 2005 年版。

汪祖兴：《中国仲裁制度的境遇及改革要略》，法律出版社 2010 年版。

魏艳茹：《ICSID 仲裁撤销制度研究》，厦门大学出版社 2007 年版。

杨弘磊：《中国内地司法实践视角下的〈纽约公约〉问题研究》，法律出版社 2006 年版。

杨良宜、莫世杰、杨大明：《仲裁法——从 1996 年英国仲裁法到国际商务仲裁》，法律出版社 2006 年版。

杨良宜、莫世杰、杨大明：《仲裁法——从开庭审理到裁决书的作出与执行》，法律出版社 2010 年版。

于喜富：《国际商事仲裁的司法监督与协助——兼论中国的立法与司法实践》，知识产权出版社 2006 年版。

张卫平：《民事诉讼：关键词展开》，中国人民大学出版社 2005 年版。

赵健：《国际商事仲裁的司法监督》，法律出版社 2000 年版。

赵生祥主编：《海峡两岸商务仲裁制度比较研究》，法律出版社2010年版。

赵秀文：《国际商事仲裁法原理与案例教程》，法律出版社2010年版。

赵秀文：《国际商事仲裁现代化研究》，法律出版社2010年版。

中国国际经济贸易仲裁委员会编：《〈纽约公约〉与国际商事仲裁的司法实践》，法律出版社2010年版。

朱建林主编：《国际商事案例选评》（第2版），对外经济贸易大学出版社2010年。

（二）译、编著

［英］艾伦·雷德芬、马丁·亨特：《国际商事仲裁法律与实践》（第4版），林一飞、宋连斌译，北京大学出版社2005年版。

邓辉辉：《既判力理论研究》，中国政法大学出版社2005年版

［瑞典］费恩·迈德森：《瑞典商事仲裁：1999年〈瑞典仲裁法〉和〈斯德哥尔摩商会仲裁院规则〉评述》，李虎、顾华宁译，法律出版社2008年版。

［法］盖拉德：《国际仲裁的法理思考和实践指导》，黄洁译，北京大学出版社2010年版。

［日］高桥宏志：《民事诉讼法——制度与理论的深层分析》，林剑锋译，法律出版社2003年版。

罗结珍译：《法国新民事诉讼法典》，中国法制出版社1999年版。

［美］德拉奥萨：《国际仲裁科学探索：实证研究精选集》，陈福勇、丁建勇译，中国政法大学出版社2010年版。

［西］帕德罗·马丁内兹-弗拉加：《国际商事仲裁：美国学说发展与证据开示》，蒋小红、谢新胜等译，中国社会科学出版社2009年版。

宋连斌、林一飞译编：《国际商事仲裁资料精选》，知识产权出版社2004年版。

（三）期刊论文

常怡、肖遥：《民事判决的既判力客观范围》，载《甘肃政法学院学报》2006年第3期。

陈忠谦：《论仲裁裁决的撤销与不予执行——兼谈中国〈仲裁法〉

的修改》，载《仲裁研究》2006年第2期。

邓辉辉：《论既判力的作用》，载《学术论坛》2010年第6期。

邓辉辉：《论判决理由的既判力》，载《理论探索》2006年第6期。

高薇：《论诉讼与仲裁关系中的既判力问题》，载《法学家》2010年第6期。

顾维遐：《香港与内地仲裁裁决司法审查制度的借鉴和融合》，载《法学家》2009年第4期。

韩永安、杨元元：《商事仲裁裁决的既判力》，载《中国律师》2014年第9期。

胡瑾：《仲裁裁决撤销司法监督失误的程序救济》，载《武汉大学学报》（哲学社会科学版）2007年第4期。

李沣桦：《趋向抑或特例：已撤销国际商事仲裁裁决承认与执行的文本剖析》，载《仲裁与法律》第115辑，法律出版社2009年版。

李沣桦：《已撤销商事仲裁裁决之承认与执行实证研究——以Chromalloy案为例对〈纽约公约〉的适用分析》，载《北京仲裁》第66辑，中国法制出版社2008年版。

李英：《论国际商事仲裁裁决的撤销》，载《国际关系学院学报》2009年第4期。

刘笋：《国际投资仲裁裁决的不一致性问题及其解决》，载《法商研究》2009年第6期。

刘笋：《国际投资仲裁引发的若干危机及应对之策述评》，载《法学研究》2008年第6期。

刘笋：《建立国际投资仲裁的上诉机制问题析评》，载《现代法学》2009年第5期。

卢松：《纽约公约与裁决的撤销》，载《北京仲裁》第68辑，中国法制出版社2009年版。

马永梅：《中国内地与香港民商事判决承认与执行制度中的既判力问题研究》，载《法学杂志》2010年第11期。

马占军：《论我国仲裁裁决的撤销与不予执行制度的修改与完善——兼评〈最高人民法院关于适用中华人民共和国仲裁法若干问题的解释〉的相关规定》，载《法学杂志》2007年第2期。

齐树洁：《再审程序的完善与既判力之维护》，载《法学家》2007年第6期。

宋英辉、李哲：《一事不再理原则研究》，载《中国法学》2004年第5期。

宋明志：《仲裁裁决效力论》，载《北京仲裁》2010年第1期。

宋明志：《仲裁裁决争点效之否定》，载《仲裁研究》2008年第3期。

田晓云：《仲裁裁决撤销程序中的重新仲裁问题探讨》，载《北方工业大学学报》2000年第4期。

王小莉：《从一起撤销仲裁裁决案看我国司法监督的范围》，载《仲裁研究》第12辑，法律出版社2007年版。

翁晓斌：《论既判力与执行力向第三人的扩张》，载《浙江社会科学》2003年第3期。

翁晓斌、宋小海：《既判力：理论解读与检讨》，载《南京大学法律评论》2002年第2期。

吴明童：《既判力的界限研究》，载《中国法学》2001年第6期。

吴晓青：《试论重新仲裁开始后原仲裁裁决的法律效力》，载《商事仲裁评论》第2辑，对外经济贸易大学出版社2009年版。

肖建华、杨恩乾：《论仲裁裁决的既判力》，载《北方法学》2008年第6期。

谢新胜：《国际商事仲裁裁决撤销制度存在的意义》，载《人民法院报》2008年1月23日理论版。

谢新胜：《论争中的已撤销国际商事仲裁裁决之承认与执行》，载《北京仲裁》第63辑，中国法制出版社2007年版。

许少波：《论民事裁定的既判力》，载《法律科学》2006年第6期。

杨弘磊：《人民法院涉外仲裁司法审查情况的调研报告》，载《武大国际法评论》2009年第9卷。

杨玲：《论我国重新仲裁的发回根据——以国内法院实践为例》，载《北京仲裁》第61辑，中国法制出版社2007年版。

张大海：《诉讼调解既判力论》，载《政法论坛》2008年第5期。

张榕、达理纳嘉：《民事既判力客观范围理论研究之反思——以明希豪森三重困境为分析工具》,载《法律科学》2012年第5期。

张潇剑:《被撤销之国际商事仲裁裁决之承认与执行》,载《中外法学》2006年第3期。

张潇剑:《被撤销之国际商事仲裁裁决之承认与执行》,载《中外法学》2006年第3期。

张泽涛:《禁止重复追诉研究——以大陆法系既判力理论为切入点》,载《法律科学》2007年第4期。

赵信会:《既判力客观范围的历史考察与现实定位》,载《理论探索》2006年第2期。

赵秀文:《从福克公司案看法院对我国涉外仲裁裁决的监督》,载《法学家》2005年第2期。

赵秀文:《从克罗马罗依案看国际仲裁裁决的撤销与执行》,载《法商研究》2002年第5期。

赵秀文:《论国际商事仲裁裁决的国籍及其撤销的理论与实践》,载《法制与社会发展》2002年第1期。

英文类

(一) 著作

A. J. Van den Berg, The New York Arbitration Convention of 1958: Towards a Uniform Judicial Interpretation, Kluwer Law International Publishers, 1981.

Arthur T. von Mehren, International Commercial Arbitration: A Transnational Pespective, West, 2009.

Ben Horn & Roger Hopkins, Arbitration Law Handbook, Informa, 2007.

Claudia Alfons, Recognition and Enforcement of Annulled Foreign Arbitral Awards, Peter Lang, 2010.

Emmanuel Gaillard and John Savage (eds.), Fouchard, Gaillard, Goldman on International Commercial Arbitration, Citic Publishing House, 2004.

Emmanuel Gaillard, Enforcement of Awards Set Aside in the Country of Origin: The French Experience, ICCA Congress No. 9, Kluwer Law International, 1999.

Gary B. Born, International Commercial Arbitration, Wolters Kluwer Law & Business, 2009.

Hamid G. Gharavi, The International Effectiveness of the Annulment of an Arbitral Award, Kluwer Law International, 2002.

Jean Francois Poudert and Sebastien Besson, Comparative Law of International Arbitration, Sweet & Maxwell, 2007.

Jean-Francois Poudret, Sébastien Besson, Comparative Law of International Arbitration, Sweet & Maxwell, 2007.

Julian D. M. Lew, Loukas A. Mistelis, Stefan M. Kröll. , Comparative international commercial arbitration, Kluwer Law International, 2003.

Margaret L. Moses, The Principles and Practice of International Commercial Arbitration, Cambridge University Press, 2008.

Martin Hunter and Toby Landau, The English Arbitration Act 1996: Text and Notes, Kluwer Law International, 1998.

Nigel Blackaby, Constantine Partasides, Alan Redfern, and Martin Hunter, Redfern andHunter on International Arbitration, Oxford University Press, 5th ed. 2009.

Pieter Sanders, Quo Vadis Arbitration? Sixty Years of Arbitration Practise-A Comparative Study, Kluwer Law International, 1999.

Robert M. Merkin, Arbitration Act 1996: An Annotated Guide, LLP Professional Publishing, 1996.

Tibor Várady, John J. Barceló III, Arthur T. von Mehren, Documents Supplement to International Commercial Arbitration, a Transnational Perspective, Thomson/West, 2009.

(二) 论文

A. J. Van den Berg, Enforcement of Arbitral Awards Annulled in Russia, 27 J. Int'l Arb. 2, 2010.

Akash Pierre Rebello, Of Impossible Dreams and Recurring Nightmares: The Set Aside of Foreign Awards in India, 6 Cambridge Student Law Review 274, 2010.

Antonio Rigozzi and Elisabeth Leimbacher, The Swiss Supreme Court Refits the Frigates—ICC Award Set Aside After More than Thirteen Years, 27 J. Int'l Arb. 3, 2010.

Beatrice Castellane, The New French Law on International Arbitration, 28 J. Int'l Arb. 4, 2011.

Christoph Schreuer and August Reinisch, Legal Opinion, CME Czech Republic B. V. V. Czech Republic, UNCITRAL (20 June 2002).

Denis Bensaude, The International Law Association's Recommendations on Res Judicata and Lis Pendens in International Commercial Arbitration, Journal of International Arbitration 24 (4), 2007.

Dr. Gunther J. Horvath, What Weight Should be given to the Annulment of an Award under the Lex Arbitri? The Austrian and German Perspectives, 26 J. Int'l Arb. 2, 2009.

Dr. Stefan Kroll, First Experiences' with the New Austrian Arbitration Law: A German Perspective, 23 Arb. Int'l 4, 2007.

Fei Lanfang, Setting Aside Foreign-Related Arbitral Awards under Chinese Law A Study in Perspective of Judicial Practice, 26 J. Int'l Arb. 2, 2009.

Filip de Ly and Audley Sheppard, ILA Final Report on Res Judicata and Arbitration, Arbitration International, Vol. 25, Number1, 2009.

Filip de Ly and Audley Sheppard, ILA Interim Report on Res Judicata and Arbitration, Arbitration International, Vol. 25, No. 1.

Florian Haugeneder, The New Austrian Arbitration Act and the European Convention on International Commercial Arbitration, 23 Arb. Int'l 4, 2007.

GudioCarducci, The Arbitration Reform in France Domestic and International Arbitration Law, 28 Arb. Int'l 125, 2012.

Gu Weixia, Swire Properties Revisited: Appeal on a Question of Law Arising out of an Arbitration Award in Hong Kong, 22 Arb. Int'l 1, 2006.

Hans Smit, Annulment and Enforcement of International Arbital Awards: A Practical Perspective, 18 Am. Rev. Int'l Arb. 297, 2007.

Hans Smit, Arbitral & Judicial Decisions: Annulment of An Arbitral Award and its Subsequent Enforcement: Two Recent Decisions, 19

Am. Rev. Int'l Arb. 187, 2008.

John Lurie, Court Intervention in Arbitration: Support or Interference?, 76 (3) Arbitration 447 (2010).

Koch Christopher, The Enforcement of Awards Annulled in their Place of Origin: The French and U. S. Experience, 26 J. Int'l Arb. 2, 2009.

Loic E. Coutelier, Annulment and Court Intervention in International Commercial Arbitration, Anton's Weekly Digest of International Law, Vol. 2, No. 45, 2011.

Markham Ball, The Essential Judge: the Role of the Courts in a System of National and International Commercial Arbitration, 22 Arb. Int'l 1, 2006.

Nora Krausz, Waiver of Appeal to the Swiss Federal Tribunal: Recent Evolution of the Case Law and Compatibility with ECHR, 28 J. Int'l Arb. 2, 2011.

Philippe Pinsolle, The Status of Vacated Awards in France: the Cour de Cassation Decision in Putrabali, 24 Arb. Int'l 2, 2008.

Phillip Landolt, Limits on Court Review of International Arbitration Awards Assessed in light of States' Interests and in particular in light of EU Law Requirements, 23 Arb. Int'l 1, 2007.

Rom K. L. Chung, The Rules of Natural Justice in Arbitration, 77 Arbtration 2, 2011.

Sameer Sattar, National Courts and International Arbitration: A Double-edged Sword?, 27 J. Int'l Arb. 1, 2010.

Shahla Ali, Huang Hui, Financial Dispute Resolution in China: Arbitration or Court Litigation?, 28 Arb. Int'l 77, 2012.

Thomas H. Webster, Evolving Principles in Enforcing Awards Subject to Annulment Proceedings, 23 J. Int'l Arb. 3, 2006.

Vladimir Pavic, Annulment of Arbitral Awards In International Commercial Arbitration, in Investment Arbitration and International Commercial Arbitration, W. Rechberger, A. Reinisch, C. Koller, C. Knahr (eds.), Eleven International Publishing, 2010.

William Dodge, National Courts and International Arbitration: Exhaustion of Remedies and Res Judicata under Chapter 11 of NAFTA, 23 Hastings Int'l Comp. L. (2000).

Xavier Groussot and Timo Minssen, Res Judicata in the Court of Justice Case-Law: Balancing Legal Certainty with Legality?, European Constitutional Law Review, 2007.

后　记

在西南政法大学读本科的时候，我的民事诉讼法老师马登科教授曾半开玩笑地说，既判力问题是诉讼法学的金矿，是出学术大师的地方。这句话我至今记忆尤深，不断激发我对既判力问题的兴趣。后来，我去武汉大学读研究生，跟随宋连斌教授研习国际商事仲裁。当时，班上的同学们按要求，选择一个具体问题开展专题研究，并向大家汇报研究心得。在宋老师的指引下，我的同学中，有研究国际商事仲裁中的平行诉讼的，也有研究国际商事仲裁中的公共政策的。而宋老师提醒我关注国际法协会（ILA）近年发布的关于国际商事仲裁中的既判力问题的报告，看最后能否与大家分享我的研究心得。这正合我素来对既判力问题的浓厚兴趣。于是，我立即找到这两份报告，并细细研读。这两份报告，一份是关于国际商事仲裁中既判力问题的中期报告，内容翔实而充满比较法色彩；另一份则是最终报告，提出了许多关于如何处理国际商事仲裁实践中的既判力问题的建议。它们为本书的写作提供了许多有益参考和启示。这次专题研究启动了我对仲裁裁决既判力问题的探索之路，是本书的肇始。

读博期间，导师黄进教授鼓励我追求自己的学术兴趣，多读经典，踏实做研究。在博士论文选题之时，我曾想研究法国国际商事仲裁制度，但因无太多研究基础便放弃了，转而选择我曾有过一些思考的仲裁裁决既判力问题。当我一步步深入挖掘这个问题时，我愈发体会到既判力问题的复杂、艰深。而且，困于商事仲裁的保密性，我不得不将目光投向裁决公开程度较高、既判力问题较多的国际投资仲裁。这就是本书所选取的典型案例大多源自国际投资仲裁的原因。

在本书付梓之际，我想就本书的贡献与不足谈一点个人感想。就贡献而言，本书的亮点在于，一是通过从整体上考察仲裁裁决既判力的法理基础，回答了仲裁裁决既判力源自于何这一基本理论问题，二是通过比较法研究展示了两大法系关于仲裁裁决既判力的制度异同，三是通过对国际投资仲裁中涉及既判力问题的典型案例的分析，揭示了机械适用"三重因素一致"标准的实践困境以及采用实质主义路径突破"三重因素一致"标准的必要性。就不足而言，本书因个人能力有限，遗憾之处甚多，突出包括：未探讨仲裁裁决既判力的基准时问题，未探讨既判力与平行诉讼以及禁诉令之间的关系，对仲裁裁决典型案例的选择以及探讨不够全面。当然，正如本书的出版源于一直以来我对既判力问题的浓厚兴趣，今后，我将一如既往地保持这份兴趣，争取未来将本书遗憾之处一一补足。

最后，我想感谢中国社会科学院国际法研究所的所有同事在工作上给予我的关心和支持。感谢中国社会科学出版社资深编辑任明老师为本书以及拙著《法国国际商事仲裁制度研究》付出的大量心血。感谢我的父母、岳父母对我的学术研究的鼓励。一如既往，我要感谢我善良而又坚强的妻子李晨女士。在喧嚣的京城，学术研究这条寂静的路，因你相伴相随，而精彩纷呈！

傅攀峰

2020年2月28日于北京市沙滩北街15号